P. Passler • Ch. Kindermann

Mit Beiträgen von Angelika Lang und Ines Schwandner

1 + 1 = 3

und was sich sonst noch ändert, wenn ein Baby kommt

Ratgeber

D1664255

SEIT 1951

Dr. Peter Müller Verlag • Wien

Herausgeber: ORF-Enterprise GmbH & Co KG
A-1136 Wien, Würzburggasse 30

Eigentümer, Medieninhaber und Verleger:
Dr. Peter Müller Buch- und Kunstverlag Ges.m.b.H.
A-1190 Wien, Sieveringer Straße 126/3
Tel.: 01/440 51 61, Fax: DW 17
info@muellerverlag.at
www.muellerverlag.at

Autoren und für den Inhalt verantwortlich:

Paul Passler
paul.passler@orf.at, p.a. ORF Radio Wien,
A-1040 Wien, Argentinierstraße 30a

Dr. Christoph Kindermann
(Kapitel „Schwanger werden und schwanger sein")

Beiträge von Angelika Lang, Ines Schwandner

p.a. Dr. Peter Müller Buch- und Kunstverlag Ges.m.b.H., s.o.

Projektmanagement: Melchior Müller
Produktion, Koordination und Anzeigenverwaltung:
Margarete Frank, Katharina Möser
Layout: Rudolf Riemer
Covergestaltung: Margarete Frank, Rudolf Riemer
Fotocredits: Privat, www.autokindersitz.at (Peter Jahn)
Druck: Friedrich VDV GmbH & Co KG
Verlagsort: Wien

Herstellungsort: Linz, im Jahr 2004

ISBN 3-900784-35-3

Satz- und Druckfehler vorbehalten.

Inhalt

Inhalt

Inhalt

Vorwort

Zugegeben...

es gibt jede Menge Baby–Bücher und -Ratgeber. Ich habe erst jetzt (im Zuge der Recherche zu diesem Buch) einige davon durchgeblättert – meine Frau hat Sie alle schon längst gelesen. Es gibt kaum ein Thema, dass die Sachbuchregale so füllt wie alles rund um den Nachwuchs in allen Alterklassen. Kochbücher vielleicht, aber das war's auch schon. Ich bin mir sicher, diese Baby-Ratgeber-Mania hat einen Grund: für alles gibt es Bedienungsanleitungen oder Beipacktexte. Auf nahezu jedem Produkt finden Sie, wenn auch noch so klein gedruckt, eine Service Hotline, wo mehr oder weniger kompetente, aber immer freundliche

Autor: Paul Passler

Damen und Herren Ihnen weiterhelfen, beim Nachwuchs gibt's so etwas nicht. Keine Service Hotline keine Bedienungsanleitung! Ich habe während der Geburt extra darauf geachtet, aber es wurde keine Anleitung mitgeliefert, bei keinem meiner Söhne. Also keine Anleitung, kein „Gefahrenhinweis", keine Garantie, nicht mal Gewährleistung, nur Produkthaftung und die liegt auch noch bei Ihnen (wo bleibt da der Konsumentenschutz?). Auch mit der allgemeinen Service Hotline, wo sie etwaige Produktmängel anmelden könnten, schaut es schlecht aus. Und wenn Sie im Internet nach einem Update Ihrer „Hardware" suchen, werden Sie keines finden. Keine Angst, Sie lesen keinen Computer-Ratgeber, aber manchmal stelle ich mir vor, dass sich da und dort bei meinen Söhnen ein Software-Update auszahlen würde. Obwohl meine Frau und ich die Jungs „programmiert" haben. Werner Schneyder (Schriftsteller, Kabarettist) hat einmal sehr treffend formuliert:

„Es ist sehr leicht ein Kind zu erziehen, schwierig ist nur das Produkt zu lieben."

Bitte nicht falsch verstehen; die drei Jungs halten uns auf Trab, geben uns Rätsel auf, die wir nicht wirklich lösen können, aber von Zeit zu Zeit passiert das, was lang gediente Eltern anderen so gerne als Empfehlung auf den Weg mit geben:

„Von Deinen Kinder bekommst Du Dinge, die Du von niemanden anderen bekommen kannst!"

(Gehören da auch alle Kinderkrankheiten dazu, die die Jungs aus dem Kindergarten mitbringen?)

Ehrlich: Ich habe mir nicht vorstellen können je Vater zu werden (die Verantwortung, die Abhängigkeit). Jetzt habe ich drei Söhne und meine Frau hat bereits eine Selbsthilfegruppe für gestresste Mütter gegründet. Aus heutiger Sicht kann ich mir nicht mehr vorstellen, dass 100 Prozent meiner Zeit auch mir gehören. Was haben wir früher mit all der Freizeit gemacht? Wie war das Gefühl nahezu jeden Tag ausgeschlafen zu beginnen? Ich kann mich beim besten Willen nicht erinnern. Ich will mich auch nicht erinnern, sonst gebe ich meine drei Jungs noch zur Adoption frei.

NEIN – das würde ich nie tun!

Auch wenn Sie mich noch so fordern, die Partnerschaft mit meiner Frau täglich auf eine harte Probe stellen und ganz selbstverständlich mehr als nur einhundert Prozent von uns verlangen.

Bei allen Vorbehalten meinem Nachwuchs gegenüber, die Sie in diesem Buch lesen werden, denken Sie immer daran, dass diese nie ernst gemeint sind. Ich möchte manchmal vielleicht ein paar Tage im Jahr ohne unsere Kids leben. Mit der Hilfe der Schwiegereltern gelingt uns das auch (Danke für die Unterstützung an dieser Stelle!). Aber am ersten Abend alleine irgendwo, ohne unsere Jungs, stellen wir fest, dass das Leben ohne Sie keinen richtigen Spaß mehr macht. Ohne Streitereien um halb sechs in der Früh oder um halb zehn am Abend wegen irgendeines Spielzeugs ist das Leben ziemlich unspannend und fad. Ohne Kinder haben Sie im Leben das Beste versäumt, wirklich!

Autor: Dr. Christoph Kindermann

Das zweite Vorwort

Ich nehme an Sie stehen gerade in einer Buchhandlung, oder lesen dieses 2. Vorwort bei z.B. Amazon im Internet und überlegen, ob Sie diesen Ratgeber kaufen oder bestellen sollen. Ich liefere Ihnen jetzt kostenlos einige Entscheidungshilfen, sozusagen als Mehrwert zum Buch.

Also: Sollten Sie dieses Buch kaufen, dann unterstützen Sie mit Ihrem Kauf mit Sicherheit weder mich noch meine Familie! Ich bekomme keinen Cent, wenn Sie dieses Buch kaufen. Ich habe mein Honorar schon bekommen und es wird nicht mehr, wenn Sie dieses Buch kaufen auch nicht weniger, wenn Sie es nicht kaufen. Also der Neidfaktor zählt hier nicht. Mag sein, dass der Verlag davon profitiert. Aber auch da sollte der Neid keine Rolle spielen, denn zum einen hat der Verlag seine liebe Not mit mir als Autor – ich liefere die Manuskripte, wie alle Autoren immer zu spät ab, und zum anderen glaube ich, dass der Verlagsleiter seinerseits darüber laut nachdenkt eine Familie zu gründen. Daher hat er nicht ganz uneigennützig dieses Buch bei mir in Auftrag gegeben. Sollte der Verlag also ein paar Cent an diesem Buch verdienen, wenn Sie denn eines kaufen, dann „spenden" Sie gewissermaßen einem „guten Zweck". Jeder Cent wird dann in die Gründung einer Familie zum Zwecke der zukünftigen Pensionszahlungen und zur Erhaltung der Menschheit investiert. Wunderbar, vielleicht nehmen Sie gleich mehrere Exemplare und versorgen damit die gesamte Bekannt- und Verwandtschaft. Wie gesagt, es geht um einen guten Zweck!

Da sie bei diesem Ratgeber nicht die berühmte Katze im Sack kaufen sollen, biete ich Ihnen an, den folgenden Test zu machen und erst danach zu entscheiden, ob Sie dieses Buch auch wirklich brauchen. Wir lassen also die Katze schon auf den ersten Seiten aus dem Sack! Das nenne ich Service am potentiellen Kunden!

Der ultimative Kinder-Test

...mit diesem Test erhalten Sie die Antwort auf die brennende Frage: „Sind Sie wirklich schon reif für ein Kind, soll der

Nachwuchs schon kommen, Ihren Horizont erweitern und Ihr Leben bereichern?" Oder wollen Sie sich doch noch ein Weilchen Zeit lassen. Wenn Ihre Frau oder Lebensabschnittspartnerin bereits schwanger ist, dann sollten Sie den Test dennoch machen, damit Sie gleich wissen was auf Sie zu kommt. Sollten Sie Ihrer Meinung nach den Test nicht bestanden haben, dann können Sie jetzt auch nichts mehr machen, außer hoffen, dass es doch nicht so kommt, wie Sie befürchten. In diesem Fall muss ich Sie allerdings schwer enttäuschen. Alles kommt mindestens genauso, meist aber noch schlimmer, als es im Test beschrieben ist. Aber dafür – sozusagen als mentaler Ausgleich gegen den Wahnsinn - werden Sie Momente erleben, die Sie ohne Kinder nie erlebt hätten. Augenblicke des Glücks und der Freude, die allen vorenthalten bleiben, die sich entschließen ohne Nachkommen durchs Leben zu gehen. (Stichwort: DINKs - Double Inkome No Kids)

Beantworten Sie die nachfolgenden Fragen möglichst ehrlich und gewissenhaft. Denn dieser kleine Test, der auf den ersten Blick nicht ganz ernst zu nehmen scheint, stellt sich auf den zweiten Blick – so etwa drei Jahre nach der Geburt Ihres ersten Kindes – als wesentlich harmloser als die Realität dar. Gehen Sie bitte Schritt für Schritt vor und brechen Sie den Test ruhig ab, wenn Sie genug haben. Im Falle des Scheiterns sollten Sie, wenn es irgendwie möglich ist, sich keine Kinder zulegen. (Dr. Christoph Kindermann, der Mitautor des Ratgebers - Nomen est Omen - weiß auch wie Mann und Frau es verhindern können, wenn sie es wollen, dass aus Spaß nicht Ernst wird und Ernst das Licht der Welt erblickt.)

Der Schmutztest (...bis auf den Geruch harmlos)

Beschmieren Sie das Sofa und die Vorhänge mit Nutella. Legen Sie ein Fischstäbchen hinter das Sofa und lassen Sie es den ganzen Sommer dort.

Der Spielzeugtest

Besorgen Sie sich eine 150l Kiste mit LEGO Steinen. (Ersatzweise tun es auch Reißnägel oder Schrauben). Lassen Sie einen Freund oder eine Freundin die Legosteine in der ganzen Wohnung verteilen. Verbinden Sie nun Ihre Augen und versuchen Sie in die Küche oder ins Bad zu kommen, ohne dabei einen einzigen Laut von sich zu geben: Sie könnten das Kind vielleicht aufwecken.

Der Supermarkttest (die erste richtige Herausforderung dieses Tests)

Leihen Sie sich ein oder zwei kleine Tiere (Ziegen sind in diesem Fall besonders zu empfehlen) und nehmen Sie die „Viecherln" zum nächsten Einkauf mit. Behalten Sie die Tiere die ganze Zeit im Auge und bezahlen Sie alles, was sie essen oder kaputt machen.

Anziehtest (...so richtig aus dem Leben gegriffen)

Besorgen Sie sich einen großen, lebendigen Tintenfisch. Versuchen Sie diesen in ein kleines Einkaufsnetz zu stecken und stellen Sie sicher, dass Sie auch wirklich alle Arme im Netz verstaut haben. (Anstelle des Tintefisches eignet sich für diesen Test auch ein Baby–Alligator)

Der Fütterungstest

Besorgen Sie sich eine große Plastik-Tasse. Füllen Sie diese bis zur Hälfte mit Wasser. Befestigen Sie die Tasse wie ein Pendel an der Decke und lassen die Tasse hin und her schwingen. Versuchen Sie nun löffelweise, matschige Cornflakes in die Tasse zu leeren, während Sie vorgeben, ein Flugzeug, ein Traktor oder einer der Haie aus „Findet Nemo" (Fish are friends not food!) zu sein. Danach verteilen Sie den Inhalt der Tasse auf dem gesamten Küchenboden. Und bitte, bleiben Sie dabei ganz gelassen.

Der Nachttest (auch Anti-Schlaftest genannt)

1. Bereiten Sie sich folgendermaßen vor: Füllen Sie einen Polsterüberzug mit 3-4 Kilo feuchtem Sand.

2. Um 6 Uhr Abends beginnen Sie mit dem „Polster" durch die Wohnung zu laufen, wobei Sie ihn permanent hin und her wiegen.

3. Wiederholen Sie diese Übung bis 9 Uhr. Dann legen Sie den Polsterbezug ins Bett und stellen Sie den Wecker auf 2 Uhr nachts.

4. Um 2 Uhr stehen Sie auf und tragen den Polster wieder für eine Stunde durch die Wohnung, singen Sie einige Schlaflieder dabei (wenn es geht leise!!)

5. Stellen Sie den Wecker auf 5 Uhr und wiederholen Sie Schritt 4 und versuchen Sie sich an noch mehr Schlaflieder zu erinnern.

6. Stellen Sie den Wecker auf 7 Uhr, stehen Sie auf und bereiten das Frühstück vor. (siehe Fütterungstest)

7. Wiederholen Sie diese Übungen Nacht für Nacht, mindestens drei Jahre lang.

8. Und wichtig: Bleiben Sie tapfer!

Der Geschicklichkeitstest für den Kindergarten

Nehmen Sie einen Eier-Karton, eine Schere und Wassermalfarben und basteln Sie daraus ein Krokodil. Jetzt verwandeln Sie eine Toilettenpapierrolle in eine attraktive Weihnachtskerze. Und basteln Sie, nur aus Tixo und Zellophanfolie eine exakte Kopie des Eiffel-Turms.

Viel Spaß.

Der Auto-Test

Verkaufen Sie Ihren BMW und kaufen Sie statt dessen einen dieser beliebten Vans zum Beispiel einen FORD Galaxy (besser keinen PEUGEOT, die haben einen miserablen Service – ich selber leide darunter!!!). Jetzt nehmen Sie ein Schokoladen-Eis und legen es ins Handschuhfach. Lassen Sie es dort!

Nehmen Sie eine Ein-Euro-Münze und stecken sie in den Kassetten- oder CD-Spieler. Zerreiben Sie den Inhalt einer Familien-Packung Butterkekse (LEIBNITZ zum Beispiel) auf dem Rücksitz.

Zerkratzen Sie mit einem Eiskratzer die Türen des Autos.

Sie bleiben locker = den Auto-Test bestanden.

Die körperliche Eignung (für Frauen)

Nehmen Sie einen großen Sack voller Bohnen, Walnüsse oder Kastanien und platzieren Sie ihn vor Ihrem Bauch. Tragen Sie den Sack für neun Monate mit sich herum. Nach neun Monaten leeren Sie den Sack aus, lassen aber den Sack wo er ist. Egal? Sie haben auch diesen Punkt des Tests bestanden.

Finanzielle Eignung (für Männer)

Gehen Sie zur Bank und richten Sie mehrere Daueraufträge ein, verteilen Sie Ihren Gehalt für die nächsten 20 Jahre zu gleichen Teilen auf die Konten des nächsten Drogeriemarktes, des nächsten Spielzeuggeschäftes, des nächsten Supermarktes und eines Sportgeschäftes Ihrer Wahl. Beschweren Sie sich nicht, bleiben Sie locker, denken Sie nicht an sich und wenn möglich bewerben Sie sich für einen Nebenjob, der die Kosten für einen eventuellen Urlaub mit der ganzen Familie einspielt.

Wundern Sie sich nicht über Aussagen Ihres Chefs, wie zum Beispiel jene: „Deine Familie verhindert Deine Kariere!" Sie glauben mir nicht, dass es solche Chefs noch gibt? Es gibt Sie! Meiner zum Bespiel! Er hat zu mir genau jenen Satz gesagt (und wie immer in diesem Zusammenhang: Name der Redaktion bekannt!).

Abschlusstest (...falls Sie bis jetzt noch nicht ausgestiegen sind!)

Laden Sie sich ein befreundetes Pärchen zum Abendessen ein, ein Pärchen, dass schon ein kleines Kind hat.

Geben Sie den beiden vom ersten Moment an gute Rat-schläge, unter anderem zu Themen wie: Disziplin, Geduld, Toleranz, Tischmanieren, Urlaub zu Dritt oder Gesundheits-vorsorge. Machen Sie möglichst viele kluge Verbesserungs-vorschläge und betonen Sie besonders, wie wichtig eine konsequente Erziehung ist.

Wichtig! Genießen Sie diesen Abend und dieses Experiment, denn es wird das letzte Mal sein, dass Sie so viele gute Ant-worten auf alle Fragen von Eltern parat haben und vor allem wird es das letzte Mal sein, dass Sie dieses befreundete Pär-chen sehen.

Ergebnis (wenn auch ernüchternd)

Sie lesen noch immer? Bravo! Sie haben gewonnen, aller-dings nur die Gewissheit bereit zu sein. So erfüllen Sie alle Voraussetzungen, um Ihr weiteres Leben den Kindern zu opfern (zumindest nach der Papierform – wie Sportreporter zu sagen pflegen). Sie haben sozusagen die erste Hürde übersprungen und den Test bestanden. Also worauf warten Sie noch? Kaufen Sie sich diesen Ratgeber und „basteln" Sie am Nachwuchs. Sie sind endgültig gesellschaftlich wertlos und nur mehr für die Aufzucht von Nachwuchs zu gebrau-chen! Nicht erschrecken, es ist halb so schlimm.

Schwanger werden und schwanger sein

(Dr. Christoph Kindermann, Gynäkologe)

Der optimale Zeitpunkt (gibt es den überhaupt?)

Dies bezieht sich nicht in erster Linie auf die fruchtbaren Tage sondern darauf, welcher Zeitpunkt optimal ist, um ein Kind zu bekommen. Das Alter, in dem viele Frauen ihr erstes Kind bekommen verschiebt sich seit einigen Jahren kontinuierlich nach oben. Viele Männer wollen sich zunächst eine Existenz aufbauen, bevor sie dem Wunsch Vater zu werden Priorität geben. Interessanterweise fällt es den Männern teilweise schwerer sich ganz bewusst zu einem Kind zu entscheiden. Auch die meisten Frauen mit Ausbildung wollen ihren Beruf zunächst ausüben. Einer Studie zufolge geben die Frauen an, ab dem 35. Lebensjahr sei es ideal Kinder zu bekommen. Die ersten (und zweiten) Karriereschritte sind erfolgreich abgeschlossen und die Beziehung hat sich stabilisiert bzw. der richtige Partner ist gefunden. Jetzt steht dem Kinderwunsch nichts mehr im Wege.

Oder doch? Ein Kind zu bekommen ist für die meisten Paare naturgegeben und selbstverständlich. Dass es dabei zu Problemen oder Verzögerungen kommen kann oder dass der Kinderwunsch überhaupt nicht zu erfüllen ist, wollen wir uns gar nicht vorstellen. Trotzdem bleiben 10 bis 15% aller Paare mit Kinderwunsch über einen mehr oder weniger langen Zeitraum ungewollt kinderlos.

Dem gegenüber stehen etwa 20% der fortpflanzungsfähigen Bevölkerung, die sich keinerlei Nachwuchs wünschen. Deswegen wird derzeit noch mehr Energie und Geld von Pharmaindustrie und Medien in Forschung, Information und Werbung über Verhütung gesteckt.

Die ärztliche Weiterbildung über Verhütung nimmt dementsprechend einen weitaus größeren Anteil ein als die Fortbildung in der so genannten Reproduktionsmedizin.

Bis vor kurzem war die ungewollte Kinderlosigkeit ein gesellschaftliches Tabuthema. Dieses wird aber nicht zuletzt durch die begonnene politische Diskussion über die nicht mehr finanzierbaren Pensionen und den dadurch nicht mehr einzuhaltenden Generationenvertrag enttabuisiert.

Ab wann sollten Sie mit dem Frauenarzt über Kinderwunsch reden?

Sobald Sie in sich eine Unruhe verspüren – sobald Sie wissen wollen ob bei Ihnen alles in Ordnung ist. Wenn Sie mit Ihrem Arzt über Kinderwunsch reden, heißt das ja noch nicht, dass gleich eine Therapie notwendig ist. Es reichen manchmal Informationen über den weiblichen Zyklus, wann der Eisprung stattfindet, wie lange die Samenzelle überlebt und auf der anderen Seite die Eizelle befruchtungsfähig bleibt.

Sollten in der eigenen medizinischen Geschichte Krankheiten oder Operation, die den Unterleib betreffen zu erheben sein, dann sollten Sie (sowohl als Mann als auch als Frau) frühzeitig Rücksprache mit Ihrem Arzt halten.

Die Ursachen der Kinderlosigkeit können vielfältig sein. Neben organischen Veränderungen spielen psychische und soziale Faktoren eine große Rolle. Aus diesem Grund ist es wichtig den Arzt auch über Familiengeschichte, berufliche Probleme und insbesondere über das Sexualverhalten in der Partnerschaft zu informieren, sofern dieser nicht danach fragt.

 Mit Ihrer Entscheidung für ein Kind – egal welche Hürden Sie bis dahin noch nehmen werden – sollten Sie mit der Einnahme von Folsäure beginnen. Die empfohlene Dosis: 5 Milligramm zweimal pro Woche oder 0,4 Milligramm täglich (Tabletten) zur Vorbeugung von möglichen Rückenmarks- und Gehirnmissbildungen des Kindes.

Die Internetseite www.9-monate.de gibt ihnen gute Informationen wie lange es sinnvoll ist mit dem Arztbesuch zuzuwarten. Dort gibt es auch eine interaktive Seite, auf der die Wahrscheinlichkeit schwanger zu werden zu berechnen ist.

Auch die österreichische Internetseite www.wuki-kiwu.at der Selbsthilfegruppe Wunschkind-Kinderwunsch gibt Informationen zum Thema Kinderlosigkeit.

Manneskraft? – (...und wie die Spermien auf die Welt kommen)

Da nach einer Umfrage ca. 80% der Männer von ihrer Zeugungsfähigkeit überzeugt sind aber wenig über Aussehen, Produktion und Funktion der Samenzellen Bescheid wissen soll das nächste Kapitel dieses Informationsdefizit wettmachen.

Bei 40 bis 50% der Paare mit ungewollter Kinderlosigkeit ist der Mann deren Verursacher. Daher sollten Samenuntersuchungen gleich zu Beginn des Untersuchungsreigens eines Paares mit Kinderwunsch stehen. Diese werden mit Überweisung vom Hausarzt oder Urologen in dafür spezialisierten Laboratorien durchgeführt. Als Normalwerte gelten die von der WHO aufgestellten Referenzwerte aus dem Jahre 1999 und sollten vom Labor zum Vergleich beigestellt werden.

Volumen:	2ml oder mehr
pH (Säuregehalt):	7,2 und darüber
Spermienkonzentration:	20 Millionen oder mehr pro ml
Gesamtspermienzahl:	40 Millionen oder mehr
Beweglichkeit der Samenzellen:	zumindest 50% Vorwärtsbeweglichkeit (schnell und langsam bewegliche Samenzellen zusammen). Zumindest 25% schnell vorwärts beweglich Samenzellen innerhalb der ersten Stunde nach Probengewinnung.
Morphologie:	30% der Samenzellen mit normaler Form

Tabelle 1: Referenzwerte eines normalen Spermiogrammes

Die kurze Lebensspanne der Samenzellen beginnt in den beiden Keimdrüsen, den Hoden (Einzahl: der Hoden nicht wie fälschlicher Weise oft zu vernehmen ist: die Hode), welche sich in einer Hauttasche, dem Hodensack befinden. Diese beiden Hoden enthalten ein System von dicht gedrängten Knäueln der Hodenkanälchen (Tubuli). Diese sind umgeben von den Sertolizellen und den Spermatogonien (Ursamenzellen). Während die Samenzellen aus den Spermatogonien heranreifen (der genaue Mechanismus ist noch nicht vollständig geklärt) werden sie von den Sertolizellen ernährt. Zusätzlich gibt es noch die Leydigschen Zwischenzellen, die das männliche Sexualhormon Testosteron produzieren, welches wiederum die maskulinen Körpermerkmale des Mannes und den Ausbruch sämtlicher Kriege bestimmt.

Diese fast ausgereiften aber noch nicht beweglichen Spermien werden dann in die Nebenhoden, die wie eine Kappe auf den Hoden aufsitzt geschwemmt. In diesen ca. 5 Meter (!) langen, geschlungenen Nebenhodengängen reifen die Spermien aus und erhalten ihre bemerkenswerte Fortbewegungsfähigkeit.

Bei einem Samenerguss (Ejakulation) werden die Spermien aus den Nebenhoden geschleudert, schießen durch zwei lange Schläuche, die Samenleiter (Ductus deferens), und werden, bevor sie die Harnröhre erreichen, mit Flüssigkeiten aus den Cowperschen Drüsen (basische Flüssigkeit, um die Überlebensfähigkeit des Samens im sauren Milieu der Scheide zu garantieren), den Samenbläschen (zuckerhaltiges Sekret als Wegzehrung) und dem milchigen Sekret der Prostata (Funktion?) vermischt. Auf diese Weise wird die Samenflüssigkeit oder das Ejakulat gebildet.

In der Scheide angelangt beginnt eine anstrengende Reise zur Eizelle, die am besten schon in einem der beiden Eileiter auf die befruchtende Samenzelle wartet. Zunächst gilt es jedoch den Gebärmutterhalsschleim zu durchschwimmen, der eine Art Filterfunktion ausübt und Bakterien, schlecht bewegliche und fehlgeformte Samenzellen aussiebt. Die übrig gebliebene „Elitetruppe" durchquert mit einer Geschwindigkeit von 3-4mm/min die Gebärmutterhöhle und erreicht nach ca. 20 Minuten, sofern sie sich für den richtigen Eileiter entschieden hat, die Eizelle. Sobald die siegreiche Samenzelle die Schutzschichten der Eihülle durchbohrt und die Eimembran erreicht hat, werden die anderen Samenzellen durch elektrische Ströme, die sich an der Membran entladen am Eindringen gehindert. Sollten es trotz aller Schutzvorrichtungen doch zwei Samenzellen in das Innere der Eizelle schaffen so entwickeln sich nicht, wie oft irrtümlich angenommen, daraus Zwillinge sondern die befruchtete Eizelle wird, weil sie einen dreifachen Chromosomensatz trägt ausgemustert und in diesem Zyklus entsteht keine Schwangerschaft.

Bei einer normalen Befruchtung hat die Eizelle nun sieben Tage Zeit den Eileiter zu durchqueren, um sich als Embryo in die sorgfältig vorbereitete Gebärmutterschleimhaut einzunisten. Dieses so genannte Einnistungsfenster ist zwischen dem 20.-24. Zyklustag, je nach Zykluslänge.

Hormonuntersuchung der Frau:

Die normale Zykluslänge (vom 1. Tag der Monatsblutung bis zum nächsten 1. Tag der Monatsblutung) beträgt etwa 28-30 Tage.

Bei kürzeren oder längeren oder ganz und gar unregelmäßigen Zyklen sollten folgende Hormone untersucht werden:

- Die weiblichen Sexualhormone (Östrogen und Progesteron), die zu verschiedenen Zeiten des Zyklus im Eierstock gebildet werden.

- Die Hormone der Hirnanhangsdrüse (follikelstimulierendes Hormon FSH, welches für die Entwicklung des Eibläschens und der darin heranreifenden Eizelle verantwortlich ist; luteinisierendes Hormon LH, welches für den Eisprung und die Entwicklung des Gelbkörpers verantwortlich ist; das schilddrüsenstimulierende Hormon TSH, welches im Falle einer Schilddrüsenunterfunktion das Reifen der Eizelle ebenso verhindern kann wie eine Erhöhung des Prolaktins).

- Die männlichen Sexualhormone (Testosteron und DHEA-s), welche im Eierstock und in der Nebenniere der Frau gebildet werden. Eine Erhöhung dieser Werte kann Rückschlüsse auf Eibläschenreifungsstörung zulassen.

Die Überweisung zu diesen Untersuchungen, die in jedem medizinisch-diagnostischen Laboratorium durchgeführt werden, bekommen Sie von Ihrem Frauenarzt oder Hausarzt.

Hormonuntersuchung des Mannes:

Blutabnahmen zur hormonellen Untersuchung des Mannes werden vom Urologen veranlasst. Gründe dafür können ein suboptimales bis schlechtes Spermiogramm und zunehmender Libidoverlust sein. Das Sonderfach der Urologie, welches sich auf den Hormonhaushalt und auf die männliche Fruchtbarkeit spezialisiert hat, nennt sich Andrologie.

Nähere Informationen über dieses Spezialgebiet und die dazugehörenden Spezialisten findet man unter www.andrologie.at.

Eileiteruntersuchung:

Die Eileiteruntersuchung wird am Ende des Untersuchungsparcours durchgeführt, sofern bei der Erhebung der Krankengeschichte (=Anamnese) keine Auffälligkeiten zu finden waren. Zu diesen zählt das Auftreten einer oder mehrerer Eierstockentzündungen, Infektionen mit bestimmten Keimen (Chlamydien, Mycoplasmen), starke Schmerzen während der Monatsblutung oder während des Geschlechtsaktes und schließlich Auffälligkeiten bei der vaginalen Ultraschalluntersuchung.

Es gibt drei gängige Möglichkeiten der Eileiteruntersuchung:

1. Hysterosalpingographie (vulgo HSG oder Eileiterröntgen): dabei wird über eine dünne Metallsonde, welche in den Gebärmutterhals eingebracht wird, ein Kontrastmittel mit mäßigem Druck gefühlvoll in die Gebärmutter eingebracht. Dabei kommt es am Röntgenschirm zur Darstellung der Gebärmutterhöhle, der Eileiter und des Übertrittes von Kontrastmittel in die Bauchhöhle. Mit dieser Untersuchung können Veränderungen der Gebärmutterhöhle genauso dargestellt werden wie Engstellen oder Verschlüsse eines oder beider Eileiter. Ob diese Untersuchung in einer Kurznarkose durchgeführt wird entscheidet die Frau zusammen mit dem durchführenden Arzt, welcher entweder Frauenarzt oder Röntgenologe ist.

2. Hysterokontrastmittelsonographie (vulgo Hycosi oder Kontrastmitteleileiterultraschall): bei dieser Untersuchung wird über einen dünnen flexiblen Plastikschlauch ein spezielles Ultraschallkontrastmittel unter gleichzeitiger Ultraschallsicht in die Gebärmutter injiziert. Der Unterschied zur oben erwähnten HSG liegt in der fehlenden Strahlenbelastung der Ultraschalluntersuchung. Beide Untersuchungen sind jedoch der dritten Art der Eileiteruntersuchung an Aussagekraft unterlegen.

3. Laparaskopie (vulgo LSK oder Bauchspiegelung): dieser operative Eingriff sollte immer mit der Hysteroskopie (vulgo HSK oder Gebärmutterspiegelung) kombiniert werden. Eine Narkose ist bei diesem Eingriff obligat.
Bei der Bauchspiegelung wird zunächst durch einen kleinen Schnitt knapp unterhalb des Nabels mit einer Nadel CO_2 in die Bauchhöhle geblasen damit sich die Bauchwand von den inneren Organen abhebt. Danach wird ein Röhrchen (Troikar) in die Bauchhöhle eingeführt, durch welches der Operateur mit einer kleinen Kamera in das Innere der Bauchhöhle blicken kann.
Damit können Veränderungen der Eileiter oder Veränderungen in der Bauchhöhle nicht nur diagnostiziert werden sondern, sofern es sinnvoll und zielführend erscheint, diese auch operativ beseitigt werden.
Der große Vorteil dieses Eingriffes ist, dass neben der Diagnostik auch gleich eine Therapie angeboten werden kann.
Die Gebärmutterspiegelung wird in derselben Narkose durchgeführt und zeigt eventuelle Veränderungen in der Gebärmutterhöhle, die ebenfalls operativ beseitigt werden können.

Es hat geklappt!!
Der Schwangerschaftstest ist positiv.

„Nach Absetzen der Antibabypille war der Zyklus meiner Frau erwartungsgemäß unregelmäßig und die Regelblutung war wieder einmal einige Tage überfällig. Ein eher routine-

mäßig gekaufter Schwangerschaftstest zeigte ebenfalls erwartungsgemäß nichts an. Hoffentlich bin ich fruchtbar – man liest in den Zeitungen viel über die zunehmende Unfruchtbarkeit der Männer. Obwohl ich mich nie um Verhütung gekümmert habe, hatte ich bisher noch kein Kind gezeugt...

Der zuvor gemachte Test blieb achtlos im Badezimmer liegen. Am Abend wollte ich den Test wegwerfen, erblickte jedoch den zweiten entscheidenden Strich. Ich konnte es nicht glauben und sagte mir, dass das Ablesen des Ergebnisses nach zwölf Stunden sicherlich unzulässig war. Am nächsten Morgen holte ich oder genauer gesagt meine Frau aus der Apotheke einen zweiten Test. Dieser zeigte sofort positiv an. Doch nicht unfruchtbar!

Es war ein wunderbares Gefühl, welches sich mit der Freude über den erwarteten Nachwuchs vermischte. Bei meiner Frau kam die Freude langsamer. Sie war sehr vorsichtig und wollte es erst der Familie und den Freunden sagen sobald das Risiko einer Fehlgeburt minimal war. Sie hatte gelesen, dass etwa 20% der Schwangerschaften in einer Fehlgeburt enden."

Medizinische Info:

Schwangerschaftsalter	Alter d. Mutter	Blutung	Abortusrate
> 9.SSW	< 35 a	nein	1%
> 9.SSW	< 35 a	ja	9%
> 9.SSW	> 35 a	nein	0%
> 9.SSW	> 35 a	ja	0%
< 9.SSW	< 35 a	nein	7%
< 9.SSW	< 35 a	ja	21%
< 9.SSW	> 35 a	nein	24%
< 9.SSW	> 35 a	ja	23%

Tabelle 2: Fehlgeburtenrisiko in Abhängigkeit von Schwangerschaftsalter/Vaginaler Blutung und mütterlichem Alter: Studie d. UFK Würzburg

Dies bedeutet, dass nach erreichen der 9. Schwangerschaftswoche (Kind mit positiver Herzaktion im Ultra-

schall sichtbar) das Risiko einer Fehlgeburt trotz Auftretens einer Blutung von durchschnittlich 22% auf 5% sinkt.

Nach obiger Untersuchung ist es denkbar die Schwangerschaft schon vor der 12. SSW (Schwangerschaftswoche), vorausgesetzt die Ultraschalluntersuchung ergab einen normalen Befund und es trat bis dato keine Blutung auf, seinen Freunden, Familie oder Arbeitgeber bekannt zu geben.

„Ich verstand die Ängste und die Vorsicht meiner Frau, denn sie wollte nicht nur sicher gehen, dass es zu keiner Fehlgeburt kommt sondern wollte auch noch sicher sein, dass unser Kind gesund ist. Ihr Anliegen war es sozusagen unter dem Ausschluss der Öffentlichkeit alle Möglichkeiten zu besprechen, für den Fall, dass unser Kind nicht gesund sei."

Kontaktieren Sie Ihren Arzt sobald der Schwangerschaftstest ein positives Ergebnis zeigt. Er wird ihnen vermutlich einen Kontrolltermin frühestens fünf Wochen nach Ausbleiben der Regelblutung anbieten. In diesem Schwangerschaftsalter (= bei 28-tägigen Zyklen: 7. SSW) lässt sich im Ultraschall durch die Größe des Fruchtsackes (= Flüssigkeitsgefüllter Hohlraum, in welchem sich das Kind befindet) und durch die Größe des Kindes die Schwangerschaftsdauer bestätigen und der durch die letzte Monatsblutung bestimmte Geburtstermin gegebenenfalls korrigieren. Weiters kontrolliert Ihr Arzt den korrekten Sitz des Fruchtsackes, um eine Eileiterschwangerschaft auszuschließen. (sh. Foto auf der nächsten Seite)

Medizinische Info:

„Wir waren vor der ersten Ultraschalluntersuchung sehr aufgeregt. Ich war damals noch in Ausbildung zum Facharzt und nahm meine Frau zur Untersuchung ins Spital. Die Ultraschalluntersuchung wird in dem frühen Schwangerschaftsalter durch die Scheide durchgeführt. Jedenfalls war alles in Ordnung und wir konnten das schlagende Herz des Kindes sehen, welches doppelt so schnell schlägt wie unser eigenes, zumindest sobald wir uns wieder beruhigt haben.

Ich füllte den Mutterkindpass aus und nahm meiner Frau für die erste Untersuchung Blut ab."

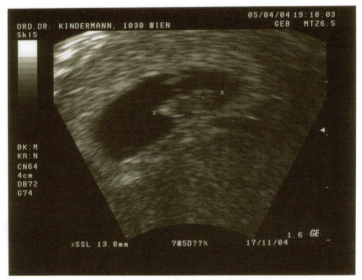

Abbildung 1: Ultraschallfoto von der 7. Schwangerschaftswoche

Ich mache bei meinen Patientinnen im Rahmen der ersten Untersuchung eine genaue Sekretanalyse und einen Krebsvorsorgeabstrich, sollte dieser länger als sechs Monate zurückliegen. Bei der Sekretanalyse sollen Keime enttarnt werden, die zu einer Frühgeburt führen können. Diese Untersuchung oder zumindest die Messung des Säuregehaltes der Scheide sollte mehrmals in der Schwangerschaft durchgeführt werden.

Trisomie 21, 18, 13

Bereits in der 11. bis 14. Schwangerschaftswoche besteht die Möglichkeit an Hand von einer Ultraschalluntersuchung (Messung der Nackendicke und neuerdings auch des Nasenbeines des Kindes) und der Bestimmung zweier Blutwerte das Risiko für das Auftreten von chromosomalen Störungen (Trisomie 21, 18, 13) zu berechnen.

Bisher wurde das Risiko nur nach dem gemeinsamen Alter der Eltern oder dem Alter der werdenden Mutter allein ermittelt. Aus diesen statistischen Berechnungen ergab sich, dass Frauen über einem Lebensalter von 35 oder dem gemeinsamen Alter von über 70 eine Fruchtwasseruntersuchung empfohlen wurde.

Drei Überlegungen führten dazu, Untersuchung in der 11. bis 14. Schwangerschaftswoche anzuraten:

1. kindliche chromosomale Störungen bei Schwangeren jünger als 35 wurden nicht erfasst – Frauen konnten sich eine Fruchtwasseruntersuchung auf Wunsch machen lassen. Das Risiko, dass dem Kind dabei etwas zustößt und es zu einer Fehlgeburt kommt war mit 1:100 – 1:250 höher als das Risiko ein Kind mit z.B. einer Trisomie 21 zu bekommen (im 34. Lebensjahr 1:340). (sh. Tab. 3)

2. Eine etwaige Unterbrechung der Schwangerschaft wurde erst nach Vorliegen des Ergebnisses durchgeführt und das dauerte durchschnittlich zwei bis drei Wochen. Somit kam zur psychischen Belastung des Eingriffes auch die physische, in dem das Kind, zu diesem Zeitpunkt schon in der 18. bis 20. SSW, normal zur Welt gebracht werden musste.

3. Frauen, welche älter als 35 Jahre waren, können sich den Eingriff der Fruchtwasseruntersuchung und somit das erhöhte Fehlgeburtenrisiko ersparen, wenn das Testergebnis besser als 1:250 ist.

Sollte sich bei dieser Untersuchung ein deutlich erhöhtes Risiko ergeben dann besteht die Möglichkeit in den dafür spezialisierten Zentren die so genannte Plazenta- od. Mutterkuchenpunktion durchführen zu lassen. Der Vorteil dieser Untersuchung liegt darin, dass das Ergebnis bereits nach 24 Stunden vorliegt. Das Risiko einer Fehlgeburt liegt, sofern der Eingriff durch eine kundige Hand durchgeführt wird, nicht höher als bei der Amniocentese (Fruchtwasseruntersuchung).

Der Nachteil dieser kombinierten Blut- und Ultraschalluntersuchung ist, dass sie nur das Risiko berechnet und kein definitives Ergebnis liefert. Das bedeutet z.B. bei einem Tester-

29

gebnis von 1:300 bei einer 27-jährigen Frau, dass das Risiko gegenüber der alleinigen Berechnung des Altersrisikos auf das dreifache erhöht ist. Das klingt enorm viel. Wenn man das Ergebnis jedoch in absoluten Zahlen ausgedrückt betrachtet, klingt es nicht mehr so erschreckend. Es bedeutet nämlich, dass von 300 Frauen mit dem gleichen Ergebnis eine Frau ein krankes Kind bekommt (in Prozenten 0,3%).

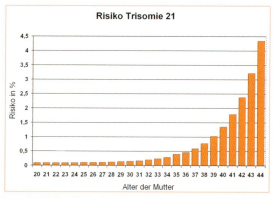

Abbildung 2: Risiko Trisomie 21 in Abhängigkeit vom Alter der Mutter

„Da konnte ich ihr nur zustimmen. Wir wollten uns genug Zeit lassen über die Konsequenzen, die sich aus dem Ergebnis des so genannten combined-testes (i.e. Ultraschall– und Blutuntersuchung) ergeben, nachzudenken. Wie gehen wir damit um, wenn der Test ein erhöhtes Risiko anzeigt. Würden wir die notwendige Konsequenz aus den Testergebnissen ziehen wollen? Wir dachten über die Risiken nach, die eine Fruchtwasseruntersuchung mit sich bringt. Für uns wäre es fürchterlich gewesen, wenn ein gesundes Kind durch die Fruchtwasseruntersuchung zu schaden gekommen wäre. Aber wieso ist es weniger fürchterlich ein behindertes Kind zu verlieren? Würden wir stark genug sein, würde unsere Beziehung stabil genug sein, sollten wir ein behindertes Kind großziehen wollen?

Aus meiner überschwänglichen Freude wurde plötzlich Nachdenklichkeit und ich konnte die verhaltene Freude meiner Freundin verstehen. Es war gut, dass uns ein Kollege rechtzeitig über die Möglichkeiten der Untersuchungen und die daraus zu ziehenden oder auch nicht zu ziehenden Kon-

sequenzen aufgeklärt hat. Wir besprachen uns einige Tage. Uns war es wichtig einen Konsens zu finden. Wir wollten beide zu der getroffenen Entscheidung stehen können."

 Dieser spezielle Test wird von den meisten Geburtshilflichen Abteilungen und von einigen Spezialisten in ihrer Ordination angeboten. Ihr Arzt arbeitet bestimmt mit einem dieser Zentren oder Spezialisten zusammen – lassen Sie sich von ihm beraten.

Ernährungstipps für werdende Mütter und Väter

Gewichtszunahme während der Schwangerschaft:

Es gibt unterschiedlichste Daten über die empfohlene Gewichtszunahme während der Schwangerschaft. In einer 1990 publizierten Studie wurde eine Zunahme von 9 bis 18kg als normal bewertet. Es ist in erster Linie vom Ausgangsgewicht abhängig wie groß die Gewichtszunahme sein sollte. (sh.Tab. 3)

Zunächst sollte man den Bodymaßindex (BMI) bestimmen. Dieser setzt sich aus folgender Formel zusammen: Körpergewicht in kg dividiert durch Körperoberfläche in m^2.

Gewicht vor Schwangerschaft	BMI	Empfohlene Gewichtszunahme in kg
Untergewicht	< 19,8	12,5 – 18kg
Normalgewicht	19,8 - 25	11,5 – 16kg
Übergewicht	25 - 29	7 – 11,5kg
Starkes Übergewicht	> 29	< 7kg

Tabelle 3: Gewichtzunahme während der Schwangerschaft

 Man kann sich den BMI ausrechnen lassen z.B. unter www.medizininfo.de im Kapitel Schwangerschaft/Ernährung.

Warum nimmt man überhaupt während der Schwanger-schaft so viel zu? Kind, Fruchtwasser und Mutterkuchen wiegen am Geburtstermin zusammen zirka 7kg. Der Rest setzt sich aus dem vermehrten Blutvolumen, der vergrößer-ten Gebärmutter, der Vermehrung des Brustdrüsengewebes und der Zunahme des Fettdepots zusammen. Die Zunahme des Fettdepots beträgt zwischen 1,5 bis 3,5kg und erfolgt bereits vor der 30. SSW. Dieses Depot ist bereits eine Vor-bereitung für das Stillen und wird im Rahmen der Stillzeit wieder aufgebraucht.

Die Gewichtszunahme der werdenden Väter beträgt im Durchschnitt ebenfalls 5 bis 10kg und setzt sich nur aus der Zunahme des Fettdepots zusammen. Vorsicht (!), dieses Fettdepot wird während der Stillzeit NICHT aufgebraucht.

Mutter und Kindpass – Untersuchungen

1. Untersuchung (7. bis 11. SSW)

Die **1. Mutter und Kindpass-Untersuchung** wird für die 7. bis 11. Schwangerschaftswoche empfohlen, es wird der erste Ultraschall durchgeführt.

2. Untersuchung (18. bis 22. SSW)

Die **2. Mutter und Kindpass-Untersuchung** wird in der 18. bis 22. Schwangerschaftswoche empfohlen.

Diese beinhaltet neben der normalen geburtshilflichen Abklärung auch eine genaue Ultraschalluntersuchung. Diese nennt sich im Fachjargon Organscreening, da ein besonde-res Augenmerk auf Aussehen und Funktion der inneren Organe und der Extremitäten gelegt wird.

Sollten sich bei dieser Untersuchung Unklarheiten oder Auf-fälligkeiten ergeben wird Sie Ihr Arzt in ein Zentrum oder zu einem Spezialisten für die so genannte Pränatalmedizin schicken, um - nach dem Motto „vier Augen sehen mehr als zwei" - eine zweite Fachmeinung einzuholen.

BUNDESMINISTERIUM FÜR SOZIALE SICHERHEIT
GENERATIONEN UND KONSUMENTENSCHUTZ

... zu allen Fragen rund um die Familie ...

FAMILIENSERVICE
0800 240 262
zum Nulltarif

„Es war wunderschön unser Kind in allen Details zu sehen. Für mich als werdenden Vater war es beruhigend zu sehen, dass es sich bewegte und das Herz schlug. Meine Freundin erzählte mir schon vor einer Woche, dass sie bereits leichte Bewegungen des Kindes spürte. Dadurch war sie sich sicher, dass mit unserem Baby alles in Ordnung war. Ich bekam dieses Gefühl der Sicherheit durch die Ultraschalluntersuchung.

Der Arzt zeigte uns die verschiedenen Organsysteme, insbesondere das Herz, den Magen, das Zwerchfell, die Nieren und die Harnblase des Kindes.

In den Momenten, in denen unser Kind still hielt konnten wir an Armen und Beinen die Finger und Zehen zählen."

Zu diesem Zeitpunkt kann man beginnen sich Informationen zum Thema Nabelschnurblutvorsorge zu verschaffen.

Wenn das Kind nach der Geburt abgenabelt wird, bleiben in der Nabelschnur und im Mutterkuchen wertvolle Zellen zurück, die mit Nabelschnur und Mutterkuchen als medizinischer Sondermüll entsorgt werden. Diese Zellen nennen sich Blutstammzellen und sind unreife Zellen, die bei jedem Menschen Bestandteile des Knochenmarks darstellen.

Die Nabelschnurstammzellen sind oft im Gegensatz zu den Knochenmarkstammzellen genetisch unverbraucht und frei von Viren.

Die Gewinnung der Nabelschnurstammzellen ist für Mutter und Kind völlig ungefährlich.

Sie werden unter sterilen Bedingungen in eigens dafür bereitgestellte Behälter gefüllt und per Botendienst in die von Ihnen gewählte Stammzellbank gebracht, dort labortechnisch verarbeitet, tiefgefroren und in flüssigem Stickstoff bei zirka -190°C gelagert.

Das Bundesministerium für soziale Sicherheit und Generationen hat über dieses Thema eine Broschüre aufgelegt, welche Sie von Ihrem Frauenarzt bekommen, oder direkt beim Bundesministerium bestellen können.

Broschürentelefon: 0800/202074
www.gesundheit.bmsg.gv.at

3. Untersuchung (25. bis 28. SSW)

Die **3. Mutter und Kindpass-Untersuchung** mit neuerlicher Blutuntersuchung wird in der 25. bis 28. SSW empfohlen.

Bei der dritten Untersuchung wird wie bei den Untersuchungen zuvor der Blutdruck gemessen und eine Harnuntersuchung durchgeführt. Eine Ultraschalluntersuchung ist nicht unbedingt notwendig, sollte zuvor in der 18. bis 22.Woche alles in Ordnung gewesen sein, und die Messergebnisse von Bauchumfang und Gebärmutterlänge den Rückschluss auf ein adäquates Wachstum des Kindes schließen lassen.

„Obwohl ich die Kindesbewegungen spüren konnte wollte ich trotzdem unser Kind im Ultraschall sehen. Ich war sehr neugierig und wollte noch ein Foto machen. Ich wusste zum damaligen Zeitpunkt schon, dass ich eine Tochter bekomme. Ich hatte es bei dem genauen Organultraschall entdeckt obwohl wir beide es ursprünglich nicht wissen wollten. Wir wollten uns überraschen lassen. Meiner Frau musste ich mein Wissen verheimlichen.

Es war nur eine kurze Untersuchung, da meine Tochter sofort ihr Profil zum Foto darbot, wahrscheinlich, um möglichst bald wieder in Ruhe gelassen zu werden."

Es ist eine bekannte Tatsache, dass Kinder während der Ultraschalluntersuchung und in der Zeit danach etwas unruhiger werden. Wir nützen diesen Umstand, um die Bewegungen des Kindes zu analysieren. Daraus lässt sich die Information ableiten ob es dem Kind gut geht. Dies ist eine Information, welche die werdenden Mütter durch die mehrmals täglich spürbaren Kindesbewegungen bekommen. Den werdenden Vätern empfehle ich öfters mit der Hand am Bauch ihrer Frau/Freundin auf Kindesbewegungen zu warten. Ich finde es vertieft die Beziehung zum Kind und damit bekommen auch Sie die Sicherheit, dass es dem Kind gut geht.

35

4. Untersuchung (30. bis 34. SSW)

Die **4. Mutter und Kindpass-Untersuchung** erfolgt in der 30. bis 34. SSW

Bei dieser Untersuchung kontrolliert man noch einmal die Lage des Kindes. Diese wird im Rahmen einer weiteren Ultraschalluntersuchung festgestellt, bei der auch das Größenwachstum und eine Gewichtsschätzung des Kindes durchgeführt werden.

Wenn das Kind mit dem Kopf nach unten liegt, dann heißt das im Fachjargon Schädellage und wird von 94% der Kinder eingenommen. Etwa 5% der Kinder kommen mit dem Popo oder mit den Füßen zuerst auf die Welt. Dies nennt sich Beckenendlage bzw. Fußlage. Hier wird die Art der Entbindung (Spontangeburt vs. Kaiserschnitt) sehr kontroversiell diskutiert und wird von GeburtshelferIn zu GeburtshelferIn und von Abteilung zu Abteilung verschiedentlich empfohlen und gehandhabt. Tatsache ist, dass bei der ersten Entbindung, sollte das Kind in Beckenendlage liegen, heutzutage zunehmend ein Kaiserschnitt empfohlen wird.

Eine Renaissance erlebt die so genannte äußere Wendung von Beckenendlage in Schädellage. Hierbei wird das Kind mit festem und konstantem Druck auf Kopf und Popo entweder mit Hilfe einer Rolle vorwärts oder einer Rolle rückwärts in die richtige Lage gebracht. Der Erfolg dieser Wendung liegt bei zirka 60 bis 80%.

Bei dieser oder bei der 5. Mutter und Kindpass-Untersuchung wird noch einmal eine Untersuchung der Scheide und des Muttermundes auf Keime empfohlen. Einige Keime können bei Kindern schwere Augenentzündungen hervorrufen. In diesem Fall wird die Schwangere noch vor der Entbindung mit einem Antibiotikum behandelt. Eine Kontrolluntersuchung, ob die Behandlung auch gewirkt hat, ist empfehlenswert sofern noch vor der Entbindung Zeit dazu bleibt. Gelegentlich bekommt die werdende Mutter während der Entbindung eine Infusion mit einem Antibiotikum welches über den Mutterkuchen vom Kind aufgenommen wird und dieses schützt.

„Unsere Tochter hatte sich in der 32. Woche der Schwangerschaft bereits gemütlich mit Kopf nach unten positioniert. Damit war für meine Frau klar, dass sie ihr Kind auf normalem Weg zur Welt bringen würde, sollte nicht noch etwas Unvorhergesehenes passieren."

5. Untersuchung (35. bis 38. SSW)

Bei dieser Untersuchung, die gegen Ende der Schwangerschaft gemacht wird, kontrolliert man meist mittels eines Tastbefundes den Reifegrad des Muttermundes (= jener Teil der Gebärmutter, der in die Scheide ragt) und ob der Kopf schon im Becken fixiert ist.

Das ist beim vorzeitigen Blasensprung (= Fruchtwasserabgang bevor noch die Wehen beginnen) von Bedeutung, denn wenn der Kopf schon fixiert ist und somit den Beckenausgang abdichtet, bleibt kein Platz mehr für die Nabelschnur nach außen zu schlupfen.

Solange Ihnen Ihr Arzt oder Ihre Hebamme nichts Gegenteiliges sagt lassen Sie sich bitte bei Fruchtwasserabgang liegend auf die Geburtenstation bringen. Der so genannte Nabelschnurvorfall ist glücklicherweise ein äußerst seltenes Ereignis welches aber für das Kind extrem bedrohlich ist.

„Nach der letzten Mutter und Kindpass-Untersuchung begann die Wartezeit. Bis zum errechneten Geburtstermin lässt sich die Ungeduld noch zügeln. Dann aber nimmt die Spannung zu. Diese wird nicht zuletzt auch dadurch geschürt, dass Eltern, Verwandte und Freunde fast im Stundentakt anrufen, um festzustellen, dass sie nichts versäumt haben. Es ist eine Phase, in der wir gerne Ruhe gehabt hätten, um uns auf die Geburt vorzubereiten."

 Geben Sie nicht den errechneten Geburtstermin als voraussichtlichen Termin an sondern legen Sie noch 14 Tage dazu. Damit gibt es keine Kontrollanrufe zu der Zeit, zu der Sie Ruhe brauchen.

„Zehn Tage nach dem errechneten Geburtstermin ereilte meine Frau ein vorzeitiger Blasensprung. Sie weckte mich um fi3 in der Früh mit den Worten ich möge ihr ein Handtuch bringen. Ich sprang sofort aus dem Bett und suchte ein

geburtshilfliches Equipement, welches ich mir vorbereitet hatte. Ich raste durch die Wohnung auf der Suche nach Handschuhen und Nabelschnurklemme. Meine Frau lag im Bett und sah sich mein Treiben fast schon belustigt an – sie wollte eigentlich nur ein Handtuch um nicht im Fruchtwasser liegen zu müssen.

Obwohl ich schon bei vielen Geburten war, war es diesmal anders – ich wurde Vater, wir wurden Eltern. Ich war froh, dass ich einen Kollegen und Freund gebeten hatte die Geburt zu betreuen. Meine Frau hatte sich eine Hebamme ausgesucht, die wir am frühen Morgen auf der Geburtshilfe antrafen. Es war für uns beide beruhigend die vertrauten Gesichter zu sehen.

Insgesamt dauerte es 19 Stunden bis meine Tochter auf der Welt war. Meine Frau war unbeschreiblich tapfer und zäh – ich aber auch, denn ich wich ihr nicht von der Seite, gab ihr homöopathische Kügelchen in 15-minütigen Abständen, massierte ihr den Rücken und ließ mich auch anschnauzen, wenn die Wehen wieder besonders arg waren. Es war ein unbeschreiblich intensives und schönes Erlebnis schlussendlich meine Tochter in den Armen zu halten. Sie zu baden habe ich mich dann nicht getraut – aber zugesehen habe ich genau."

Mit Globuli geht's schnell bergan.

Natürlich. wirkt. Similasan.

Schnell über den Berg kommen, wenn Husten und Schnupfen die Lebensgeister schwächen: besonders Schwangere, Stillende, Babys und Kleinkinder, Diabetiker u. a. brauchen dann eine schonende Hilfe.

Vertrauen Sie auf die homöopathischen Globuli: ohne Nebenwirkungen, zuckerfrei, alkoholfrei und durch ihre Größe einfach zu verabreichen. Damit es gut weitergeht.

Fragen Sie in Ihrer Apotheke nach Similasan Globuli: Husten, Schnupfen, Halsweh, Grippe, Fieber & Grippe, Heiserkeit, Echinacea, Hautausschläge, Gelenkschmerzen, Sonnenallergie, Zahnkügelchen.

Similasan

Homöopathische Arzneispezialität

Globuli gegen Halsweh Nr.1 "Similasan"

Zum Einnehmen

Exklusiv in Ihrer Apotheke.

Wir sind Schwanger!

Das ist nicht im Sinne des Pluralis Majestatis gemeint! Ich denke eher, dass beide, Mann und Frau, also die zukünftige Mutter und der Vater in spe, schwanger sind. Die Frauen haben mit Sicherheit den größeren Teil der Last zu tragen – im wörtlichen Sinn. Wir Männer hingegen haben einiges zu ertragen. Das klingt vielleicht nach Macho–Gehabe. Allerdings, bei möglichst objektiver Betrachtung, wenn das überhaupt möglich ist – müssen wir Männer auch einiges an Geduld und Fürsorge aufbringen, um die neun Monate bis zur Geburt und die nächsten 30 Jahre der „Aufzucht" des Nachwuchses zu überstehen.

Also: Wir sind Schwanger!

Ich habe diese Botschaft zum ersten Mal in Venedig gehört. Hotel Rialto, erster Stock, mit Blick auf den Canale Grande, für alle, die es genau wissen wollen. Nach dem Frühstück wurde ich mit der Frage konfrontiert, was denn Schwangerschaftstest auf italienisch heißt.

Ich weiß es bis heute nicht! Ich war mir auch nicht sicher ob ich mich freuen oder nachdenklich in die Zukunft blicken sollte. Da Sie sowieso nicht wissen können, was da auf Sie zukommt, mischt sich in die Freude immer etwas Unbehagen oder zumindest Nachdenklichkeit. Erfreulicherweise überwiegt meist die Freude, eben weil wir nicht wissen was da genau passieren wird in der nächsten Zeit, wüssten wir es ganz genau, wäre die Menschheit vielleicht längst ausgestorben und jene, die so wie wir mehr als nur ein Kind in die Welt setzen, gelten aus meiner Sicht als Wiederholungstäter mit schlechtem Gedächtnis. Oder sind es die Hormone, die es uns leicht machen über die kleinen Schwierigkeiten, die ab sofort hinter jeder Ecke lauern, hinwegzusehen? Egal, freuen Sie sich wie im kitschigsten Hollywood–Film, freuen Sie sich uneingeschränkt auf das, was da kommen mag (glauben Sie mir, da kommt Einiges...mehr wird nicht verraten, schon aus dem einen Grund, dass Sie mir sowieso nicht glauben würden. Ich habe auch nichts geglaubt, ein kleiner aber bedeutsamer Fehler, der vor allem nicht mehr rückgängig gemacht werden kann...).

Also wir hatten zwei Fragen an den Rezeptzionisten: erstens „wo ist die nächste Apotheke?" und zweitens „was bedeutet Schwangerschaftstest auf italienisch?"

Die nächste Apotheke war schnell gefunden, der Rest hat sich auch gefunden.

Ein kleiner roter Punkt in einer Flüssigkeit war der erste Gruß, den mir unser Pauli geschickt hat. „Hallo Papa, Du bist ab sofort nicht mehr das Wichtigste im Leben Deiner Frau und meiner Mama! Du bist ab sofort bestenfalls die Nummer Zwei! Zuerst komme ich, dann lange nichts und dann hast Du vielleicht eine Chance!" Ich bin mir sicher, der rote Punkt hat mit mir gesprochen. Aus heutiger Sicht, mit drei Buben, die alle gleichzeitig die Nummer 1 sein wollen, war das sicher so. Zumindest rede ich mir das jetzt ein, es muss so gewesen sein. Wir haben ja einige Zeit „herumgebastelt" bis es soweit war (das nur zur Ermunterung, falls es bei Ihnen auch nicht gleich funktioniert).

Also wir sind schwanger.

Na bitte: geht es noch romantischer? Mitten in Venedig, wo sich Millionen Touristen verliebt wie die Turteltauben in die Augen sehen, gleich danach den Fortbestand der Menschheit planen oder zumindest üben, wie das am Besten gehen könnte, umflattert von Millionen Tauben, die sich ihrerseits minütlich vermehren. Was sollten die Tauben auch sonst in Venedig „treiben"?

Also: Wir sind Eltern! Aber ich werde Vater und das mit Blick auf die Rialto Brücke! Wir haben ziemlich lange „gebastelt", bis es soweit war. Bei dieser Gelegenheit haben wir auch unseren Gynäkologen näher kennen gelernt, mit ein Grund, warum er an diesem Buch mitarbeiten muss. Details erspare ich mir, aber lesen Sie am besten in dem Kapitel nach, das er geschrieben hat. Denn: es ist gar nicht so einfach den Fortbestand der Menschheit zu sichern, auch wenn es dann ganz einfach geht, wenn Mann und Frau eigentlich gar nicht wollen.

Nicht ohne meine Mama!

Ihr Kind braucht Sie. Ganz besonders, wenn es krank ist. Lassen Sie es deshalb auch im Krankenhaus nicht allein. Das und noch viel mehr ermöglicht MuKi.

Foto: Mauritius

Meine Mama bleibt bei mir und lässt mich auch im Krankenhaus nicht allein!

Das Beste für Ihre Familie

Gerne senden wir Ihnen kostenlos und unverbindlich Informationsmaterial zu.

- **Vielfältige Leistungen und Vorteile von MuKi**
- **Spielwaren- und Babykataloge**
- **Attraktive Versicherungsangebote**
- **Günstige Reiseangebote für Familien**

MuKi, 4802 Ebensee, Rindbachstraße 15, Tel. 06133-8282, Fax: DW 27, office@muki.com, www.muki.com

Für schwangere Partner und demnächst Eltern, die zum ersten Mal in dieser Situation sind, in weniger als einem Jahr zu dritt durchs Leben zu gehen, beginnt jetzt die Zeit der guten Ratschläge. Sie bekommen gute Ratschläge von allen, von guten Freunden und Bekannten, von entfernten Bekannten, von der Dame an der Kassa des Supermarkts, vom Briefträger und natürlich prinzipiell von allen, die schon Eltern sind. Noch schlimmer sind die guten Ratschläge von allen, die schon Großeltern sind, am schlimmsten allerdings sind sie von jenen, die gerade Großeltern werden! Sie werden es kaum glauben: nicht nur Ihre Frau ist schwanger auch die zukünftige Oma und auch der zukünftige Opa! Dabei ist es egal, ob es sich um Ihre Eltern oder die Schwiegereltern handelt. Kaum haben Sie herausgefunden, dass da etwas im Busch, oder besser im Bauch ist, kommen die guten Ratschläge. Gemeinsam werden Kataloge nach Kinderzimmern, Babybodies und Stramplern durchforstet.

Bis zum ersten Schultag reichen schon die Planungen und dann natürlich die Frage: Soll er oder sie mal studieren oder lieber doch ein Handwerk erlernen?

Bei dieser Gelegenheit stellt sich natürlich die Frage: „Ab wann sollen wir unsere Umwelt einweihen?" Nach den Erfahrungen der ersten Schwangerschaft – siehe oben – haben wir uns entschlossen bei Stephan und Felix die Geschichte so lange wie möglich „geheim" zu halten. Der Bauch meiner Frau hat es uns bis zum sechsten Monat (fragen Sie mich bitte nicht nach der Woche!) leicht gemacht, unser Geheimnis für uns zu behalten, dann war die Geschichte mit der kleinen Rundung nicht mehr ausschließlich auf meine gute Küche zurückzuführen. Aber sechs Monate keine Ratschläge, das hat schon etwas! Danach war's dafür umso heftiger, vor allem bei Nummer Drei. Meine Schwiegereltern waren bei Pauli, unserem ersten, überglücklich, bei Stephan (Nummer Zwei) glücklich und bei Nummer Drei, Felix, nachdenklich. Leichtes Entsetzen war im Gesicht meiner Schwiegermutter zu erkennen, als Sie die „frohe" Botschaft von Kind Nummer Drei erfahren hatte. Nach einer kurzen Nachdenkpause, die dem Luftholen gedient haben muss (dieselbige war Ihr nämlich kurz weggeblieben) folgte die mit Nachdruck geäußerte Bitte: „ Jetzt ist aber Schluss."

Abgesehen von den guten und gut gemeinten (Sie werden merken welch großer Unterschied darin liegt) Ratschlägen beginnt die Zeit der „selektiven" Wahrnehmung. Plötzlich sehen Sie nur mehr schwangere (von wegen unsere Pensionen sind nicht mehr gesichert, von wegen geburtenschwache Jahrgänge, von wegen die Menschheit stirbt aus), dicke und glückliche Bäuche an jeder Ecke – in meinem Fall in Venedig! Ausgerechnet Venedig! Die Paradestadt für den Start der Erzeugung nicht für die „verlängerte Werkbank", aber Sie glauben nicht wie viele Schwangere in Venedig zwischen dem Marcusplatz und der Piazzale Roma herum laufen. Schwangere in diesen engen Gassen! Schwanger mitten im Gedränge am Vaporetto. Schwangere am Canale Grande, herumgondeln in einer engen Gondel! Schwangere auf Murano und Torcello (auf Burano waren wir nicht, aber mit Sicherheit laufen dort auch Schwangere in ganzen Reisegruppen durch die Gegend).

Abgesehen von dieser selektiven Wahrnehmung werden Sie plötzlich feststellen, dass Zeitungen und Zeitschriften voll mit Artikel zu diesem Thema sind. Wenn Sie jetzt plötzlich merken, dass sich einige einschlägige Bücher in Ihre kleine Bibliothek verirrt haben, das hat nichts mit selektiver Wahrnehmung zu tun, das hat vielmehr damit zu tun, dass sich Ihre Frau vorsorglich bereits eingedeckt hat.

Schwangere und junge Mütter mit ihren gerade entbundenen Babys sind ab sofort Teil Ihrer Welt. Was Sie im Supermarkt bis jetzt nur lautstark von der Berieselungsmusik abgelenkt hat, ist jetzt bestimmend. An der Kassa werden Sie sich fragen, ob Sie Ihr Kind ähnlich nicht im Griff haben werden wie die Dame vor Ihnen. Oder ein anderes Beispiel: der Samstagseinkauf, wo Ihnen bis jetzt völlig egal war, dass ganze Familien, Papa, Mama und jede Menge Kinder zwischen den Regalen Ihren Familienstreit zu schlichten versuchen, bekommt jetzt eine andere Dimension. In knapp einem Jahr werden auch Sie vor dem Kühlregal den übervollen Einkaufswagen mit mehr oder weniger Adrenalin im Blut kurz anhalten um durchzuatmen, bevor es zu Eklat kommt. Doch bis dahin bleibt Ihnen noch einige Zeit, genießen Sie es.

Kommen wir zu Teil zwei der selektiven Wahrnehmung und der ist etwas schwieriger, weil mit Ängsten und Hoffnung verbunden: Sie werden es nicht glauben, aber beim Fernsehen werden Sie beim Channelhopping nur mehr Dokumentationen über Geburten und vor allem Fehlgeburten sehen. Auf allen Kanälen laufen Diskussionen und Talkshows zum Thema Zeugung, Schwangerschaft, Geburt und vor allem, was alles dabei schief gehen kann. Es ist zum Verzweifeln.

Worauf Sie noch achten sollten: Lassen Sie sich bei der Namensgebung nicht dreinreden!

Ihr Nachwuchs ist gerade mal mit dem Mikroskop erkennbar und schon stellen alle, die an der Schwangerschaft mehr oder weniger teilhaben wollen meine Lieblingsfrage: „Und, habt Ihr schon einen Namen?" „Wie soll er den heißen, wenn er ein Mädchen wird?" Kein Druckfehler! ER, wenn ER ein Mädchen wird...zugegeben, am liebsten formulieren so die zukünftigen Großväter....

Bleiben Sie cool, halten Sie die Namen, wenn Sie denn schon einen haben, geheim, Sie haben neun Monate Zeit sich festzulegen. Auch nach der Geburt haben Sie noch Zeit, bis zur Anmeldung am Standesamt.

Details zu Namensfindung und Namensgebung im Kapitel „Namensroulette".

Namensroulette

Die kreative Namensfindung(oder wie verkaufe ich das Fell des Bären bevor dieser erlegt wurde)!

Es ist soweit, der Schwangerschaftstest ist eindeutig, kein Zweifel! Auch der Gynäkologe ist sich sicher, Gratulation, ab sofort sind Sie zu dritt! Oder werden es vielleicht Zwillinge? Doppelte Gratulation, Sie haben mit einem Schlag die Familie verdoppelt. Wie auch immer, was in den nächsten neun Monaten oder besser 40 Wochen (an diese Wochenrechnerei sollten Sie sich gewöhnen, wenn Sie beim Damenkränzchen mitreden wollen, ich weiß, ich wiederhole mich) auf Sie zu kommt habe ich versucht im Kapitel Schwangerschaft zu beschreiben. Abgesehnen von vielen bedeutenden Kleinigkeiten stellt sich gleich zu Beginn die Frage, wie soll unser Nachwuchs denn heißen, auf welchen Namen soll Sie oder Er hören. Da war es wieder mein kleines Problem, Sie oder Er? Sie haben noch Zeit! Verantwortungsvolle Gynäkologen legen sich erst nach der Geburt fest, alle Versuche zur Geschlechtsbestimmung münden in mehr oder weniger gesicherte Vermutungen. Unser Mittlerer, also Stephan, war bis zum siebten Monat (fragen Sie mich bitte nicht nach der Woche!!) ein Mädchen, eine zarte Lilli! Stephan wollte sich einfach nicht outen. Bei jeder Ultraschall-Untersuchung hat er uns seinen „Popsch" gezeigt und jeden Blick auf seine Weichteile verweigert. Christoph, unser Gynäkologe, den Sie im ersten Teil des Buches kennen gelernt haben, war sich zu 50% sicher: „Es" ist ein Mädchen, sicher war er aber erst nach der Geburt. Manche Babys klemmen sogar die Hoden zwischen den Beinen so ein, dass sie im Ultraschall mit Schamlippen verwechselt werden können. Babys im Mutterleib wissen eben worauf es ankommt und wie die Spannung bis zur Geburt aufrecht erhalten wird. Ich habe es irgendwann aufgegeben mich zu stressen, ob ein strammer Stammhalter oder ein süßes Mädel, unser Leben bereichert.

Ich stehe auf dem Standpunkt: egal welches Geschlecht, Hauptsache der Bub ist gesund!

Nach Knabe Nummer 3 in Folge hat es übrigens auch meine Frau aufgegeben, vielleicht doch noch ein Mädchen zur Welt zu bringen. Sie hat stattdessen eine Selbsthilfegruppe gegründet. Die Selbsthilfegruppe verzweifelter Mütter mit vier Männern im Haushalt. Denn mit drei Jungs im zarten Alter von 1 bis 6 geht es bei uns relativ „ruhig" zu, ich bin mir sicher, Sie wissen wie ich das meine, vorstellen können Sie sich das nicht, da bin ich mir auch sicher. Außer: Sie gehören zu den wenigen Österreichern, die auch mehr als „nur" ein Kind in diese Welt gesetzt haben. Sie wissen der Österreichschnitt liegt derzeit bei 1,2 Kindern pro Paar, nicht sehr berauschend.

Also nehmen wir mal an, dass Sie das Geschlecht des neuen Erdenbürgers bereits kennen und sich Ihr Gynäkologe auch wirklich festlegt – zumindest mit 80-prozentiger Sicherheit.

Also Sie begeben sich auf Namenssuche. Einschlägige Bücher gibt es zu Hauf! Auch im Internet werden Sie fündig. Wenn Sie die beliebte Suchmaschine Google bemühen und den Suchbegriff „Vornamen" eingeben werden Sie mit Sicherheit fündig (an die sechs Millionen Ergebnisse liefert die Suche auf Deutsch, immerhin noch 20.000 Ergebnisse die Suche in Österreich). Auf den meisten Sites werden Ihnen auch gleich die ursprünglichen Bedeutungen der Vornamen geliefert, manchmal auch eine statistische Aufstellung, welche Namen momentan gerade die Vornamen – Hitliste anführen. Für Österreich stellt diese Liste der beliebtesten Vornamen die Statistik Austria zusammen, mehr zur Vornamens – Hitliste im Kapitel „Die beliebtesten Vornamen 2002" (aktuellere Zahlen kommen erst Ende 2004!).

Die Entscheidung

Bedenken Sie beim Namen allerdings Eines, im Namen des Kindes! Der Name, den Sie ihr oder ihm geben, wird sie oder ihn ein Leben lang begleiten. Was Ihnen vielleicht egal ist, Ihrem Kind wird es spätestens in der Schule nicht mehr egal sein. Geben und gehen Sie nicht einem Trend nach, der Spaß hört sich auf, wenn in einer Volksschulklasse in Wien - Ottakring oder in Haus im Ennstal fünf Kevins sitzen, nur weil dieser vor einigen Jahren im Film so süß alleine zu Haus war (Sie erinnern sich bestimmt an diesen Film, von dem es mittlerweile einige Fortsetzungen gibt). Und noch wichtiger: lassen Sie sich bei der Wahl zum Vornahmen Ihrer Wahl nicht drein reden. Es ist Ihr Kind, Sie tragen die Last und die Verantwortung! Daher dürfen Sie sich auch mit sich selbst, Ihrem Gewissen und Ihrem Partner ausmachen, welchen Namen Sie dem Kind geben wollen. Großeltern sind da „beliebte" Mitentscheider. Meine Lieblingsfrage: „ Na wie soll er denn heißen?" Prinzipiell wird vom Opa davon ausgegangen, dass es sich sowieso um einen Bub handelt. Verraten Sie den Namen nicht, schweigen Sie eisern! Lassen Sie sich nicht in die Karten schauen! Wenn Sie sich outen, dann haben Sie die Bescherung. Ab dem Moment, wo Ihre Umwelt einen Tipp bekommt oder den Verdacht eines Vornamen wittert, wird mitdiskutiert. Allerdings nicht konstruktiv sondern destruktiv. Jeder, dem der Nachwuchs irgendwie

nicht ganz egal ist, wird Ihre Namensentscheidung zerpflük-
ken. "Nein, also der Name, nein so etwas...ich kenne mindestens fünf Kinder mit dem gleichen Namen, wollt Ihr keinen anderen? Also mir würde der gefallen, oder vielleicht
der, aber der: nein." Sie werden es kaum glauben die Diskussion endet erst, wenn Sie mit der Geburtsurkunde in
Händen wieder vom Standesamt nach Hause kommen.
Damit hat sich die Sache von Amtswegen erledigt, dann ist
endlich Ruhe, ab und zu noch eine kleine Bemerkung von
Oma und Opa, aber das war's. Bis Sie es geschafft haben,
dürfen Sie „namenstechnisch" argumentieren, neun lange
Monate!

Auch wenn Sie versuchen ein Machtwort zu sprechen und
festhalten, dass die Geschichte niemanden etwas angeht,
werden Sie nur Verständnislosigkeit ernten und dann folgt
einer meiner Lieblingssätze in diesem Zusammenhang: „Ich
wollte Euch doch nur helfen." Meine dringende Empfehlung:
halten Sie durch, bleiben Sie stark! Denn spätestens beim
nächsten Besuch der zukünftigen Großeltern oder anderer
Verwandtschaft beginnt das Spiel wieder von vorne. Hätten
Sie den Namen doch nur verschwiegen! Selber schuld!
Andererseits ist der passende Vorname ein perfektes Mittel
die gesamte Verwandtschaft in die Schwangerschaft mit
einzubeziehen. Sie können also die Diskussion auch aktiv
starten und bei der Eröffnung, dass Ihre Eltern demnächst
Großeltern werden, gleich den geplanten oder irgendeinen
Vornamen in die Diskussion bringen. Folgender Satz wäre
zum Beispiel geeignet. „ Wir bekommen Nachwuchs – Oma
und Opa, wenn es ein Mädchen wird nennen wir es nach Dir
Oma, wenn es ein Bub wird dann bekommt es Deinen Vornamen Opa!" Was für ein Einstieg in die Geschichte! Mit
einem Atemzug haben Sie den Großeltern den selbigen
genommen. Der Wind ist aus den Segeln der Großeltern und
Opa in Spe wird lediglich nach einem Glas irgendetwas
(Hauptsache Alkohol) verlangen. Dann wird die Geschichte
nachdenklich und Sie können gleich ein paar Details wie die
Geburt, die Taufe und die geplante Erziehung bis zur Matura
nachschieben. Sie werden sehen, dass Sie keinen Wider-
stand hören werden. Perfekt! Jetzt ist mal Ruhe und wenn
die Diskussion dann doch in den nächsten Monaten wieder
losgeht können Sie sich auf das Argument, „ich habe es

Euch von Anfang an gesagt", zurückziehen, eine wunderbare Position! Gelingt Ihnen diese Strategie nicht, dann müssen Sie eben die Diskussion aushalten und mal da, mal dort nachgeben, aber Vorsicht: es ist immer noch Ihr Kind, auch wenn es so heißt wie Opa oder Oma.

Die Vereinnahmung Ihres Kindes von der lieben Verwandtschaft hat allerdings auch Vorteile. Oma, Opa, Tante und Onkel fühlen sich in die Verantwortung genommen und sind durchaus bereit ab und zu Ihnen Babysitter-technisch unter die Arme zu greifen. Auch wenn Sie sich anfangs nicht vorstellen können Ihr Kind jemanden zu überantworten, spätestens nach einem halben Jahr freuen Sie sich über zwei Stunden Freiheit.

Die Suche

Gehen wir davon aus, dass Sie es geschafft haben, den „kreativen Prozess der Vornamensfindung" auf den engsten Kreis der Beteiligten zu begrenzen, also dass nur die Eltern zum Brainstorming zugelassen werden, dann sollten Sie die Sache auch nicht allzu ernst nehmen. Der Vorname des Kindes eignet sich in keinem Fall für den ersten handfesten Familienstreit, da kommen noch ganz andere Themen. Wenn Sie sich auf keinen Namen einigen können, oder Ihnen keiner gefällt, lassen Sie sich Zeit bis zur oder nach der Geburt. Beschränken Sie die mögliche Auswahl von ca. 4000 (sind es mehr?) Vornamen auf zwei oder drei, die Ihnen am besten gefallen. Sie werden sehen nach der Geburt fällt es Ihnen ganz leicht das Kind beim Namen zu nennen.

Variante zwei, Sie haben einen Namen gefunden, bravo, die erste wichtige Entscheidung ist getroffen:

Wenn Sie auf der Suche nach dem Vornamen im Internet, in Büchern oder sonst wo fündig geworden sind und wissen wollen wie einzigartig der Vorname Ihres Kindes ist, dann können Sie einen kurzen Blick in die Tabelle der Statistik Austria werfen, Entscheidungsgrundlage sollte das allerdings keine sein. Weder in der einen noch in der anderen Richtung. Wenn Ihr gewählter Name nicht in den Top Ten vorkommt, sollte Sie das nicht beunruhigen und wenn Sie Ihr Kind Anna oder Lukas rufen wollen, auch nicht.

Wir haben bei Nachwuchs Nummer Zwei und Drei einfach Pauli, unsere Nummer Eins, gefragt. Als es für unseren Stephan soweit war, war sein bester Freund gerade ein Stefan. Die Uralt-Schreibweise war meine Idee, ein kleiner Aufstand meinerseits gegen die Rechtschreibreform. Felix hat, so glaube ich zumindest, den Namen von Stephan bekommen. Auf KIKA, im ORF (Confetti – TV) oder auf SUPER RTL lief gerade eine Zeichentrickserie mit Felix dem Hasen. Sie sehen, Sie können es sich bei der Wahl des richtigen Vornamens auch ganz einfach machen, Sie müssen nur ausreichend Kinder in die Welt setzen!

Lukas und Anna, 2002 die beliebtesten Babynamen in Österreich

Die Vornamen-Hitparade der Neugeborenen in Österreich wurde im Jahr 2002 von Lukas und Anna angeführt. Die Eltern vergaben den Namen Lukas an 3,6% der Knaben; den Namen Anna erhielten 3% der Mädchen. Lukas ist bereits seit 1996 Spitzenreiter bei den Knabennamen, Julia, die in den Jahren 1988 bis 2001 bei den Mädchennamen am beliebtesten war, wurde von Anna und Sarah (je 3%) überholt.

In der Rangliste der Knabennamen folgte 2002 nach Lukas mit deutlichem Abstand Florian (2,8%). Tobias kam mit 2,5% auf den dritten Platz. An der vierten Stelle folgte David. Dann kam der beständige Daniel auf Platz 5. Michael, Langzeit-Spitzenreiter kam mit 2,4% auf den sechsten Platz. Alexander, der viermal hintereinander auf Platz 5 war fiel auf den siebenten Platz zurück. Auf den Rängen acht bis zehn folgten Fabian, Marcel, Maximilian und ex aequo Sebastian.

In der aktuellen Rangliste der Mädchennamen erreichte Anna, nachdem sie drei Mal en suite den zweiten Platz einnahm, erstmals mit 3% den ersten Platz. Sarah erreichte mit knapp 3%, nachdem sie in den vier Jahren davor den dritten Platz einnahm, den zweiten Platz. Julia fiel mit 2,8% vom ersten auf den dritten Platz zurück. Laura, 1997 erstmals unter den Top Ten, kam so wie im Vorjahr auf Rang 4 und damit wieder vor Lisa (Rang 5) und Katharina (Rang 6), die schon seit den späten achtziger Jahren zur Spitzengruppe der beliebten Mädchennamen zählen. Auf den nächsten Rängen folgten 2002 wie bereits 2001, jedoch in umgekehrter Reihenfolge, die Aufsteigerinnen Lena (Platz 7; 2001 Platz 8) und Hannah (Platz 8; 2001 Platz 7). Selina, die im Jahr 2001 wie eine Rakete aufstieg und sich von Platz 17 auf 9 verbessern konnte, behielt auch 2002 diesen neunten Platz. Viktoria landete mit 1,8% noch auf Platz 10 (Quelle: Statistik Austria).

Rang	Knaben-namen	%	abs	Rang	Mädchen-namen	%	abs
1	Lukas	3,60	1260	1	Anna	3,04	1016
2	Florian	2,79	975	2	Sarah	2,98	996
3	Tobias	2,49	873	3	Julia	2,79	934
4	David	2,46	862	4	Laura	2,44	817
5	Daniel	2,41	844	5	Lisa	2,30	771
6	Michael	2,39	836	6	Katharina	2,09	701
7	Alexander	2,33	815	7	Lena	2,02	677
8	Fabian	2,19	765	8	Hannah	2,00	669
9	Marcel	2,16	756	9	Selina	1,81	605
10	Maximilian & Sebastian	2,11	737	10	Viktoria	1,78	596

Tabelle 4: Die beliebtesten Kindernamen (Quelle: Statistik Austria)

Familienname: Das Namensrecht

Haben die Eltern einen gemeinsamen Familiennamen, trägt auch das Kind diesen Namen.

Führen die Eltern unterschiedliche Familiennamen, gilt folgende Regelung: Beide Ehegatten müssen bereits vor oder bei der Eheschließung den Familiennamen gemeinsamer Kinder bestimmen. Die Erklärung, welchen Familiennamen die aus der Ehe stammenden Kinder tragen werden, können die Ehegatten

- vor dem Standesbeamten abgeben oder

- bei der Eheschließung in öffentlicher oder öffentlich beglaubigter Urkunde festlegen.

Wird eine solche Erklärung nicht abgegeben, erhalten die Kinder verheirateter Paare automatisch den Familiennamen des Mannes.

Uneheliche Kinder erhalten nach österreichischem Recht den Familiennamen der Mutter, d.h. den Familiennamen, den die Mutter zum Zeitpunkt der Geburt des Kindes führt.

Für individuelle Anfragen zu diesem Thema wenden Sie sich bitte an das zuständige Standesamt:

zuständige Behörde:

- in Städten mit Bundespolizei: Magistratisches Bezirksamt

- in Städten ohne Bundespolizei: Gemeindeamt

Schwangerschaftskalender

Ich kann nicht wirklich mitreden, oder doch? Wie schon öfters erwähnt: schwanger sind beide Partner, also Mama und! (auf das Rufzeichen lege ich Wert...) Papa in spe. Rein äußerlich ist auf den ersten Blick, ab einem gewissen Zeitpunkt der Schwangerschaft nur die Frau als schwanger erkennbar, allerdings auch Männer verändern sich. Und wie! Alleine das Gerücht, das sich über Vorahnung bis zur Tatsache verdichtet, dass Mann nicht mehr die uneingeschränkte Nummer 1 in der Beziehung zur Frau ist, verändert einiges, nein, alles! In den nächsten neun Monaten oder besser 40 Wochen, also in Wahrheit zehn Monaten, haben Sie genug Zeit, sich mit dieser Veränderung anzufreunden.

Der nachfolgende Schwangerschaftskalender bezieht sich in erster Linie auf die Veränderungen der Frau und des Kindes im Mutterleib. Ich habe mir erlaubt diesen Kalender mit kleinen Anmerkungen meinerseits zu kommentieren, zugegeben, nicht alle sind immer ganz ernst gemeint. (Das nur als

Hinweis, sollte meine Frau dieses Buch auch irgendwann mal lesen, dann sollte sie nicht gleich die Scheidung einreichen, kann ich mir mit drei Kindern nicht leisten!)

Den Schwangerschaftskalender habe ich aus diversen einschlägigen Quellen zusammengestellt, auch im Internet finden Sie, wenn Sie danach suchen, mehr oder weniger gelungene chronologische Abläufe der Schwangerschaft. Sie erfahren, nach Woche aufgelistet, was, wann mit dem Kind und der Mutter so alles passiert und passieren kann in 40 Wochen Schwangerschaft.

Die Größen- und Gewichtsangaben in diesem Schwangerschaftskalender sind selbstverständlich nur Durchschnittswerte, die Wachstumsschritte Ihres Kindes können von diesen Werten abweichen und das ist nichts Außergewöhnliches. Selbst Gynäkologen können (oder wollen?) zum Beispiel nicht exakt den Geburtstermin voraussagen. Kinder kommen eben wann sie wollen. Auch bei den diversen Ultraschalluntersuchungen, einige sind im Mutter und Kind Pass verpflichtend vorgeschrieben, werden Sie merken, dass Termine, Gewichts- und Größenschätzungen immer wieder korrigiert werden.

Ines Schwandner

Zusätzlich habe ich zwei ORF-Kolleginnen gebeten Ihnen ihre Erlebnisse während der Schwangerschaft als Erfahrungen weiterzugeben. Ines Schwandner verdient ihre Miete als Moderatorin bei Radio Wien und Angelika Lang bei Ö3. Ines hat drei Kindern, den Zwillingen Lena und Lisa und dem „Nachzügler" Timo das Leben geschenkt. Angelika hat ihre Karriere ihrem Maxi geschenkt (siehe dieses Kapitel!). Die ganz persönlichen Einblicke in diese insgesamt drei Schwangerschaften sollen Ihnen helfen, abgesehen von den „professionellen" Tipps, Ihre Schwangerschaft noch besser zu meistern. Also los geht's mit Woche 1:

Angelika Lang

1. Woche

Die erste Woche des Schwangerschaftskalenders beginnt mit dem ersten Tag der letzten Regel, ergo sind Sie noch gar nicht schwanger! Jetzt wissen wir auch warum eine Schwangerschaft zwar neun Monate aber 40 Wochen dauert. Warum das so ist? Fragen Sie am besten beim nächsten Termin Ihren Gynäkologen. Die Erklärung ist einfach: irgendwie musste sich die Wissenschaft auf eine Regel einigen, also wurden die 40 Wochen vereinbart, um uns Männern das Rechnen beizubringen und damit wir beim Kaffeeklatsch unter werdenden und praktizierenden Müttern nicht mitreden können. Bis wir nämlich nachgerechnet haben sind die Damen längst bei einem anderen Thema oder in einer anderen Phase der Schwangerschaft und für uns Männer beginnt die Rechnerei von Neuem, solange bis wir es aufgeben.

Also, wir waren in der ersten Woche der Schwangerschaft, die mit dem ersten Tag der letzten Regel beginnt.

Und so bestimmen Sie, oder Ihr Gynäkologe, den Geburtstag Ihres Kindes (Grundlage ist die Naegelesche Regel):

 Nehmen Sie das Datum des ersten Tages der letzten Regel zur Hand und addieren Sie zum Tag die Zahl 7.
Annahme: 6. 4.
Also 6 plus 7 ergibt 13
Danach ziehen Sie vom Monatswert 3 ab: 4 (April) minus 3 ergibt 1.
Also sollte Ihr Nachwuchs am 13.1. das Licht der Welt erblicken.

Bevor Sie jetzt alles rund um diesen Tag planen, verrate ich Ihnen, dass sich nur wenige Kinder an den errechneten Geburtstermin halten. Schwankungen von plus minus zwei Wochen zum errechneten Geburtstermin sind üblich. Zwei meiner Söhne wollten zwei beziehungsweise drei Wochen früher raus aus dem Bauch, Felix ist schon vier Wochen vor dem Termin gestartet. Das ist etwas früh, vielleicht zu früh, er hatte bei der Geburt die Maße eines kleinen Suppenhuhns – knapp 2 Kilo 40.

2. Woche

Der Eisprung geht über die Bühne! Ab sofort ist die Chance einer Befruchtung optimal.

Bis zu 48 Stunden nach dem Eisprung sollten Sie aufpassen, wenn Sie keinen Nachwuchs wollen. Sollten Sie es aber darauf anlegen, dann haben Sie in dieser Zeit die beste Chance neues Leben zu zeugen. Der Rest ist mit Sicherheit aus dem Biologieunterricht bekannt: Der männliche Samen trifft auf die Eizelle, beide verschmelzen miteinander und es entsteht die erste Zelle Ihres Babys: die Zygote. Wenn Sie es ganz genau wissen wollen und den ersten Teil dieses Buches noch nicht gelesen haben, dann empfehle ich bei Dr. Kindermann nachzulesen!

Alle Anlagen Ihres Kindes sind ab sofort festgelegt. Die kleine Zelle weiß bereits die zukünftige Augenfarbe, das Geschlecht, die Größe der Füße, der Ohren Ihres Kindes, eben einfach alles, was Sie Monate später an Ihrem Kind so liebenswert finden. Sie kennen das: „Also, nein, diese Ähnlichkeit, ganz die Mama" – „Nein, der sieht dem Papa so ähnlich". Mit der Befruchtung haben Sie sich schon festgelegt, oder besser Sie wurden von der Natur festgelegt. Aussuchen aus dem Katalog geht noch nicht, Betonung auf noch.

Wird's ein Bub oder ein Mädchen? Die Chancen stehen 50:50 oder eigentlich doch nicht, es gibt statistische Untersuchungen, dass zu bestimmten Zeiten mehr Jungs und zu anderen Zeiten mehr Mädchen auf die Welt kommen. Damit sind nicht die Mondphasen gemeint, auch wenn Sie im Gegensatz zu mir daran glauben. Abgesehen von diesen Langzeituntersuchungen stehen die Chancen blaue oder rosa Strampler zu kaufen fünfzig zu fünfzig. Bestimmt wird das Geschlecht ausschließlich vom Mann, tut mir leid, aber so ist es.

Die Samenzellen tragen entweder ein X-Chromosom, dann wird es ein Mädchen oder ein Y-Chromosom, dann wird's ein Bub. Samenzellen mit Y-Chromosom „schwimmen" angeblich schneller, dafür sind die Samenzellen mit X-Chromosom langlebiger. Wie im richtigen Leben, da überleben uns Männer auch die Frauen.

Ines Schwandner: Dass ich schwanger bin, war aufgrund der Signale, die mein Körper jeweils ausgesendet hat, unzweifelhaft: bereits nach zwei Wochen war mir „komisch": „bissl" schlecht, völlig anderer Stoffwechsel, Ziehen in der Brust, Geruchsempfindlichkeit, Müdigkeit... das habe ich jeweils bis zur 15. SSW als unangenehm empfunden, ab dann war's nicht mehr so schlimm (oder hatte ich mich daran gewöhnt?).

3. Woche

Die befruchtete Eizelle beginnt ihre Wanderung durch den Eileiter in die Gebärmutter, um sich dort für die nächsten Monate „häuslich einzurichten" und es sich bequem zu machen. Während der Wanderung ist sie nicht ganz untätig, sie teilt sich weiter und kommt als kugelige Zellenansammlung, als Morula, in der Gebärmutter an. Schon lauert die erste Schwierigkeit auf unseren Nachwuchs im Mini-Format: Geht der Eizelle, aus welchen Gründen auch immer, die „Luft" aus und Sie beschließt es sich im Eileiter gemütlich zu machen, kommt es zu einer so genannten Eileiterschwangerschaft. Das passiert aber eher selten, also keine Panik. Die Wahrscheinlichkeit einer Eileiterschwangerschaft liegt bei maximal 2%. Oft werden Eileiterschwangerschaften auch gar nicht bemerkt, weil der Körper die eingenistete Eizelle im Eileiter abbaut. Das war's dann. Nächste Chance beim nächsten Eisprung!

Aber gehen wir davon aus, dass die Eizelle in der Gebärmutter ankommt. Sie nistet sich dann in der Gebärmutterschleimhaut ein und trägt ab sofort den Namen Blastula oder Blastozyste. Wir schreiben Tag sieben nach der Befruchtung, die Eizelle hat es also nicht wirklich „Ei"-lig.

Angelika Lang: Nachdem ich ein Jahr lang nach einer größeren Bleibe gesucht habe (irgendwann will ich ja doch mal eine kleine Familie haben...), wickle ich in dieser Zeit die Kaufmodalitäten ab, nichts ahnend, wie schnell wir so eine größere Bleibe dann auch brauchen würden.

4. Woche

Kaum in der Gebärmutter angekommen beginnt sich der Zellhaufen auch schon weiterzuentwickeln. Aus einem Teil wird der Mutterkuchen, die Plazenta, aus dem anderen Teil entwickelt sich das Kind. Noch merken Sie nicht, dass Sie schwanger sind. Ihr Körper arbeitet allerdings schon auf Hochtouren, um sich auf die nächsten neun Monate einzustellen und sich fit zu machen.

Angelika Lang: Ich, als gestandene Nachtarbeiterin ertappe mich dabei, dass mein nächtliches „Workaholic-tum" von extremer Kuschelsucht und erstaunlichem, nie gekanntem Schlafbedürfnis abgelöst wird. Gleichzeitig beginnen Magen und Geschmacksnerven, sich gegen Huhn jeglicher Zubereitungsart zu wehren und sehr deutlich nach Punschkrapfen zu verlangen, außerdem habe ich irgendwie das Gefühl, dass mir das tägliche Möbelschleppen beim Umzug auch nicht wirklich gut tut. Was der ahnungslose Kindsvater natürlich als Ausrede abtut.

Ines Schwandner: Frau/Mann will es ja quasi „schwarz auf weiß"! - Ich hab einen Schwangerschaftstest gemacht: hurra positiv! Letzte Zigarette für lange Zeit, was mir - obwohl brave Raucherin, überhaupt nicht schwergefallen ist (siehe Schwangerschafts-Symptome 2. Woche).

Und den Alkohol zu streichen war sowieso kein Thema, da ich nie sehr viel trinke...

Das mit dem Essen war da schon schwieriger: ich habe mich in der Schwangerschaft bei den Zwillingen z.B. auf Rieseneisbecher spezialisiert, die ich gerne anstelle einer anderen Mahlzeit verschlungen habe.

Bei Timo hatte ich einmal eine kuriose Geschichte: während einer Sendung hab ich eine Salzgurken-Attacke gehabt! Ein lieber Kollege hat meinem Wunsch nachgegeben und mir ein Gurken-Glasl vom Greißler in der Argentinierstraße besorgt. Es kam, wie es kommen musste: nach dem Verzehr war ich dermaßen dehydriert, dass ich die restliche Sendung hindurch literweise Wasser trinken musste, und das dann wiederum auch loswerden... Wir waren ziemlich beschäftigt, die Sendung ordentlich über die Bühne zu bringen.

5. Woche

Der erste Meilenstein in der spannenden Entwicklung von der Eizelle zum Kind ist vollbracht. Ein winziges Herz wurde entwickelt und schlägt bereits! Ihr Nachwuchs hat die stolze Größe von vier Millimetern! Langsam bekommen Sie mit, dass Sie schwanger sind. Die Regel bleibt aus! Es ist der Moment gekommen, wo Sie einen Schwangerschaftstest machen sollten (der funktioniert selbstverständlich auch schon wesentlich früher) und zum zweiten wäre jetzt eine gute Gelegenheit Ihrem Gynäkologen einen Besuch abzustatten. Nach dieser ersten Untersuchung bekommen Sie zum einen den gelben Mutter und Kind Pass in die Hand gedrückt, der Sie ab sofort einige Zeit überallhin begleiten wird und zum anderen bekommen Sie die Aufgabe „Ihren" Mann über diverse Veränderungen im gemeinsamen Leben zu informieren. Achtung: erwarten Sie sich nicht allzu große positive Emotionen. Kann schon sein, dass Ihr Gegenüber nicht so reagiert, wie Sie es sich vorstellen oder vor einiger Zeit im Kino gesehen haben.

Apropos abschminken: Ein paar Kleinigkeiten gilt es jetzt für beide Elternteile zu beachten. Als zukünftige Mutter sind Sie jetzt für zwei Menschen verantwortlich. Alkohol, Nikotin und diverse andere Drogen sollten Sie sein lassen. Bei der Einnahme von Medikamenten immer den Arzt fragen! Selbst so „harmlose" Medikamente wie Aspirin haben Nebenwirkungen, das angesprochene Aspirin kann unter Umständen Blutungen auslösen und die können Sie momentan nicht gebrauchen. Auch Röntgenuntersuchungen oder Langstreckenflüge und die damit verbundene Strahlenbelastung sind eine Belastung für Ihr Kind.

Als zukünftiger Papa gilt es folgendes zu beachten: Ihre Frau ist nicht krank sie ist „nur" schwanger. Natürlich werden Sie ihr helfen, sie umsorgen, sich um sie kümmern, wenn Sie das nicht ohnehin schon länger tun. Aber nochmals, Ihre Frau ist „nur" schwanger und weder behindert noch schwer krank. Zweitens sparen Sie sich Aussagen – auch nur im Scherz – zur zukünftigen Figur. Fragen wie zum Beispiel - Wie viel wirst du zunehmen? Wie groß wird der Bauch? Wie groß die Brust? - fallen in die Kategorie NO,

NO!!!! Vergessen Sie es, schlucken Sie es runter und kaufen Sie sich einen Schwangerschafts–Ratgeber.

6. Woche

Na bitte, schon fast alles vorhanden, was wir so zum Leben brauchen. „Es" ist wieder gewachsen und momentan sechs Millimeter groß!

Das Herz schlägt, Leber, Magen, Darm und Eingeweide formen sich, der Grundstein für das Gehirn wird gerade gelegt, das Rückenmark gibt es schon. Arme und Beine zeigen sich als kleine Gliederknospen!

Ab sofort kann es sein, dass Sie sich nicht so fühlen, wie Sie es gerne hätten. Ihnen ist ab und zu schlecht und Sie fühlen sich müde. UND: das merken wir Männer am ehesten: Sie laufen ständig aufs Klo. Das ist nicht weiter schlimm, denn dieser Drang wird stärker je größer das Kind im Bauch wird und dann ständig auf die Harnblase drückt. Obwohl Sie dauernd müde sind kann es dennoch sein, dass Sie schlecht schlafen, zusätzlich kommen die ersten Gedanken ob Sie das alles schaffen werden. Auch der wirklich gut gemeinte Ratschlag Ihres Mannes: „Du machst das schon!" wird Ihnen nicht weiterhelfen. Die Wahrheit ist: Ich habe mich oft gefragt, wie ich das alles schaffen werde. Jetzt kenne ich die Antwort: Es ist kaum zu schaffen, aber in knapp 20 Jahren ist die schlimmste Zeit vorbei und alle sind außer Haus – dann wird uns ziemlich langweilig werden.

Ines Schwandner: Eine Frau kann sich dem Boogie-Woogie der Hormone so gut wie nicht entziehen: bei mir startete in der Schwangerschaft regelmäßig ein fast krankhafter Putzfimmel (ist wohl der berühmte Nestbau-Trieb gewesen)! Also ich bin wirklich JEDEM Brösel in der Wohnung nachgegangen und am liebsten wäre mir gewesen, mein Mann hätte sich im Stiegenhaus komplett ausgezogen, um ja keinen „Dreck" in die vier Wände zu tragen. Gott sei Dank war das schlagartig mit der Geburt vorbei...

7. Woche

 1. Mutter und Kindpass – Untersuchung 7. – 11. Woche! (Details: siehe medizinischer Teil)

Wir haben schon wieder acht Millimeter zugelegt! Wir messen nun stolze 14 Millimeter! Mit viel Phantasie und freundlichen Erklärungen des Gynäkologen Ihres Vertrauens können Sie im Ultraschall bereits Anzeichen von Nase, Mund und Ohren erkennen. Auch Arme und Beine sind schon relativ weit, die Arme sind etwas weiter in der Entwicklung.

An Ihrem Körper beginnt sich langsam auch äußerlich die Schwangerschaft zu „zeigen"; Ihre Brust wird größer, es beginnt bereits die Vorbereitung auf das Stillen nach der Geburt.

Verzeihen Sie, aber ich weigere mich über dieses spezielle Thema mehr und aus der Sicht des Mannes zu schreiben. Die Größe der Brust einer Frau (meiner Frau) ist aus meiner Sicht kein ausreichender sexueller Reiz, daher lassen wir die Geschichte mit den angeblichen Männerphantasien.

Lieber zu etwas anderem:

Weiter oben habe ich mich mit der selektiven Wahrnehmung beschäftigt. Was Sie mit Sicherheit ab sofort beschäftigt: „Geht alles gut?" „Wird mein Kind gesund auf die Welt kommen?"

Diese Fragen werden Sie sich bis zur Geburt stellen und aus Ihrer Sicht nicht wirklich befriedigende Antworten bekommen. Auch wenn Ihr Gynäkologe bei jedem Ultraschall beruhigt – es ist alles in Ordnung. Ein Rest an Zweifel bleibt, auch nach der Geburt. Das ist eben so. Was wären wir für schlechte Eltern, wenn wir uns um unsere Kinder keine Sorgen machen würden.

Ich halte also fest: die Sorgen haben Sie und werden Sie nicht los. Daher sollten Sie, wenn möglich, nicht alles dazu tun, um diese Sorgen unnötig zu vergrößern. Jede Mutter kann Ihnen Schauergeschichten erzählen, was alles in der Schwangerschaft schief gehen kann (selbst erlebt oder im Fernsehen gesehen). Lassen Sie sich nicht verrückt machen! Schauen Sie nicht fern. Sie werden sowieso nur Dokumentationen über Fehl- oder Frühgeburten oder beides sehen – selektive Wahrnehmung! Hören Sie nicht hin, wenn Ihnen eine gute Freundin einen Albtraum von einer Schwangerschaft vor Ihnen ausbreitet. Ignorieren Sie sie, hören Sie weg – es hilft!

Ines Schwandner: Ganz wichtig, die Psyche: ich habe ab sofort alles „Negative" gemieden: keine Horrorfilme im Fernsehen oder Kino angeschaut, nur nette und erfreuliche Bücher (mit Happy-End) gelesen, mich aus Klatsch und Tratsch herausgehalten und versucht, unnötige Aufregungen zu vermeiden (die Schwangerschaft ist aufregend genug). Im Job war das sehr schwierig - wenn es im Radiostudio hektisch zugeht, und das tut es permanent, ist „Nerven wegschmeißen" da schon vorgekommen...

Da appelliere ich auch immer wieder an die Väter, Freunde, Verwandten und Kollegen: eine Schwangere „tickt" anders! Aber das gibt sich ja eines Tages wieder.

8. Woche

Bravo, wir sind eineinhalb Gramm schwer! Das Herz des Kindes pocht doppelt so schnell wie das der Mutter, also etwa 150 Mal pro Minute. Der Kopf wird größer, der Sehnerv beginnt sich zu entwickeln und im Mund entsteht die Zunge. Es bilden sich Wirbel um das Rückenmark: die Wirbelsäule.

Mutter und Kindpass-Untersuchungen nicht vergessen!

Noch eine Kleinigkeit als Nachtrag zur selektiven Wahrnehmung (siehe Woche 7). Das Risiko einer Fehlgeburt ist bis zur 12. Woche der Schwangerschaft besonders hoch. Die Ursachen sind nicht immer eindeutig zuzuordnen. Aber bedenken Sie eines: wenn Sie sich halbwegs gesund halten und ernähren, nicht überanstrengen und ein paar Tipps Ihres Arztes beachten, dann sollte eigentlich nichts schief gehen.

Angelika Lang: Na gut, ich war nie ein regelmäßiger Typ, aber irgendwann sollte sie jetzt doch mal kommen....

8. Woche: Schwangerschaftstest ausgerechnet an dem Tag, an dem ich von meinem Chef Siebenmeilenstiefel für meine Karriere geschenkt bekam...positiv. O.k., positiv denken...aber das geht kaum.

9. Woche

Ihr Kind gibt in Sachen Entwicklung ziemlich Gas! Mittlerweise misst der Nachwuchs schon fast 2cm! Langsam aber sicher bekommt die „ganze Geschichte ein Gesicht": Augen und Lider sind schon ausgebildet, die Lippen und die Anlagen für die Zähne werden gebildet. Und: Jetzt geht's rund! Das Kind beginnt sich zu bewegen! Es schlägt Salto, dreht sich um sich selbst. Mama bekommt von diesen Bewegungen noch nichts mit, aber das wird schon, nur Geduld.

Beim nächsten Ultraschall werden Sie sehen wie es rund geht in Ihrem Bauch.

Gesunde und ausgewogene Ernährung und ausreichend Flüssigkeit sind ab sofort besonders wichtig.

Angelika Lang: Schlaflose Nächte, Albträume, Zukunftsängste, können wir uns die größere Bleibe überhaupt leisten? Zumal der Kindsvater ja noch munter am Studieren ist. Und was ist mit dem Angebot, den kleinen, feinen Radiosender FM4, den ich in den letzten Wochen mit sehr lieben Kolleginnen & Kollegen konzipiert habe, zu leiten? So etwas wollte ich doch immer, deswegen bin ich ja überhaupt zum Radio gegangen. Aber ein Kind will ich auch, nur nicht ausgerechnet jetzt vielleicht. Kinder sind eben gnadenlos: sie kommen einfach, wann sie wollen.

Ines Schwandner: Die ersten Ultraschallbilder hab ich jeweils von der 9. Woche - für Laien einfach eine Erbsensuppe bei Nebel - für mich im Falle der Zwillinge ein Riesenglück, so hab ich mich gleich von Anfang an auf alles einstellen können. Die schönsten Ultraschallbilder sind für mich die aus der 14. SSW, da sind Babys so richtige kleine Froschis...Wer kann sich diesem Anblick schon entziehen? Ich kenne niemanden!

10. Woche

Ihr Kind bekommt Ohren und eine Nasenspitze. Die Finger entwickeln sich, die Augen sind offen und noch nicht von Lidern bedeckt. Das Herz ist mittlerweile bereits vollständig entwickelt und in eine rechte und linke Herzhälfte unterteilt. „Wir" sind etwas mehr als drei Zentimeter groß, 10dag schwer und schon ein „vollständiger" Mensch mit allem, was so dazugehört: alle Organe sind entwickelt, ab jetzt muss unser Baby „nur noch" reifen und wachsen. Bei der nächsten Ultraschalluntersuchung wird Ihnen der Gynäkologe Ihres Vertrauens bereits einen relativ genauen Geburtstermin errechnen können. Mit etwas Glück könnte der auch stimmen. In unserem Fall hat sich keiner meiner drei Jungs an irgendeine Rechnung gehalten, Christoph, unser Gynäkologe, hatte eben die Rechnung ohne den Wirt, sprich das Kind, gemacht. Pauli und Stephan waren vier Wochen früher dran, Felix wollte sogar schon sechs Wochen vor dem errechneten Termin nicht mehr. Zugegeben, dass war doch etwas zu früh.

Angelika Lang: Endlich mal was anderes als ein Albtraum: ich träume, dass mein Bauch ein großer, runder Lampenschirm ist! Und er leuchtet HELLBLAU!! Hey, das wird ein Bub! Auf meine Frage, wie er eigentlich heißt, antwortet „er": „Maxi".

Ines Schwandner: Man träumt anders in der Schwangerschaft, ganz klar. Da kommen die Ängste, Sorgen über die bevorstehende Aufgabe durch. Am besten, man erzählt den Traum gleich jemandem, dem man vertraut (Mann, Hebamme, Mutter..) und lässt ihn raus.

11. Woche

Das Kind ändert medizinisch den Namen: der Embryo wird zum Fötus.

Abgesehen von den inneren Organen siehe 10. SSW, beginnt Ihr Kind jetzt mehr und mehr wie ein Mensch auszusehen. Die Augen, die zu Beginn der Entwicklung an der Seite des Kopfes waren (wie bei den Fischen oder Echsen...), haben nun ihre Position vorne im Gesicht, eben dort, wo sie hingehören. Auch die Ohren sitzen am rechten

Platz. Nase und Mund entwickeln sich weiter, Arme und Beine werden länger. Lider bedecken die Augen und darunter reift der Augapfel heran.

Noch ist das Geschlecht des Kindes im Ultraschall nicht zu erkennen, dennoch sind bei Mädchen die Eierstöcke, Eileiter und der Gebärmutter-Scheiden-Kanal bereits angelegt, beim Buben sitzen die Hoden schon hinter der Bauchwand.

Langsam merken Sie als Mutter, dass Sie leichter außer Atem kommen, Ihr Herz schlägt schneller, da Ihre Blutmenge zunimmt und das Herz somit größere Leistung erbringen muss (ein Viertel Ihres Blutes fließt direkt in die Plazenta).

12. Woche

Sie werden es merken: Ihr Baby trainiert! Es gilt alle Muskeln zu stärken. Arme und Beine werden bewegt, der Kopf gedreht und die Hände zu Fäusten geballt. Alle Bewegungen werden per Rückenmark gesteuert, das Gehirn ist einfach noch nicht soweit, selbst nach der Geburt muss das Gehirn erst lernen die Muskeln gezielt zu steuern. Das Training geht nach der Geburt weiter, Sie werden es merken!

Unter den bereits angelegten Milchzähnen formieren sich schon die zweiten, bleibenden Zähne. Diese Zahnknospen warten bis etwa sechs Jahre nach der Geburt, um aktiv zu werden und die Milchzähne oder besser die Lücken, die die ersten Zähne hinterlassen haben zu füllen.

Drei Monate haben Sie nun schon geschafft und werden dabei bis zu zwei Kilogramm zugenommen haben (falls Sie nicht unter dauernder Übelkeit und Erbrechen leiden). Nur rund 48 Gramm entfallen dabei auf Ihr Baby! Der Rest verteilt sich auf Plazenta, Fruchtwasser, Busen und die größere Gebärmutter. Sollten Sie in den ersten Wochen abgenommen haben, besteht kein Grund zur Sorge. Ihr Baby nimmt sich, was es braucht!

Noch eine positive Nachricht: das hohe Risiko in den ersten Schwangerschaftswochen Ihr Kind zu verlieren, nimmt jetzt langsam ab.

Angelika Lang: Ich bin nicht bereit, arbeitsmäßig zurück-
zustecken, Maxi scheint auch nicht viel dagegen zu haben,
er entwickelt sich prächtig, und klarerweise war es der
Kindsvater und nicht ich, der die ersten Bewegungen spürte, als er die Hand auf meinen Bauch legte. Ich hingegen
weiß, dass es nur die so genannte Peristaltik nach einer gros-
sen Portion Spinat war, aber man muss den Männern ja
nicht alles verraten...

13. Woche

Das Gesicht des Fötus nimmt immer mehr menschliche
Züge an, der Kopf ist immer noch unproportional groß. Im
Vergleich zum restlichen Körper des Babys und er macht
rund ein Drittel der Körperlänge aus. Die ersten Knochen
haben sich aus dem Knorpelgewebe entwickelt. Bein- und
Beckenknochen sind erkennbar, die Rippen formen sich.

Schwangerschaftsgymnastik oder Yoga sind zum erstenmal
Thema. Kleine Anmerkung: Liebe Väter in spe, wenn Sie
sich verweigern können, dann tun Sie es! Alle überzeugten
Schwangerschaftsgymnastiker werden jetzt über mich her-
fallen, aber: Schwangerschaftsgymnastik und Geburtsvorbereitungskurse mit gruppendynamischen Übungen zur
Stärkung der Beckenbodenmuskeln sind wunderbar für
Frauen, für uns Männer macht die Stärkung irgendeiner
Muskulatur im Unterleib zwar prinzipiell immer Sinn allerdings Atemübungen, um die Wehen wegzuatmen, halte ich
für Männer nicht zielführend. In einem Buch habe ich über
einen Geburtsvorbereitungskurs gelesen, dass die Hebamme, ein schwer alternativer Fall, alle Beteiligten gebeten hat
sich vorzustellen einen imaginären Känguruh-Schwanz per
Beckenbodenmuskulatur zu heben und zu senken. Sie können diese Übung jederzeit und überall gerne ausprobieren,
ich für meinen Teil verzichte dankend. Meine Frau hat bei
Sohn Nummer Eins einige Stunden gebucht und einige
Übungen durchaus brauchbar empfunden. Bei Sohn Nummer Zwei waren Vorbereitungskurse kein Thema mehr. Also
halten Sie es wie Sie wollen, verzichten Sie aber bitte darauf
Ihren Mann zum Mitmachen zu überreden oder gar zu zwin-
gen.

14. Woche

„Wir" sind knapp 5dag schwer und rund 10cm groß.

Wenn Ihr Kind ein Bub wird, hat es nun schon einen kleinen Penis. Sollte es ein Mädchen werden, wandern die Eierstökke in den Unterleib. Jetzt starten die Geschlechtsdrüsen mit der Produktion von Hormonen, die für das Ausreifen der äußeren Geschlechtsorgane notwendig sind.

Wenn Sie zur Elterngeneration 30+ gehören, dann ist Ihre Schwangerschaft statistisch gesehen mit einem höheren Risiko verbunden, als bei jüngeren Eltern. Fehl- oder Missbildungen am Kind können in den meisten Fällen rechtzeitig erkannt werden. Sprechen Sie mit dem Gynäkologen Ihres Vertrauens über die Möglichkeiten der Diagnostik zu diesem Zeitpunkt der Schwangerschaft. Die zu Recht gefürchtete Fruchtwasseruntersuchung ist nur eine und meist die letzte Möglichkeit um alle Risiken auszuschalten. Die moderne Medizin kennt eine Reihe anderer Untersuchungen, die aber mit einem wesentlich geringeren Risiko für Mutter und Kind verbunden sind.

Angelika Lang: Ich find es sehr fair und diszipliniert von Maxi, dass er mich tagsüber in Ruhe arbeiten lässt. Noch fairer wäre es allerdings, wenn er mich des Nachts auch in Ruhe schlafen ließe! Ja, jetzt spüre ich seine Bewegungen auch schon. Und ich weiß auch bereits, dass er es nicht ausstehen kann, wenn ich auf der rechten Seite liege. Links ist viel besser. Sollte es sich hierbei um eine pränatale, politische Prägung handeln? Am liebsten hat er es, wenn ich am Rücken liege, aber mir geht da schön langsam die Luft aus.

15. Woche

Mittlerweile kann Ihr Kind den Mund öffnen und schließen. Mit den ersten Saugversuchen werden bereits kleine Mengen Fruchtwasser getrunken, Prost. Die Schädelknochen sind soweit ausgebildet, dass sie sich per Ultraschall abbilden lassen. Der Kopfumfang beträgt knapp über 3cm.

Auch die Mama bemerkt die ersten äußerlichen Veränderungen, die schlanken Hüften verstecken sich, der Bauch wir runder, die Lieblingsjeans passen nicht mehr so richtig. Keine Angst, in einem Jahr sind Sie wieder ganz die „Alte".

Ines Schwandner: Meine Jeans hab ich relativ lange offen getragen, dann war bei der Zwillingsschwangerschaft fast von einem Tag auf den anderen Schluss: ab der 15. SSW waren nur noch Umstandskleider möglich - der Bauch ist minütlich gewachsen. Zum Schluss war ich nur mehr in XL-Joggern anzutreffen.

16. Woche

10dag und 14cm - das sind die schlanken Maße Ihres Babys. Mittlerweile lutscht es am Daumen, rudert mit Händen und Beinen in der Gegend herum, wirft die Stirn in Falten und wenn Sie Glück haben werden Sie bei der nächsten Ultraschalluntersuchung auch ein Grinsen erkennen können.

Noch etwas Wichtiges: Die Schilddrüse beschließt in der 15. Woche ihre Tätigkeit aufzunehmen.

Sie ist für das Wachstum zuständig und braucht, um optimal funktionieren zu können Jod. Ihr Gynäkologe hat Ihnen vielleicht sowieso schon eine Metallkur in Form von Eisen und Magnesium Tabletten verordnet, jetzt gesellt sich noch Jod dazu.

Sex in der Schwangerschaft? Wenn Sie wollen, besteht kein Grund zur Sorge, dem ungeborenen Kind zu schaden, solange die Schwangerschaft normal verläuft. Das Baby schwimmt zufrieden in der Fruchtblase und ist in der Mitte der Gebärmutter bestens geschützt. Die Lust auf Liebe kann allerdings in den ersten Monaten der Schwangerschaft durch Müdigkeit und Übelkeit auf der Strecke bleiben. In den letzten Wochen vor der Geburt wiederum kann der Liebesakt allein durch den Bauchumfang ein schwierigeres Unterfangen werden. Es gilt: Erlaubt ist, was gefällt!

17. Woche

Ihr Baby wächst und wächst - schon wieder ist es 2cm größer und 4dag schwerer.

Obwohl die Sauerstoffversorgung über die Plazenta erfolgt, beginnt der Nachwuchs „zu atmen". Das sind erste Versuche der Atemmuskulatur sich auf die Zeit nach der Geburt einzustellen.

Sie kommen leicht ins Schwitzen. Das hängt mit dem natürlichen Anstieg der Körpertemperatur während der Schwangerschaft zusammen. Für die tägliche Dusche (besser als ein Vollbad) sollte ein Duschzusatz benutzt werden, der den natürlichen Fettgehalt der Haut nicht stört.

Angelika Lang: Bei den routinemäßigen Ultraschall-Kontrollen sorgt Maxi dafür, dass sein Geschlecht unser süßes Geheimnis bleibt. Nie dreht er sich so, dass der Arzt auch nur irgendeine Schätzung abgeben könnte, aber mittlerweile glaubt mir sowieso die ganze Welt, dass Maxi ein Bub wird.

18. Woche

 2. Mutter und Kindpass – Untersuchung 18. – 22. Woche! (Details: siehe medizinischer Teil)

Auf einmal spüren Sie Ihr Kind - irgendwann zwischen der 18. und 20. Schwangerschaftswoche! Wenn Sie zum ersten Mal schwanger sind, werden Sie einige Zeit brauchen, um dahinter zu kommen, dass diese Schmetterlinge im Bauch ein Tritt Ihres Babys waren. Noch empfinden Sie diese ersten Berührungen als wunderbar, gegen Ende der Schwangerschaft machen die Faustschläge Ihres Nachwuchses weniger Spaß.

Noch eine Kleinigkeit für werdende Mütter. Sie spüren diese Schläge und Tritte wesentlich intensiver als Ihr Partner. Ich durfte oder besser musste auch die Hand auf den Bauch meiner Frau legen. Dann die Frage: „Hast Du Ihn gespürt?, nein, Du hast kein Gefühl, da schon wieder"...und so weiter. Bitte um Gnade, die Strampeleien habe ich wirklich nicht ertastet - ich habe mich bemüht. Erst wenige Wochen vor der Geburt habe ich dann eine Ferse oder einen Ellenbogen aus dem Bauch meiner Frau wachsen gesehen, da war alles klar, aber im fünften Monat bei aller Anstrengung und Konzentration, tut mir leid, kein Gefühl.

In dieser Phase der Schwangerschaft geht es den meisten Frauen seelisch wie körperlich blendend. Anfängliche Beschwerden sind endgültig verschwunden, die Freude aufs Kind nimmt Überhand, Energie und gute Laune kehren zurück.

19. Woche

Das Baby wiegt jetzt rund 200 Gramm - so viel wie zwei Tafeln Schokolade! Von Kopf bis Fuß ist es auf etwa 19 Zentimeter gewachsen. Die Nervenfasern vernetzen sich zunehmend, die Muskeln werden stärker, die Bewegungen bestimmter und die Feinmotorik beginnt sich zu entwickeln. Ihr Kind hat sich ein eigenes Fitnessprogramm ausgedacht, um seine Muskulatur mit Greifen, Wenden, Treten und Boxen weiter aufzubauen. Feiner Flaum bedeckt den gesamten Körper des Babys, die so genannten Lanugohaare. Langsam beginnt der Fötus nun auch Fett anzusetzen. Auf dem Ultraschall sehen Sie, wenn es Ihnen der Gynäkologe Ihres Vertrauens zeigt, deutlich die Plazenta, Schluckbewegungen des Kindes, das Gehirn sowie den Beweis dafür, dass der Tastsinn ausgebildet ist: Der Fötus zieht seinen Fuß zurück, wenn es an die Gebärmutterwand stößt. Vielleicht haben Sie auch Glück und Ihr Baby lutscht gerade am Daumen, wenn Sie es per Ultraschall besuchen.

Spätestens jetzt fängt Ihr Bauch an deutlich zu wachsen. Die Schwangerschaft wird nun auch für andere sichtbar: Zeit für gemütliche Schwangerschaftshosen, Kleider und was sonst noch zum Wohlfühlen dazugehört. Ihr Bauch ist allerdings noch nicht so dick, dass er Sie behindert - die beste Zeit für einen letzten unbeschwerten Urlaub mit dem Partner. Übertreiben Sie es aber nicht, eine Wüstendurchquerung oder auf den Spuren Reinhold Messners auf den Nanga Parbat sind nicht so ganz die Urlaube, die Sie jetzt noch in Angriff nehmen sollten.

20. Woche

Halbzeit! Und Ihr Kind kann hören. Passen Sie also ab sofort auf was Sie sagen! Es ist nicht nur imstande, Ihren Herzschlag, das Rauschen Ihres Blutes oder das Grollen Ihrer Eingeweide zu hören. Das Baby nimmt Geräusche der

Außenwelt wahr. Es reagiert auf Rhythmen, Geräusche und Lieder. Wenn Sie in diesem Stadium anfangen, Ihrem Baby vorzusingen, wird es mit etwas mütterlicher Phantasie, dieselben Lieder nach der Geburt wieder erkennen!

Die endgültige Anzahl der Nervenzellen - 12 bis 14 Milliarden - ist jetzt vorhanden. Bis zum 18. Lebensjahr werden dann noch Nervenzellen aufgebaut, danach beginnt der stetige Verfall...wo waren wir gerade stehen geblieben, was wollte ich noch schreiben....

21. Woche

Ihr Baby ist ein Langschläfer. 16 bis 20 Stunden am Tag schläft der Winzling, manchmal tief, manchmal leicht. Den Rest seines Tages verbringt er mit Purzelbaumschlagen und aktivem „Sportprogramm". Manchmal können Sie die Stöße nun auch schon an der Bauchdecke beobachten - der Bauch beult sich an einer Stelle plötzlich aus. Jetzt kann auch Ihr Partner sein Baby mehr oder weniger deutlich spüren. Das Baby misst von Kopf bis Fuß rund 21,5 Zentimeter und wiegt ca. 35dag.

Wenn Sie es so wollen, dann ist es jetzt höchste Zeit, sich für den Geburtsvorbereitungskurs anzumelden! Falls Sie keine Hausgeburt oder eine Geburt in einem Geburtshaus planen, dann idealerweise gleich in der Klinik, die Sie für die Geburt ausgesucht haben. Auch die Hebamme, die Sie während und nach der Geburt im Wochenbett betreuen soll, sollten Sie jetzt kennen lernen. Schon während der Schwangerschaft hat sie immer ein offenes Ohr für Ihre Ängste und Probleme, außer Sie hat gerade Stress, weil eine andere Geburt im Gange ist.

Noch einmal die Bitte: verschonen Sie Ihren Partner mit diesem Vorbereitungskurs. Machen Sie den Kurs, das Erlernte wird Ihnen bei der ersten Geburt mit Sicherheit helfen!

22. Woche

Inzwischen ist die Haut Ihres Babys undurchsichtig und rötlich. Allerdings noch sehr runzelig, da der Körper des Ungeborenen noch dünn ist und nicht genügend Fett angesetzt hat. Dafür sind seine Proportionen nun besser auf den Kopf abgestimmt, der nicht mehr so riesig erscheint. Die Gesichtsmerkmale ähneln nun schon sehr denen eines Neugeborenen. Ob Ihr Baby ein Bub oder ein Mädchen wird, kann der Arzt jetzt im Ultraschall je nach Lage des Kindes erkennen. Verlassen Sie sich aber nicht darauf, dass er recht hat. Wie schon an anderer Stelle geschrieben legen sich Gynäkologen erst nach der Geburt fest, bis dahin ste-hen die Chancen 50:50 und alles ist offen. Stephan, unser Zweiter, war bis zum achten Monat eine Lilli. Die Körperpflege wird für Sie jetzt immer wichtiger, da das Gewebe von Bauch und Brust durch das rasche Wachstum unter extremer Belastung steht. Die ersten Schwangerschaftsstreifen können auftauchen. Sie verschwinden auch nach der Geburt nicht mehr, allerdings verblassen sie mit der Zeit. Auf jeden Fall sollten Sie Ihr Gewebe durch Massage und regelmäßiges Einreiben mit Hautöl oder Creme unterstützen.

Ines Schwandner: Wann hab ich die Kindesbewegungen das erste Mal gespürt? Ganz klassisch: beim ersten Mal konnte ich das Rumoren erst in der 22. Schwangerschaftswoche eindeutig als Kindesbewegungen identifizieren, obwohl es zwei waren! Bei Timo war mir in der 17. SSW schon klar, dass da der Zwerg boxt und turnt. Ein tolles Gefühl!!

Angelika Lang: Am 16. Jänner (das Jahr ist leicht zu erraten) bringe ich noch mein anderes Kind zur Welt: mit Sabotage von den Beastie Boys starte ich FM4, das zeitgleiche und fast genauso spannende Projekt zu meiner Schwangerschaft... das gefällt Maxi so gut, dass ich beschließe, mit ihm auch aufs Wien Konzert der Beastie Boys zu gehen.

Das ist ihm dann aber doch zu laut und er zieht die Notbremse, so zumindest fühlt sich das Ziehen in meinem Bauch an. Viel lieber kuschelt er mit mir am Sofa im Wohnzimmer zu den sanften klängen des Portishead - Albums „Dummy". Das wird er übrigens auch wieder erkennen, wenn er dann aus dem Bauch heraus ist, und auch seinen Kosenamen väterlicherseits, „Nockerl" (offenbar lässt sich der Kindsvater doch ein Hintertürl offen, was das Geschlecht betrifft).

Kino mag Maxi übrigens auch nicht, wahrscheinlich nervt es ihn, nur den Ton zu hören und die Bilder dazu nicht zu sehen...

23. Woche

Ihr Kind bekommt Haare, spärlich, aber immerhin. Auch die Nägel beginnen zu wachsen. Die Gehirnzellen reifen, und Ihr Kind ist imstande, zu begreifen und sich zu erinnern. Ständig übt es, den Daumen in den Mund zu stecken und daran zu saugen. Die Daumenlutscherei ist überlebenswichtig, Ihr Baby trainiert schon jetzt die spätere Nahrungsaufnahme, sicher ist sicher!

Von nun an beginnt das Kind, die Stimme des Vaters zu erkennen und kann sie nach der Geburt selbst unter vielen anderen Stimmen heraus hören - sofern es Papas Stimme oft genug durch die Bauchdecke hindurch vernehmen konnte. Dabei geht es nicht um den biologischen Vater, sondern um jenen Mann, der die meiste Zeit während der Schwangerschaft bei der Mutter war und auch nach der Geburt für Mutter und Kind da ist. Nur damit Sie sich keine falschen Vorstellungen machen. Die Natur hat selbst hier eine kleine „Sicherung" eingebaut (vielleicht sind deshalb DNA–Tests momentan so beliebt).

Ines Schwandner: Von meinem Arzt hab ich alle möglichen Vitamintabletten bekommen, und es war in beiden Schwangerschaften dasselbe: Meine Haut war schön glatt, die Haare und Nägel sind wunderschön gewachsen (aber was braucht eine Schwangere schon so lange Krallen?).

24. Woche

Der Kopfdurchmesser Ihres Babys beträgt stattliche 6 cm. Vom Scheitel bis zur Sohle ist der kleine Knirps nun rund 26 cm groß. Er wiegt knapp ein halbes Kilo! Die Augen sind zwar noch geschlossen, aber es wachsen schon die Wimpern. Die Augenbrauen zeichnen sich ab. Ihr Kind hat nun seinen eigenen Schlaf- und Wachrhythmus gefunden. Der kann allerdings nach der Geburt für die eine oder andere Nachtschicht sorgen! Glauben Sie mir, mit so wenig Schlaf wie in den ersten Monaten nach der Geburt sind Sie im

Leben noch nie ausgekommen. Sie werden sich fragen, was Sie denn alles im Leben schon verschlafen haben?

Mit „Bauch" im Auto:

Viele Ratgeber empfehlen, bei Autofahrten den Gurt so anzulegen, dass er unter dem Bauch liegt, um somit dem Kind bei einem eventuellen Auffahrunfall so wenig wie möglich zu schaden.

Ines Schwandner: In der 24. SSW konnte mein Arzt das Geschlecht feststellen: ganz eindeutig beim Buben! Bei den Mädels hat er zur Sicherheit noch ein bisschen meinen Bauch geschüttelt, und dann war es auch klar.

25. Woche

 3. Mutter und Kindpass – Untersuchung 25. – 28. Woche! (Details: siehe medizinischer Teil)

Das Baby trinkt Mengen von Fruchtwasser und es kann davon Schluckauf bekommen (Sie werden es merken)! Wenn Sie also ein rhythmisches Pochen oder Klopfen im Bauch spüren: Kein Grund zur Sorge. Ihr Kind hat Schluckauf. Das Wasser wird von Haut und Mund des Kindes aufgenommen und teilweise in Form von Urin wieder ausgeschieden.

Ihre Organe werden durch das schnell wachsende Baby aus ihrer eigentlichen Lage verdrängt. Die Atmung kann mühsamer werden, und auch der Gang zum Klo wird öfter nötig. Durch die Gewichtszunahme und -verlagerung kann es immer häufiger zu Rückenschmerzen kommen. Versuchen Sie ab sofort, Ihre Wirbelsäule zu schonen: Vermeiden Sie schweres Heben und tragen Sie Schuhe mit niedrigen Absätzen. High Heels sind sowieso schon längst out, Sie sind ja schon schwanger, oder?

Ines Schwandner: Die Müdigkeit. Sie ist ein wahrlich grosses Hindernis, die Schwangerschaft „normal" zu leben! Am Abend sind nicht nur die Beine schwer (obwohl ich langes Stehen und Gehen ohnehin vermieden habe), da will man nur noch ins Bett. Oder zumindest auf dem Sofa vor dem

Fernseher liegen. Unter Tags wäre ein „Mittagsschlaferl" optimal gewesen, aber leider ist das nur in den seltensten Fällen möglich.

Da ich eine leidenschaftliche Autofahrerin bin, hab ich mich am Steuer eigentlich immer sehr gut entspannt. Richtig angegurtet (unterm Bauch) und mit guter Musik aus dem Radio oder CD-Player, war ich viel unterwegs und habe die Mutterschutz-Zeit für viele Besuche in Nah und Fern genützt.

26. Woche

Das Kind bewegt sich viel. Noch ist genügend Platz in der Gebärmutter, um ausgiebig zu strampeln und zu turnen. Dabei stoßen immer wieder Füße, Hände, Rücken und Kopf an die Gebärmutterwand - so entdeckt das Baby seinen Tastsinn.

Ihr Kind misst nun vom Kopf zum Fuß rund 30cm. Es bringt ungefähr 65dag auf die Waage. Sollte es jetzt zu einer Frühgeburt kommen, hat Ihr Kind bereits eine Überlebenschance!

Ihr Bauch kann jetzt schon sehr rund sein und vermutlich juckt die angespannte Haut immer häufiger. Zu Beginn der Schwangerschaft waren Sie ewig müde, nun beginnt die Schlaflosigkeit, als eine weitere unangenehme Begleiterscheinung, die zum Teil am Baby liegt. Dieses nutzt die Zeit, in der Sie still liegen, besonders gerne zum Toben. Hinzu kommen Krämpfe und andere kleinere Beschwerden.

Auch Ängste vor der bevorstehenden Geburt können Sie wach halten. Das zweite Drittel Ihrer Schwangerschaft neigt sich dem Ende zu, und Sie bringen wahrscheinlich um die sechs Kilogramm mehr auf die Waage. Ihr Baby beansprucht davon ein Kilo, den Rest verschlingen die Unterstützungssysteme des Fötus, Ihr wachsender Busen, die erhöhte Flüssigkeits- und Blutmenge im Körper.

Ines Schwandner: Schwanger im Sommer. Wenn man frei hat, der Hit! Ab ins Schwimmbad, im Wasser ist der Bauch so schön leicht und ansonsten empfiehlt sich ein weicher Liegestuhl, weil die harten Pritschen gehen auf Dauer aufs

Kreuz. Apropos: Kreuzweh gehört offensichtlich dazu, wenn sich die Schwerpunkte im Körper verschieben. Die Schuhe mit Absätzen hab ich in den hintersten Winkel vom Kasten verräumt.

27. Woche

Langsam machen sich die wachsenden Fettpolster bemerkbar. Die Haut Ihres Babys beginnt sich zu glätten. Mittlerweile ist Ihr Sprössling im Durchschnitt etwa 32 Zentimeter groß und wiegt 75 dag. In diesem Stadium fängt das Kind an, seine Körpertemperatur langsam selbst zu regeln. Aufgepasst, Ihr Kind lebt mit! Stimmen, Geräusche und auch Ihre Gefühle bleiben ihm nicht verborgen. So auch Ihr Stress, der sich direkt auf das Baby überträgt und es beispielsweise unruhig macht oder aufregt. Sie werden es an seinen Tritten und Hieben deutlich spüren!

In Ihren Brüsten kann sich zu diesem Zeitpunkt schon die so genannte Kolostralmilch (Vormilch) bilden. Diese Milch ist leicht verdaulich und versorgt Ihr Kind nach der Geburt mit den ersten Mahlzeiten, solange bis die endgültige Muttermilch fließt.

Ines Schwandner: Die Kolostralmilch war in der Zwillingsschwangerschaft schon ab der 17. Schwangerschaftswoche da. Ja, ja, die Natur hat vorgesorgt.

28. Woche

Ihr Baby öffnet die Augen und ist in der Lage, hell und dunkel zu unterscheiden! Frisch auf die Welt gekommen, wird es als Erstes lernen, Bilder, die sich oft wiederholen, wieder zu erkennen. Das sind meist Mutter und Vater und das wollen wir doch hoffen!

Das Kind trinkt mehr und mehr Fruchtwasser. Fast die gesamte Flüssigkeit durchläuft den Verdauungsapparat, wird von den Nieren gefiltert und wieder ausgeschieden - bis zu einem halben Liter Urin landet so täglich im Fruchtwasser!

Sie nehmen schnell zu. Nicht nur das Kind wächst, sondern auch die Plazenta und die Fruchtblase. Fettpolster nisten sich bei Ihnen ein - ein natürliches Reservedepot, dem Sie nicht entrinnen können. Achten Sie auf Ihre Ernährung und - leichter gesagt als getan - versuchen Sie, Süßes zu vermeiden oder zumindest einzuschränken.

Ines Schwandner: Die Geruchsempfindlichkeit war bei mir extrem. Oft hatte ich Hunger oder Gusto auf etwas (Leberkässemmel z.B.), konnte sie aber leider nicht beschaffen, weil mich der Geruch in der Fleischhauerei oder an der Wursttheke umgehauen hätte. Oder auch öffentliche Verkehrsmittel in Vollbesetzung waren eine echte Herausforderung.

29. Woche

Das Gehirn Ihres Kindes bildet sich weiter aus, die Nervenfasern entstehen. Bis zur vollständigen Ausbildung des Gehirns dauert es noch etwa 20 Jahre, dann haben wir sozusagen biologisch ausgelernt, danach baut die graue Masse im Kopf langsam aber stetig ab.

Ein halbes Kilo mehr auf der Waage sind allein in dieser Woche keine Seltenheit! Ihr Bauch dehnt sich mehr und mehr, Ihr Nabel fängt langsam an, sich nach außen zu wölben. Vermeiden Sie größere Anstrengungen. Konzentrieren Sie sich bestenfalls auf die Schwangerschaftsgymnastik. In den folgenden Wochen sollten Sie Ihre sportlichen Aktivitäten, wenn Sie noch überschüssige Energien haben, dem Kind zuliebe vielleicht einschränken.

Angelika Lang: Drei Wochen vorm gesetzlichen Mutterschutz - Panik!!! Röteln am Arbeitsplatz und die Wirkung der Impfung aus meiner Kindheit ist mit großer Sicherheit nicht mehr aufrecht (habe ich je eine Impfung gegen Röteln bekommen?). Maxi und ich müssen in jedem Fall eine Aktiv-Impfung über uns ergehen lassen, sprich stundenlang in einem Spitalsbett liegen und zigarrenhüllengroße Kanülen in die Hüfte kriegen.

Dafür haben wir danach sehr viel Zeit für einander, die wir mit CD-Regale zusammenbauen, mit Parkettboden verlegen, Löcher in die zuvor gestrichenen (Bio-Farbe klarerweise...) Wände bohren, etc., verbringen. Irgendwie muss die größere Bleibe ja was hermachen, wenn Maxi sie zum ersten Mal sieht. Das Kopfschütteln meiner Verwandten über meine Aktivitäten in diesen letzten Wochen vor der Geburt quittiert Maxi mit einem - für mich deutlich spürbaren - Lachen.

30. Woche

 4. Mutter und Kindpass – Untersuchung 30. – 34. Woche! (Details: siehe medizinischer Teil)

Die Haut des Ungeborenen wandelt ihre Farbe von rot zu rosa. Der kleine Körper wird runder, dank der Fettablagerungen, die nun bis zu acht Prozent des Gewichtes ausmachen können. Nach der Geburt regulieren diese Energiepolster die Körpertemperatur des Neugeborenen. Zur Zeit misst Ihr Baby vom Scheitel bis zur Sohle etwa 34 Zentimeter und wiegt mittlerweile über ein Kilogramm.

Höchste Zeit, sich für den Geburtsvorbereitungskurs anzumelden! Idealerweise gleich in der Entbindungseinrichtung, die Sie für die Geburt ausgesucht haben.

Ich weiß, ich wiederhole mich, aber: wenn Sie es mit Ihrem Partner gut meinen, dann verschonen Sie ihn! Meine Frau hat es auch getan, ich habe eben die „beste Ehefrau von allen". Bitte nicht falsch verstehen: beim ersten Kind kann Ihnen der Geburtsvorbereitungskurs wichtige Tipps und Tricks vermitteln, die Ihnen bei der Geburt, sollten Sie Zeit haben daran zu denken, durchaus helfen. Atemtechnik wäre da so ein Stichwort. Als Mann allerdings lernen Sie bestenfalls am Boden sitzen und möglichst alternativ über Geburt, Frauen und Kinder zu denken (vielleicht auch nicht das Schlechteste).

31. Woche

Vielleicht hat Ihr Baby schon einen tollen Haarschopf! Unser erster, Pauli, hatte bei der Geburt jede Menge schwarzer Haare, der Opa war stolz, mittlerweile hat er meine Haarfarbe angenommen, der Opa zweifelt an der Mendelschen Vererbungslehre!

Angeblich beginnen Babys in der 31. Woche zu schmecken. Meine Söhne können sich alle nicht mehr erinnern, schade ich würde nur allzu gerne wissen wie Fruchtwasser schmeckt – vielleicht nach einem Riesling aus der Wachau? Oder doch nach einem Sauvignon Blanc aus der Südsteiermark? Gibt es Jahrgangsunterschiede beim Fruchtwasser....???

Etwa zwei Zentimeter hat Ihr Baby in dieser Woche an Größe gewonnen, sein Gewicht liegt bei rund einem Kilo und 30 dag.

Weil wir gerade beim Trinken waren: Die erste Milch, die für Ihr Baby bestimmt ist, heißt, wie bereits erwähnt, Kolostrum. Sie enthält zahlreiche Antikörper und ist daher extrem wichtig für Ihr Baby. Sollten Sie Ihr Baby nicht stillen können (oder wollen?), dann ist das auch kein allzu großes Problem. Ihr Kind wird es auch ohne Antikörper der Mutter locker schaffen.

Vorsicht vor Infektionskrankheiten! Bakterien und Viren können in diesem Stadium die Plazenta passieren, da die Zottenwand dünner geworden ist, um größere Mengen Nährstoff durch zu lassen. Für das Kind kann dieser Umstand durchaus gefährlich werden. Also: Achten Sie auf Ihre Gesundheit und kontaktieren Sie Ihren Arzt, falls Sie unerklärlich Fieber, Kopfschmerzen oder Halsschmerzen bekommen.

32. Woche

Es wird langsam eng in der „Einzimmerwohnung". Ihr Baby bewegt sich weniger und beschäftigt sich damit, eine bequeme Lage im Uterus zu finden. Sollte Ihr Kind bereits jetzt auf die Welt kommen, hätte es gute Überlebenschancen. Zwar sind seine Lungen noch nicht ausgereift, aber Dank der medizinischen Möglichkeiten, die Atmung zu unterstützen, besteht diese Chance.

In Vorbereitung auf die Geburt kann sich der Uterus zusammenziehen. Die Kontraktionen dauern etwa 20 Sekunden und es kann sein, dass Sie nichts davon spüren. Dafür spüren Sie vielleicht Ihr Becken, das schmerzt, da es sich gedehnt hat.

Ines Schwandner: Bei der zweiten Schwangerschaft war auch ganz stark die Dehnung des Beckens zu spüren, manchmal einen ganzen Tag lang. Da hilft nur: Auszeit, Hinlegen und Entspannen. An Arbeiten, Einkaufen gehen oder sonstige Aktivitäten war nicht zu denken.

33. Woche

40 Zentimeter kann Ihr Kind schon groß sein und etwa ein Kilo und 70dag wiegen. Ein letzter großer Purzelbaum steht in dem immer enger werdenden Zuhause noch an: Ihr Kind dreht sich in die Geburtslage. Normalerweise liegt der Kopf unten und kommt als erster Teil des kindlichen Körpers auf die Welt. Bei 95% der Geburten können Sie also zuallererst die Haarfarbe Ihres Nachwuchses bestimmen.

Ines Schwandner: Bei den Zwillingen gab's am Ende der Schwangerschaft größere Atemprobleme, die beiden haben meiner Lunge einfach keinen Platz mehr gelassen. Flach am Rücken liegen war dann unmöglich, zwei große Polster und Schlaf in halber Sitzposition waren notwendig. Und die Haut musste besonders gepflegt werden! Schmieren, schmieren, schmieren, wegen der extremen Dehnung.

34. Woche

Kalzium, Kalzium, Kalzium - Ihr Baby hat einen höheren Kalziumspiegel im Blut als Sie selbst! Es benötigt diese Unmengen zum Wachstum der Knochen. Die Plazenta schafft das Kalzium heran, indem sie die Reserven der Mutter anzapft. Das Baby wiegt nun rund zwei Kilogramm und ist etwa 41 Zentimeter lang. Die Fingernägel sind auch gewachsen und reichen bis an die Fingerspitzen.

Ines Schwandner: Noch was zum Spüren: ab der 34. Schwangerschaftswoche: „Wo ist der Kopf, wo ist der Popo vom Baby?" Bei Zwillingen ein echtes Quiz. Vermutlich hab ich manchmal das Köpfchen und nicht den Popo zärtlich von außen getätschelt...

35. Woche

 5. Mutter und Kindpass – Untersuchung 35. – 38. Woche! (Details: siehe medizinischer Teil)

Eine grün-schwarze, klebrige Masse füllt die Gedärme Ihres Kindes, das Mekonium, auch Kindspech genannt. Es besteht aus Rückständen von Zellen und Fett aus dem Fruchtwasser, Lanugohaaren, Schleim und Gallenflüssigkeit. Nach der Geburt wird die Masse vom Kind ausgeschieden. Die meisten Kinder drehen sich spätestens jetzt in ihre endgültige Geburtslage.

Ines Schwandner: Alle drei Kinder waren bei mir mehr als „ausgebacken". Wir holten sie jeweils vier Wochen vor dem errechneten Geburtstermin per Kaiserschnitt auf die Welt und sie wogen jeweils 3,5kg bei 52cm. Auch die Zwillinge!

36. Woche

Der feine Flaum, die Lanugohaare, die den gesamten Körper bedecken, fallen aus. Vereinzelt können aber noch Haarpartien an Beinen, Armen, Schultern und den Hautfalten zurück bleiben.

Ihr Baby hat noch kein eigenes Immunsystem. Es bekommt seine Antikörper über die Mutter und ist damit gegen alles geschützt, wogegen auch sie Abwehrstoffe aufgebaut hat, zum Beispiel gegen Röteln oder Mumps. Ihr Kind wächst noch immer. Rund 43 Zentimeter ist es schon groß und wiegt ungefähr zwei Kilo.

Es kann zu unregelmäßigen Vorwehen kommen. Einige von diesen Kontraktionen können recht stark und schmerzhaft werden. Doch Sie kommen nicht oft vor und vor allen Dingen nicht in regelmäßigen Abständen. Das ist der feine Unterschied zu den richtigen Wehen, die in regelmäßigen Abständen auftreten.

Spätestens jetzt sollten Sie alle Vorbereitungen für die Geburt abgeschlossen haben. Die Tasche mit allen wichtigen Dingen sollte schon gepackt sein!

Checkliste 1:
(Quelle: die beste Mutter von allen, meine Frau)

Als ich mit unserem ersten Sohn schwanger war, verbrachte ich Stunden mit Checklisten schreiben:

1. Was brauche ich fürs Spital (ich bin immer einige Tag drinnen geblieben)
2. Was brauche ich für zu Hause – siehe Auflistung nach der 40. Woche!

Spital:
Eine lange Liste lässt sich, nach mittlerweile drei Kindern auf einiges Wesentliche reduzieren:

Zum Anziehen/Pflege:

- Schlafmantel und bequeme Schuhe (falls es länger dauert, spult man doch so seine Kilometer auf dem Krankenhausgang runter und danach ist das eigentlich das Dauergewand), Socken.

- Labello (falls die Lippen gesprungen sind - wobei die meisten ohnehin eine Creme haben)

- Homöopathische Öle bzw. Cremen (ich hatte da ein Geburtsöl von einer Hebamme, damit die Schmerzen angeblich erträglicher sind)

- Schlaf- bzw. Jogginganzug (sollte man die Spitalskleidung nicht wollen - ich persönlich hatte nichts dagegen, da man gerade in den ersten Tagen aufgrund der Hormone sehr stark schwitzt und ständig Gewand wechselt und somit nicht jede Menge Gewand von daheim mitnehmen muss)

- Waschsachen: Zahnbürste, Zahnpasta, Bürste,......

- Gewand zum Nachhause gehen: Es kann schon eine kleinere Größe als im letzten Monat sein, aber erwarten sie keine Wunder. Ich habe mir jedes Mal doch noch eine Schwangerschaftshose mitgenommen, da diese auch angenehmer sind. Denn Druck auf den Bauch und das Becken habe ich am Anfang nicht ausgehalten.

- Bei der Unterwäsche schauen sie, dass sie eher Unterhosen mit kaum einem Gummi haben, da auch hier das Druckproblem besteht. Auch wenn diese Dinger optisch nicht die schönsten sind, sind sie bequem und das ist in den ersten Tagen weitaus wichtiger.

- Binden (müssen Luftdurchlässig sein – am besten billige z.B. Senta o.ä. – besorgen, denn diese sind eher dick und saugen aber auch sehr gut)

- Still-BH: Entweder kaufen sie diesen im Spital oder sie lassen ihn dann kaufen. Gerade hier kann nicht auf Verdacht vorgesorgt werden, denn keiner weiß wie groß die Brust, sobald die Milch kommt, tatsächlich wird (ich kam mir wie Dolly Buster vor).

Diverses:

- Fotoapparat und/oder Filmkamera. Ich wollte von jedem Kind ein Foto gleich nach der Geburt.

- Handy, wenn vorhanden (Telefone sind nahezu immer möglich, doch die Kosten, wenn man dann selber anruft sind schon sehr hoch).

- Bücher (man hat schon Zeit zum Lesen)

- Tagebuch (ich habe bei allen Kindern von Anfang an Tagebuch geführt)

- Mutter-Kind-Pass
- Etwas zum Trinken für den Mann. In der Nacht hat natürlich nichts offen und manchmal gibt es auch keine Automaten und der Tee, den ich getrunken habe, war nicht unbedingt das, was mein Mann wollte.
- Adressbuch mit Telefonnummern bzw. der Mann verständigt Familie und Freunde.

Kind:

Je nach Jahreszeit:

- Strumpfhose, Body (Lang- oder Kurzarm), Strampelanzug + Socken (dann halten auch die größeren Anzüge und die Füßchen flutschen nicht raus), dünner Pulli oder Jacke.
- Dickere Jacke (am besten so lange, dass sie sich Handschuhe ersparen) oder „Skianzug"
- Haube. Ich habe es bei allen drei geschafft, immer zu großes Gewand mitzunehmen, da man sich nicht vorstellen kann wie klein dieses Menschlein ist. Größe 50 bis 56 (max.) ist so ungefähr passend.
- Babysicherheitsschale Gruppe 0 mit Sitzverkleinerer und vielleicht Fellsack (kann oft auch übers Spital/ÖAMTC ausgeborgt werden) und Sonnendach (ist auch gut bei Wind und Regen. Detail siehe Kapitel Baby–Sitze!)

In der ersten Nacht nach der Geburt erwarten Sie nicht, dass Sie schlafen können. Ich habe es dreimal geglaubt und wurde immer eines besseren belehrt. Man ist anscheinend so aufgewühlt, dass man einfach nicht einschlafen kann. Sollten Sie müde sein und wirklich nicht schlafen können, scheuen Sie sich nicht um ein Schlafmittel zu bitten. Sie sind damit kein Einzelfall sondern es geht fast allen so.

Unser Jüngster, Felix, hat beschlossen auf die Welt zu kommen und das blitzartig! Die Geburt war so schnell, dass er etwas Wasser in seine Lungen bekommen hat und danach einige Tage im Inkubator (Brutkasten) verbracht hat, weil er einfach noch etwas zu schwach zum Atmen war. Läppische 2,40kg hat er nach der Geburt auf die Waage gebracht – Suppenhuhngröße!

Noch etwas zum „Suppenhuhn": die ersten Anzeichen, dass Felix es besonders eilig hat auf die Welt zu kommen, hat er schon in der 33. Woche gezeigt – doch etwas zu früh. Wir waren gerade in der Wr. Stadthalle, auf der Bühne live: Herbert Grönemeyer – und schon nach den ersten Takten hat Felix gezeigt wie musikalisch er ist, denn Herbert Grönemeyer löst definitiv Wehen aus! Eigentlich wollte ich das Konzert genießen und lautstark mitsingen – meine Frau hat mich mit Mitzählen (nicht der Takte) und Zeitstoppen zwischen den Wehen (auch nicht im Takt) abgelenkt. Nach einer Stunde haben wir dann beschlossen, Grönemeyer und fünfzehntausend Fans alleine zu lassen, um ins „Goldene Kreuz" zu fahren. Felix und die Wehen haben sich dann allerdings wieder beruhigt. Drei Wochen später war's dann endgültig soweit.

37. Woche

Ihre Plazenta hat mittlerweile eine Größe von 20 bis 25 Zentimetern erreicht, ist drei Zentimeter dick und etwa ein halbes Kilo schwer. Genügend Fläche also, um den Austausch von Nährstoffen und Abfallstoffen zwischen Ihnen und Ihrem Kind zu gewährleisten. Die Plazenta produziert Hormone, die Ihre Brüste weiter anschwellen lassen. Aber nicht nur Ihre: Auch die Ihres Kindes, egal, ob Junge oder Mädchen, schwellen an. Die Schwellung geht nach der Geburt zurück (falls Sie Ihr Kind stillen, so auch erst beim Abstillen). Sollten Sie ein Mädchen bekommen, können diese Hormone einige Tage nach der Geburt eine leichte Vaginalblutung auslösen. Also: Kein Grund zur Sorge!

Haben Sie Schmerzen im unteren Teil Ihres Bauches? Das sind Ihre Gelenke im Becken, die langsam nachgeben, um dem Baby eine „freie Fahrt" zu ermöglichen. Das Nachgeben zieht an den Bändern, den so genannten Mutterbändern und das schmerzt. Ihre Hüften werden breiter werden. Erst in etwa einem Jahr werden Sie voraussichtlich Ihre ursprüngliche Form wieder gefunden haben.

Stephan hat beschlossen auf die Welt zu kommen!

38. Woche

Rund 2,7 Kilo bringt Ihr Sprössling auf die Waage, er/sie ist etwa 47 Zentimeter groß und hat einen Kopfdurchmesser von ca. 9,3 Zentimetern.

Ihr Baby produziert Kortison, ein Hormon, das die Lungen auf den ersten Atemzug vorbereitet. Denn sofort nach der Geburt ist der Blutkreislauf des Kindes ein anderer und nicht mehr mit dem Ihren verbunden. Eigenständig wird das gesamte Blut des Babys durch die Lunge strömen müssen, um den Austausch von Sauerstoff und Kohlendioxid zu gewährleisten. Falls jetzt geboren, zählt Ihr Kind nicht mehr zu den Frühgeburten.

So wie Pauli, er hat am ersten Tag der 38. Woche beschlossen das Licht der Welt zu erblicken!

39. Woche

Es ist zu eng. Ihr „Untermieter" hat seine Arme auf der Brust verschränkt, die Beine angewinkelt und bewegt sich kaum noch. Erschrecken Sie also nicht, wenn die Bewegungen Ihres Kindes nachlassen. Immerhin ist es mittlerweile rund 50 Zentimeter groß und um die 3 Kilo schwer!

Alles wartet auf die Ankunft Ihres Babys. Nicht selten wird eine Geburt auch künstlich eingeleitet.

Angelika Lang: „Eine gute Woche vor dem errechneten Geburtstermin habe ich Lust auf gebackene Leber. Es ist Sonntag, ein wunderschöner Maisonntag, der Kindsvater und ich gehen in ein Wirtshaus mit Schanigarten, am Weg dahin stolpere ich, weil ich auch im neunten Monat nicht auf Plateausohlen verzichten kann. Bei der Nudelsuppe bekomme ich ein bisschen Bauchweh, die gebackene Leber kann ich nur halb essen, ich lasse sie mir einpacken und sage dem Kindsvater und dem Wirt, dass ich sie später esse, denn jetzt will mal Maxi raus. Wir fahren ins Spital, der Kindsvater neben mir wird immer blasser, ich sorge mich, ob er überhaupt fahren kann und biete ihm an, selbst zu fahren, da bekommt er einen hysterischen Lachanfall und ich meine erste echt katastrophal schmerzhafte Wehe. Gott, dem Tempo und der Lage der neuen, größeren Bleibe sei dank, ist das Spital in zwölf Minuten erreicht und irgendwie lande ich im Kreissaal. In den folgenden Minuten geht es Schlag auf Schlag. Die Wehen sind so schmerzhaft, dass ich es mir beim besten Willen nicht vorstellen kann, sie länger als, sagen wir mal, eine Stunde auszuhalten. Maxi versteht das voll und ganz und beeilt sich, er ist wirklich nach einer knappen Stunde da und begrüßt die Welt bzw. seinen unendlich stolzen und gerührten Vater mit einer Funktionsprobe seines „kleinen Freundes". Jawohl, alles dran, nichts mehr drin und ab geht's zum waschen, wiegen, etc. Ich beneide den Kindsvater unendlich, dass er einfach mit Maxi verschwinden kann und ihn baden darf. Und was ist mit mir? - andererseits schießt es mir jetzt in aller Deutlichkeit durch den Kopf, dass ich von nun an sehr lange nie mehr allein sein werde..... aber das war ich ja seit meinem hellblauen Lampenschirmtraum ohnehin nicht mehr...die restliche gebackene und eingepackte Leber will ich jetzt allerdings noch allein und in Ruhe aufessen. Hey, so gut war gebackene Leber noch nie.

40. Woche

An vielen kleinen Zeichen können Sie erkennen, dass die Geburt bevorsteht: z.B. an plötzlicher Müdigkeit oder Übelkeit. Grund dafür ist die hormonelle Veränderung, welche die Geburt auslöst. Der Schleimpfropf, der den Muttermund während Ihrer Schwangerschaft verschlossen hat, geht ab. Normalerweise passiert das ein bis drei Tage vor der Geburt. Grund in die Klinik zu fahren ist eine geplatzte Fruchtblase oder eine leichte Blutung; die Zeichnungsblutung. Natürlich auch regelmäßige Wehen alle zehn Minuten über mindestens eine Stunde sind ein Grund. Ein Ziehen im Rücken (im Bereich der Nieren), anfänglich kaum spürbar, wird im Laufe des Tages (der Nacht) stärker und regelmäßiger - kein Zweifel. Es ist so weit: Ihr Baby will auf die Welt! (Quelle: www.urbia.de)

Checkliste 2:
(Quelle: die beste Mutter von allen, meine Frau)

Für nach der Geburt – zu Hause:

- Windeln (Newborn oder Mini, je nach Kindergröße)
- Babybadewanne (Anfangs tut es das Waschbecken auch) und Thermometer (die Ellbogenmethode funktioniert aber auch)
- Heizstrahler
- Feuchttücher (finde ich persönlich besser als Öltücher, da mir diese zu klebrig sind)
- Waschlappen
- Sonnencremen
- Kälte- und Fettcreme im Winter
- Badezusätze sind am Anfang nicht erforderlich. Pures Wasser tut es auch.
- Wundschutzcremen
- Wattepausche (u.a. zum Augen reinigen bzw. verwendete ich sie am Anfang manchmal auch zum Gesicht waschen)
- Kindernagelschere
- Babywaage: habe ich nur bei unserem dritten (war eine Frühgeburt) für eine Woche gebraucht und mir im Fachhandel ausgeborgt (dies ist auch sowohl bei mechanischen als auch elektrischen Milchpumpen möglich)
- Viborcol Zäpfchen (Homöopathische Beruhigungs-/Schmerzstillende Zapferl)

Zum Anziehen hat meistens jeder ohnehin viel zu viel. Aber gerade in diesem Alter, wo sie so schnell wachsen und nichts sehr lange tragen, bieten sich Tauschbörsen und Freundinnen oder auch Einkäufe in Secondhand Geschäften an. Wir brauchten unsere drei Kinder, unsere Nichte und noch zwei Kinder von Freundinnen, dass ich bei sehr vielen Sachen sagen konnte, dass die jetzt wirklich nicht mehr schön sind.

Zwei Dinge sind wichtig: Ziehe einem Kind nicht mehr an als dir selbst (auch meine bekamen ob meiner Fürsorge Hitzeausschläge), aber schaue, dass es vor Sonne und Wind geschützt ist.

- Kinderwagen ev. mit Fellsack
- Regen- und Fliegenüberzüge für Kinderwagen, Maxi Cosi und Gitterbett
- Sonnenschirm
- Tragetuch oder Tragesack
- Wippe (ich bin ein totaler Fan davon geworden)
- Schlafmöglichkeit: Gitterbett (mit höhenverstellbarem Lattenrost), Wiege, im Bett, aber auch der Aufsatz des tiefen Wagens würde am Anfang reichen.

Auf jeden Fall wasserdichte Auflage und darüber Baumwollleintuch.

Ob Sie Ihr Kind in einen Schlafsack stecken oder mit einer Decke versuchen zuzudecken (ab dem Moment wo sie sich lebhafter bewegen ist abgedeckt mehr in) ist Geschmacksache bzw. Kind abhängig was es lieber hat.

- Stoffwindeln: als „Kopfpolster" und zum Kuscheln (abgesehen davon, dass diese als Spuckwindeln, Taschentücher, u.v.m. ihre Verwendung haben).
- Stillkissen – sind Geschmacksache. Ich habe so etwas erst beim dritten Kind verwendet und schätzen gelernt.

- Babyphone: Aber Achtung, wir hatten bei manchen Modellen schon so manch andere Kinder oder sogar CB-Funker drin. Also wenn geht ausprobieren oder von Freundinnen ausborgen.

- Fläschchen mit Sauger (Apropos Sauger: da bin ich aus Erfahrung vorsichtig geworden, da jedes unserer Kinder andere Sauger nahm bzw. anfänglich das Fläschchen überhaupt verweigerte)

- Schnuller (sollte Ihr Kind welche nehmen. Einen bekommen Sie normalerweise aus dem Spital mit).

- Flascherlwärmer (habe ich ehrlich gesagt nie gebraucht. Dagegen gibt es Warmhalteboxen, die man direkt am Zigarettenanzünder im Auto anstecken kann – die hatten öfter ihre Verwendung).

- Thermoskanne

- Dampfdesinfektionsgerät (wenn einem das Auskochen der Flascherln, Schnuller zu mühsam ist – auch hier wurde ich im Laufe der Zeit immer toleranter)

- Fencheltee ungezuckert

- Obwohl ich gestillt habe, habe ich sicherheitshalber eine Packung Pre-Milchpulver zu Hause gehabt.

- Topfen – sollte ich eine Brustentzündung bekommen – für Topfenwickel, die sensationell wirken.

- Kinderzimmer: Ist am Anfang noch nicht notwendig, da doch die meisten Babys noch bei den Eltern schlafen.

Die Geburt

Nach neun Monaten oder besser vierzig Wochen ist es soweit, Ihre Frau will schon längst nicht mehr, der Bauch ist längst zu schwer und verursacht dementsprechende Beschwerden. Rückenschmerzen und Schlaflosigkeit trotz Müdigkeit, ständiges Ziehen im Bauch (z.B. Senk–Wehen, denn der Nachwuchs bringt sich in die richtige „Abschuss"–Position) als kleiner Vorgeschmack, auf alles was da alles noch kommt. Irgendwie hat es die Natur eingerichtet, dass Frauen, die noch nie ein Kind zur Welt gebracht haben dennoch wissen wann es soweit ist. Meine Frau ist da ein spezieller Fall: Monatelang vor einem Termin, egal welcher Anlass, war minutiös geplant, welche Vorbereitungen für dieses Ereignis notwendig sind und was wie wann am Tag selbst abläuft. Diese Planung schließt selbstverständlich ganz normale Tage ein.

Also ein Beispiel: am Freitag in einem Monat ist Pauli (unser Ältester) bei einem Freund zum Geburtstag eingeladen. Daher wird schon heute festgelegt: Opa holt Stephan um 13:15 Uhr (unser Mittlerer) und fährt mit ihm in den Tiergarten Schönbrunn und bringt ihn frühestens um 17:30 Uhr, spätestens aber um 18:00 Uhr wieder nach Hause. Felix unser Kleinster wird um halb 2 von Oma zum Spazieren gehen abgeholt. Meine Frau hat den Nachmittag für dringende Besorgungen freigehalten und ich darf Pauli um 17:30 nach dem Büro von seinem Freund abholen. Da ich meine Frau unter anderem geheiratet habe, damit Sie mich Chaoten organisiert, bekomme ich eine Checkliste mit allen wichtigen Daten. Wie gesagt, der Tag, um den es geht, ist ein ganz normaler Freitag in unserer Familie und es geht um einen Tag in einem Monat.

Sie können sich vorstellen, dass alle Tage bis dahin einem ähnlichen

Protokoll folgen. Versuchen Sie sich bitte nicht vorzustellen, wie Tage, an denen angeblich nichts geplant ist geplant sind. Verzeihen Sie den kleinen Ausflug in die internen Protokoll-Abläufe meines Freizeitministers, der in Wahrheit der Regierungschef ist. Meine Freunde funktionieren mittlerweile auch schon nach diesem Protokoll. Soll ein Treffen mit ehemaligen Kollegen organisiert werden, dann werden Anfragen über meine Verfügbarkeit an meine Frau gestellt, die den Rest organisiert. Perfekt!

Mit diesem Wissen im Hinterkopf: Können Sie sich vorstellen wie meine Frau Ihre Geburten organisiert hat? Am Vorabend der Geburt unseres Jüngsten hat meine Frau gemeint es reicht, Sie mag nicht mehr, Felix soll auf die Welt kommen! Sieben Stunden später wurde Felix von der Säuglingsschwester bereits gebadet. Er hatte keine Chance, er musste, ob er wollte oder nicht auf die Welt kommen. So geht's uns Männern!

Die Vorbereitung

Angeblich ist eine gute Vorbereitung schon die halbe Geburt. Besonders, wenn es so schnell geht wie bei meiner Frau und meinen drei Söhnen.

Es ist also demnächst geschafft, allerdings wartet noch eine kleine Prüfung: die Geburt. Für die Mutter und das Kind ist das keine Kleinigkeit, auch nicht für den Vater, aber Vorsicht!! Ihre väterlichen Gefühle sind wirklich zweitrangig! Es macht, vorsichtig formuliert, keinen schlanken Fuß, wenn Sie Ihrer Frau während der Geburt ins Ohr flüstern, dass auch Sie die Geschichte anstrengend finden. Vergessen Sie es, schlucken Sie es runter!

Der Ort des Geschehens (...und die Qual der Wahl)

Wo Sie Ihren Nachwuchs das Licht der Welt erblicken lassen ist eine sehr persönliche Entscheidung, eine Entscheidung, die Sie ausnahmsweise nicht partnerschaftlich und nicht gemeinsam treffen sollten. Hier hat die zukünftige Mama das alleinige Entscheidungsrecht. Sie ist bei der Geburt mit dem Kind der Mittelpunkt und der Papa spielt nicht einmal eine Nebenrolle (im besten Fall die eines Beleuchters). Also die Wahl des Ortes des Geschehens hat die Frau. Wenn Sie zusatzversichert sind, dann wird die Auswahl an Möglichkeiten entscheidend größer. Welche Geburtsklinik oder welches Spital hängt natürlich auch davon ab, ob Sie Ihren Nachwuchs von Ihrem Gynäkologen auf die Welt bringen lassen möchten. Wichtig! Bedenken Sie bei Abschluss einer Zusatzversicherung, dass alle Versicherungen eine „Wartezeit" für die Leistung an den Versicherten haben. Für Geburten beträgt diese Wartezeit neun Monate (Zufall?), soll bedeuten bevor Sie zeugen, sollten Sie die erste Prämie einzahlen!

Wie schon geschrieben, die Frau entscheidet, wo alles „über die Bühne" gehen soll.

Allerdings einige Überlegungen, abgesehen vom „Wohlfühlfaktor" sollten Sie bedenken.

Hausgeburt

Nicht alles war früher besser - einige Traditionen machen zwar durchaus Sinn, allerdings sind viele Dinge der so genannten guten alten Zeit damals aus der Not entstanden. Eine Not, die wir heute nicht mal vom Hörensagen her kennen. Die Hausgeburt hat nichts mit Tradition zu tun, mit Romantik auch nicht.

Erlauben Sie mir einen Vergleich. Im Weinbau haben viele Dinge Tradition. Einige machen nicht nur Sinn sondern sind Grundvoraussetzung für einen Spitzenwein. Ein Beispiel: Die Kelten haben begonnen (sie haben es von den Römern gelernt) in der Südsteiermark Wein anzupflanzen und zu keltern. Ein Gesetz der Kelten gilt - zwar nicht als Gesetz - allerdings als Regel bis heute. Wein durfte nur unterhalb der Nebelgrenze angepflanzt werden. Der Sinn ist einfach: Der Nebel schützt die Weinstöcke in der kalten Jahreszeit vor dem Frost. Und alle Reben, die über der Nebelgrenze „im Freien" stehen sind dem Frost ausgesetzt und sterben.

Diese Regel gilt bis heute, wer sich darüber hinwegsetzt, hat mit erheblichen Frostschäden zu rechnen. Anders schaut die Geschichte im Keller aus. Niemand würde heute unter denselben hygienischen Voraussetzungen Most zu Wein vergären, wie es die Kelten gemacht haben. Nur modernste Kellertechnik und absolute Hygiene machen es möglich jenen Wein herzustellen, den wir aus der Südsteiermark kennen. Also einiges an Traditionen gepaart mit dem medizinischen Wissen von heute ist die richtige Mischung. Zurück zur Hausgeburt. Dass viele Menschen das Licht der Welt in den eigenen vier Wänden erblickt haben entstand aus der Not rechtzeitig oder überhaupt eine Geburtsklinik zu erreichen, ganz abgesehen von den finanziellen Möglichkeiten vieler Menschen vor der Erfindung der Sozialversicherung. Daher macht es heute nicht wirklich Sinn den Nachwuchs zu Hause auf die Welt zu bringen. Geht alles gut spricht Nichts dagegen. Geht etwas schief haben Sie wenig Chancen noch etwas zu retten. Zwanzig Minuten können bei einer Geburt über Leben oder Tod sowohl des Kindes als auch der Mutter entscheiden. Ob die Geburt ohne Probleme abläuft oder nicht, können Sie erst danach mit Sicherheit sagen. Rein biologisch bringt kein Säugetier seinen Nachwuchs so schwer auf die Welt wie der Mensch. Kein Nachwuchs ist so unfertig wie der Mensch bei der Geburt. Ein Neugeborener Mensch wäre ohne Hilfe nicht überlebensfähig. Ein Tribut an die Evolution. Die Entwicklung unseres Gehirns, auch wenn wir aus den Anlagen meist nicht wirklich etwas machen, ist schuld daran, dass die Geburt beim Menschen so schwierig ist. Die Größe des Gehirns und somit die Größe des Kopfes wird dem Menschen zum Verhängnis. Wären wir bei der Geburt ähnlich weit entwickelt, wie andere Säugetiere, könnten wir unseren Nachwuchs nicht mehr gebären, der Kopf wäre so groß, keine Frau würde die Geburt überleben.

Fazit nach einem kurzen Ausflug in die Evolution und in die Südsteiermark: maximaler Wohlfühlfaktor für die Mutter, bei minimalem Risiko und maximaler medizinischer Versorgung, sollte etwas nicht ganz so laufen, wie sich das alle Beteiligten vorgestellt haben. Daher ist eine Hausgeburt mit Sicherheit jene Variante, in der die Romantik im Vordergrund steht. Auf der „sicheren Seite" sind Sie eher bei einer Geburt in einer Geburtsklinik.

rivatklinik Döbling: ISO-Zertifizierung der Geburtshilfe

Prim. Univ.-Prof.
Dr. Christian Kainz
Facharzt für Gynäkologie,
Ärztlicher Direktor der
Privatklinik Döbling

Als erste geburtshilfliche Abteilung in Österreich wurde die Geburtshilfe der Privatklinik Döbling Ende 2003 nach ISO 9001:2000 zertifiziert.

Warum gerade ISO-Zertifizierung?

Prim. Univ.-Prof. Dr. Kainz: „Qualität und die individuelle Betreuung der Gebärenden wurden in der Privatklinik Döbling schon immer groß geschrieben. Durch die ISO-Zertifizierung ist es möglich, die Qualitätsstandards von einer unabhängigen externen Institution überprüfen zu lassen. Damit wird unser Bemühen auch von außen bestätigt."

Was konkret wurde während des Projekts erarbeitet?

Kainz: „Es erfolgte eine ausführliche Analyse aller Abläufe und Prozesse, um diese zu standardisieren und damit höchste Qualität sicherzustellen. Als Ergebnis liegt nun ein umfangreiches Organisationshandbuch vor, das Standards für die Arbeit unserer Mitarbeiter, klare Strukturen und Ziele enthält."

Welche Vorteile ergeben sich daraus für die Mitarbeiter?

Kainz: „Alle Vorgänge sind transparent und klar nachvollziehbar. Verbesserungsmöglichkeiten werden leichter erkannt, Lösungen können schnell erarbeitet und umgesetzt werden."

Warum ist die Optimierung von Abläufen und Prozessen so wichtig?

Kainz: „Optimale Abläufe sind die Grundlage, um die in der Geburtshilfe oft notwendige rasche Umsetzung von Entscheidungen zu gewährleisten und Sicherheit für Mutter und Kind zu bieten. Gerade in einem Belegkrankenhaus ist es bedeutend, Schnittstellen und Abläufe gut zu definieren, um den oft wechselnden, agierenden Personen Sicherheit in ihrem Handeln zu geben. Wir sind überzeugt, dass unsere Schwangeren und jungen Muttis von den Ergebnissen unserer Qualitätsbemühungen profitieren und dies auch schätzen."

Ambulante Geburt

Gleich nach der Entbindung: ab nach Hause.

Hat auch etwas, allerdings gebe ich zu bedenken. So „gut" wie in den ersten Tagen nach der Geburt in einer guten Entbindungsklinik haben Sie es nie wieder im Leben zu Dritt. Wenn Sie müde sind, schlafen und das Kind abgeben wollen, dann ist das kein Problem. Bei einer ambulanten Geburt haben Sie das Problem. Niemand, außer dem Mann, der selber nicht ganz genau weiß wie Ihm geschieht, wird Ihnen helfen. Sie müssen alles selber in die Hand nehmen. Ich würde es mir solange wie möglich gut gehen lassen. Noch ein Vorteil, wenn Sie sich für die Entbindung in einer Geburtsklinik entscheiden: die ersten Untersuchungen am stolzen Nachwuchs, wie die Kontrolle des Kinderarztes oder die des Orthopäden (Stellung der Hüftgelenke) werden ohne zusätzlichen Aufwand in den ersten Tagen erledigt, während Sie sich von den Strapazen der Geburt erholen. Auch Ihr Mann hat den Vorteil, seine letzten Tage „in Freiheit" zu genießen (siehe Kapitel Geburt). Haben Sie sich nach einigen Tagen erholt und die ersten Tipps und Tricks in Sachen Babypflege und Stillen im Spital mitbekommen, können Sie entspannt nach Hause gehen.

Geburtsklinik

Meine Frau hat sich für diese Variante der Geburt entschieden!

Also habe ich meine Frau gebeten Ihre Beweggründe für das „Goldenen Kreuz" im Folgenden aufzulisten - Sie merken schon, die ganze Familie musste für dieses Buch „herhalten":

Als ich mit unserem ersten Sohn schwanger war stellte sich die Frage: Wie und wo soll er auf die Welt kommen. Zuerst habe ich einmal alle meine Freundinnen, die schon Kinder bekommen hatten (waren leider noch nicht sehr viele) interviewt. Außerdem war ich - zumindest beim Ersten - in einem Geburtsvorbereitungskurs, wo ich auch so einiges erfahren hatte. Eines war für mich sehr schnell klar: Ich wollte keine Hausgeburt. Da war mir das Risiko einfach zu groß und auch keine ambulante Geburt (ich persönlich war mir sicher, dass ich anfangs doch meine „rundum Betreuung" wollte und mit der Situation eines Neugeborenen ziemlich gefordert war). Ich habe aber viele Freundinnen, die sich sehrwohl für eine der oben genannten Möglichkeiten entschieden haben und für die wiederum nichts anderes in Frage gekommen wäre. Es ist also wirklich eine sehr persönliche Entscheidung mit „Für und Wider" in alle Richtungen. Aber nachdem es hier nur um die Frau geht, wo sie sich bei einer Geburt am wohlsten fühlt, ist jede Entscheidung - natürlich Risiken so weit es geht ausgeschlossen - zu akzeptieren. Beratungen kann man sich bei privaten Hebammen und auch in Spitälern holen.

Nachdem mir klar war, dass ich eine Spitalsgeburt wollte, kam die nächste Frage: Wohin. Nachdem ich eine Zusatzversicherung hatte, kamen somit auch Privatspitäler in Frage und dann begann die Sucherei:

Es sollte nicht zu weit weg vom Wohnort sein, angenehme Atmosphäre bieten, mein Arzt sollte mit (womit sich meine Wahl schon auf drei Spitäler reduzierte, da er nur in diesen dreien entbindet) und eine Kinderintensivstation sollte greifbar sein. Und genau der letzte Punkt war ausschlaggebend für das „Goldene Kreuz", da sich auf der gegenüberliegenden Straße schon das Allgemeine Krankenhaus befand und mit Prof. Pollak auch einer der besten Spezialisten Wiens (in Sachen Kinderheilkunde) an der Hand war bzw. macht dieser auch die Betreuung im „Goldenen Kreuz" (schlussendlich brachte ich dort alle unsere drei Söhne zur Welt). Auch wenn man sich wünscht, dass alles gut geht, muss es nicht so sein. Und wie jeder weiß zählt hier jede Sekunde. Privatkliniken sind nun einmal nicht so ausgestattet wie manche öffentliche Spitäler. Hätte eines meiner Kinder wirklich auf die Neugeborenen-Intensivstation gehört, wollte ich natürlich auch nicht durch ganz Wien fahren, um dann bei ihm sein zu können. Ins AKH selber wollte ich nicht, da mir die Atmosphäre doch zu unpersönlich war. Und gerade bei einer Geburt, wo alles von

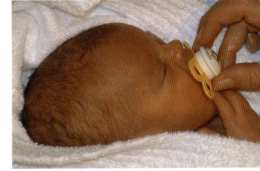

einer Frau abverlangt wird ist das für mich persönlich wichtig gewesen. Die Entbindungsmöglichkeiten (Aromarad, Wassergeburt,... - wobei ich schlussendlich dann doch keines dieser Angebote nutzte), die persönliche Betreuung, das Hebammen-, Schwestern- und Ärzteteam (und natürlich mein Arzt), die Möglichkeiten auf Wunsch sofort eine Schmerzlinderung zu bekommen,... Ich telefonierte aber auch vorher mit den betroffenen Spitälern und der telefonische Empfang im „Goldenen Kreuz" war so freundlich, dass ich mich sofort wohl fühlte. Auch bin ich brav mit einer Freundin (mein Mann meinte, dass das eigentlich nur meine Entscheidung wäre) hingegangen und schaute mir alles an. Ging ohne Voranmeldung und war so wie alles dort sehr perfekt. Ich kann über meine Aufenthalte im „Goldenen Kreuz" nur das Beste sagen. Bin mir aber sicher, dass andere Frauen über andere Spitäler genauso reden. Darum: einfach für sich selber abklopfen: Was will ich, was muss geboten werden, was ist gut für mich und mein Kind. Und dann einfach anrufen und anschauen. Das Gefühl lässt einen meist ohnehin richtig entscheiden. Und dann kann es einem aber durchaus noch passieren, dass das Baby es eiliger hat und vielleicht unvorhergesehene Komplikationen auftreten,...

Doch zuerst gilt es positiv zu denken. Unvorhergesehenes kommt mit Kindern noch oft genug auf einen zu.

Noch ein paar Tipps zur Wahl des Ortes der Geburt:

Im Spital / in der Geburtsklinik

Sie sollten sich bis zur **24. Schwangerschaftswoche** in der Entbindungsklinik Ihrer Wahl anmelden, damit Ihnen ein Bett für die Geburt reserviert werden kann. Gleichzeitig sollten Sie sich auch erkundigen, welche Dinge Sie während Ihres Spitalaufenthaltes benötigen.

Ambulant

Die **ambulante Geburt** verbindet die Vorteile von Klinik- und Hausgeburt miteinander. Ambulante Geburt bedeutet, dass Sie in einer Geburtsklinik entbinden, die Klinik jedoch - wenn keine Komplikationen auftreten - mit Ihrem Kind bereits nach einigen Stunden wieder verlassen können. Zu Hause werden Sie und Ihr Kind dann von Ihrer Hebamme und Ihrem/Ihrer KinderärztIn nachbetreut.

Folgende Schritte sind dafür notwendig:

- Suchen Sie sich bereits während der Schwangerschaft eine Hebamme und eine/n KinderärztIn. (http://www.hebammen.at/heb_suche.html)

- Wenn Sie an einem Geburtsvorbereitungskurs oder an einer Elternschule teilnehmen, können Sie dort alle notwendigen Informationen über die Geburt bekommen.

Hinweis: Bei einer ambulanten Geburt ist die Nachbetreuung besonders wichtig. Die Hebamme wird Sie mindestens zehn Tage hindurch betreuen und der/die KinderärztIn kommt in Ihre Wohnung, um das Neugeborene zu untersuchen.

Zu Hause

Wenn Sie sich für eine **Hausgeburt** entscheiden, dann sollten Sie überlegen, ob Ihre Wohnverhältnisse und Ihre Familie dies ermöglichen. Suchen Sie sich eine Hebamme, die Sie während Ihrer Schwangerschaft, bei und nach der Geburt (Wochenbett) betreut. Damit Sie im Notfall abgesichert sind, melden Sie sich auf alle Fälle rechtzeitig in einem Spital an.

Es ist soweit!

Bei Pauli war es sieben am Abend, bei Stephan und Felix irgendwann vor dem Morgengrauen. Meine Frau hat mich geweckt und es hat sich ausgezahlt, dass meine Frau in diversen Babybüchern und Ratgebern bereits nachgelesen hatte, was demnächst auf uns zukommen könnte. Ich behaupte alle untertreiben, egal, die Tasche war nach der Checkliste gepackt und es konnte los gehen.

Das Packen der Tasche Wochen vor der Geburt ist unbedingt notwendig! Ich möchte es vergleichen mit der Alarmpackordnung des Österreichischen Bundesheeres. Wenn einer Alarm schreit, in unserem Fall der Nachwuchs, der auf die Welt drängt, ohne zu wissen was ihn erwartet, dann sollte alles parat liegen und eingepackt sein. Glauben Sie mir, Sie haben keine Zeit darüber Nachzudenken ob alles eingepackt ist. Sie hatten die Zeit in den vergangenen Wochen, aber jetzt im Moment mit Sicherheit nicht. Stimmt schon, ganz so schnell schießen die Preußen zwar nicht, aber es könnte durchaus sein, dass Sie eine gewisse Hektik in Erwartung des Ungewissen überkommt. Da meine liebe Frau und meine drei Söhne alle beschlossen haben, die Geschichte so schnell wie möglich hinter alle Beteiligten zu bringen, wäre uns fast die Zeit ausgegangen. Ich erinnere mich an eine rote Ampel Ecke Felberstraße - Gürtel also beim Wiener Westbahnhof, wo meine Frau mit beiden Beinen gegen das Armaturenbrett unseres Autos getreten hat. Aus den Autos neben, vor und hinter uns nichts als Verwunderung. Ich wäre am liebsten unter dem Lenkrad verschwunden. Oder bei Stephan, unserem zweiten, konnte meine Frau es nicht erwarten bis der Lift da war, Zitat: „Wenn der Lift nicht gleich kommt bekomme ich das Kind gleich da im Stiegenhaus!" Es ist sich gerade noch ausgegangen, knapp aber doch. Meine Frau und meine Söhne haben eben beschlossen mich nicht so lange auf die Folter zu spannen. Danke!

Mit dem üblichen Rundherum – Anlegen des CTG, Kreuzstich, Infusion u.s.w. war die Geschichte, also alle drei Geburten jeweils unter zwei Stunden erledigt. Hätten wir uns bei den Namen nicht schon vorher festgelegt, wäre sicher ein Tom Turbo dabei gewesen.

Während der Geburt

Ich bin mir nicht sicher, ob Männer bei der Geburt gebraucht werden. Wenn Ihre Frau Sie dabei haben will, dann erfüllen Sie Ihr den Wunsch! Wenn alles glatt geht, das wollen wir hoffen, dann sind Sie so überflüssig wie eine Nachttischlampe mit kaputter Glühbirne, wenn etwas schief geht, was

Gott sei Dank sehr, sehr selten vorkommt, dann erst recht. Auch wenn Sie dieses Gefühl der Überflüssigkeit überkommt - und es wird Sie mit Sicherheit überkommen - denken Sie an Ihre Partnerin, die könnte Sie jetzt vielleicht brauchen, wenn Sie ihr ab und zu den Schweiß von der Stirn wischen, oder ihre Hand ganz fest halten. Versuchen Sie nicht, nur weil Ihnen langweilig ist oder vor lauter Hilflosigkeit, weil Sie nicht wissen was Sie tun sollen, mit Hebamme oder Arzt Gespräche zu beginnen, kommt nicht gut. Ich habe bei der ersten Geburt unserem Gynäkologen ein paar Witze erzählt, nur um die Zeit zu überbrücken, glauben Sie mir, das hat meine Frau nicht wirklich witzig gefunden. Verstehen Sie mich bitte nicht falsch, ich bin nicht der abgebrühte Realist, der jede Situation fest im Griff hat, und nicht in der Lage ist Gefühle zu zeigen (ich weine zum Beispiel bei einem Drei-fachsieg der Österreicher im Ski–Weltcup überaus gerne). Aber ich bin mir selten so überflüssig vorgekommen, wie einige Momente bevor meine Söhne das Licht der Welt in Form dreier 60 Watt Glühbirnen erblickt haben.

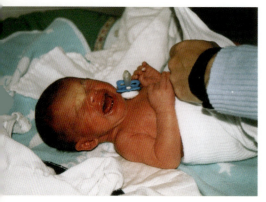

Dass Sie als Vater nicht überflüssig sind und gebraucht
werden, das merken Sie
gleich nach der Geburt. Kleine Hilfsarbeiterjobs warten
auf Sie: Nabelschnur durchschneiden und Kindbaden
lauten Ihre ersten Aufgaben.
Das Durchschneiden der
Nabelschnur würde ich an
Ihrer Stelle in keinem Fall
auslassen, das hat schon
etwas: Motto „Willkommen in
der Welt", „jetzt kannst Du nicht mehr zurück", „jetzt haben
wir die Verantwortung", was auch immer. In jedem Fall
haben Sie somit bei der Geburt auch etwas geleistet, wenn
auch nur einen kleinen Schnitt, allerdings mit großer und für
alle Beteiligten ein Leben lang anhaltenden Wirkung.

Bei Hilfsjob Nummer zwei, dem Baden des Kindes, würde
ich an Ihrer Stelle der Kinderschwester den Vortritt lassen.
Das hat einen einfachen Grund: einmal, ein letztes Mal,
haben Sie noch die Chance, dass diese Arbeit jemand anderer erledigt, noch dazu ist diese Leistung im Preis inbegrif-
fen. Glauben Sie mir, Sie werden Ihren Sprössling noch
öfters baden.

Danach kehrt langsam Ruhe in die ganze Geschichte ein.
Ihre Frau freut sich mit Sicherheit nach der Anstrengung
und Anspannung der Geburt auf die „Entspannung" der
nächsten Stunden. Sie selbst dürfen jetzt Kind und Frau in
die Fürsorge der Geburtsklinik entlassen und nach Hause
oder ins Büro fahren. Sie haben allerdings die Aufgabe die
ersten Informationen über Gewicht und Größe und selbstverständlich den Namen des Kindes möglichst breitenwirk-
sam zu publizieren. Die Reaktion auf diese Veröffentlichung
sind nur positiv! Viele, die Sie gar nicht kennen, einige, von
denen Sie es nicht erwartet haben, einfach alle werden
Ihnen gratulieren. Mich hat das etwas irritiert, ich war
verlegen: „Warum wird mir gratuliert?" – Betonung auf mir –
ich habe dann immer gesagt: „Ich habe nicht viel dazu bei-
getragen!" Eine bessere Antwort ist mir bis heute nicht
eingefallen.

102

Vorsicht, schon wieder gute Ratschläge! Einige Male habe ich mir gedacht, die Gratulationen sind nur ein guter Vorwand, um schon wieder unaufgefordert ein paar gute oder noch schlimmer, gut gemeinte Ratschläge an den Mann, der gerade Vater wurde, loszuwerden. Einziger Trost: das gibt sich und wird jemand in Ihrem Freundeskreis Vater, dann werden auch Sie nicht anders können und auch unaufgefordert ein paar dieser Ratschläge loswerden wollen und auch werden...

Einen Ratschlag bekommen Sie auch von mir ebenfalls unaufgefordert. Wenn Sie gerade Vater geworden sind, dann genießen Sie die wenigen Tage, die Sie noch alleine über Ihre Zeit bestimmen können. Denn sind Mama und Nachwuchs mal zu Hause, werden Sie keine Zeit mehr haben. Was auch immer Sie in diesen ersten Vatertagen machen, genießen Sie es! Hier geht's mir nicht darum Sie zu überhöhtem Alkoholkonsum aufzufordern, der ideale Vorwand wäre: Mann wird ja nur einmal zum ersten Mal

Vater. Nein, ich denke Sie sollten die Zeit anders nützen. Setzen Sie sich zum Beispiel mit einem guten Buch oder Ihrer Lieblingszeitung oder Zeitschrift aufs Klo. Bleiben Sie nach Belieben sitzen, lesen Sie solange Sie wollen, es wird das letzte Mal in Ihrem Leben sein, wo Sie am Örtchen ungestört in voller Länge ausharren dürfen. Ich bin mir sicher Sie werden das lächerlich finden, ist mir genauso gegangen, reden wir darüber, wenn Sie Kind und Frau zu Hause haben, reden wir darüber, wenn Ihre Kinder größer sind. Sie werden an keinem Ort der Welt mehr Ihre Ruhe finden. Erst recht

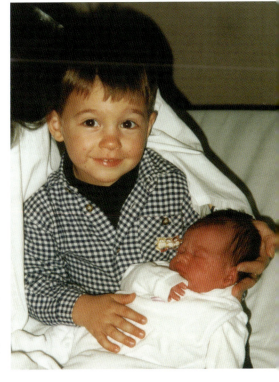

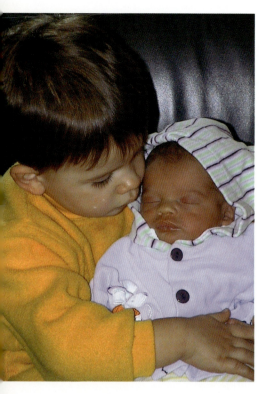

dann nicht, wenn Ihr Nachwuchs längst schon selbst
Nachwuchs hat. Eben Schluss
mit lustig. Also nochmals
langsam zum Mitlesen:
genießen Sie die paar Tage,
wenn Frau und Kind noch im
Spital sind!

Das erste Jahr

Im Folgenden möchte ich die (riesigen) Entwicklungsschritte Ihres Kindes bis zum ersten Geburtstag beschreiben. Gleich zu Beginn: Hält sich Ihr Kind nicht ganz an die Vorgaben, die ich nachfolgend beschreiben werde, dann macht das überhaupt nichts. Wichtig: Beginnen Sie Ihr Elterndasein nicht schon wenige Tage nach der Geburt damit Ihren einzigartigen Nachkommen mit anderen einzigartigen Babys zu vergleichen! Im Gegensatz zur Werbung macht Sie der Vergleich in diesem Fall mit Sicherheit unsicher. Alle meine drei Jungs – wenn ich sie mal vergleichen darf – sind aus anderem Holz geschnitzt! Stephan hat früher gehen können als Paul, Felix hat am längsten gebraucht, um auf zwei Beinen zu stehen. Felix war der leichteste und kleinste bei der Geburt, weil er eben viel zu früh dran war, nach einem Jahr war er der schwerste und größte von allen. Paul hat als erster zu plaudern begonnen, Stephan hat sich beim halbwegs verständlichen Sprechen zurückgehalten (wenn er nicht will hält er sich noch immer zurück), ist aber „motorisch" allen anderen Gleichaltrigen überlegen. Felix plaudert überhaupt noch nicht – er ist ja gerade ein Jahr alt geworden. Also: Kinder sind nicht nur verschieden, auch ihre Entwicklung ist unterschiedlich. Gibt es dennoch aus Ihrer Sicht erhebliche Abweichungen in Größe, Gewicht und Verhalten, dann weiß Ihr Kinderarzt mit Sicherheit weiter. Bei den Mutter und Kind Pass-Untersuchungen, die übrigens Pflicht sind (Kindergeld), können extreme Abweichungen ganz leicht festgestellt werden.

Bevor Sie über die einzelnen Entwicklungsschritte im Detail lesen, möchte ich Ihnen einige Tipps zu den Themen Ernährung, Pflege, Sicherheit im Auto etc. geben, die vom ersten Moment an wichtig sind.

Ab nach Hause

...oder: jetzt fängt die Geschichte erst richtig an!

Wenn Sie sich, was ich hoffe, nicht für eine ambulante Geburt oder eine Hausgeburt entschieden haben, dann hat-

ten Sie den Vorteil in den ersten Lebenstagen Ihres Nachwuchses in der Geburtsklinik jede Menge Unterstützung zu
genießen:

Profis in Sachen Säuglingspflege umsorgen Sie und Ihr Kind
und zeigen Ihnen wie es geht, bis es geht. Stillen, Wickeln,
Waschen - alles kein Problem, die Säuglingsschwester weiß
ja wie es geht. Verlassen Sie die Klinik, fällt dieses perfekte
„Backup–System" weg. Sie arbeiten am lebenden Objekt,
ohne Netz!

Schon am Weg nach Hause haben Sie die alleinige Verantwortung. Die Antwort auf die Frage, wie Sie Ihr Kind möglichst sicher nach Hause verfrachten und auch in Zukunft
sicher im Auto transportieren lesen Sie im Kapitel Kindersitze.

Ab sofort haben Sie die alleinige Verantwortung. Und was
sich so einfach schreibt bedeutet in der Realität, dass Sie
Ihr Leben, das Sie bisher gewohnt waren, einfach vergessen
können. Der gesamte Tagesablauf konzentriert sich auf drei
Kilo fünfzig. Der Mittelpunkt Ihrer Planungen richtet sich bis
ins Detail nach dem Nachwuchs. Sie haben gar keine andere Chance!

Stichwort Planung: es geht nicht um die Planung der
nächsten 20 Jahre (studieren, oder doch besser eine abge-
schlossene Lehre), nein, ab sofort dürfen Sie sich überlegen, „wann ist der beste Zeitpunkt um aufs Klo zu gehen?"
Planen Sie diese kleinen allzu menschlichen Bedürfnisse
nicht fix in Ihrem Tagesablauf, könnte die Geschichte dane-
ben gehen, Sie verstehen was ich meine?

Noch ein paar Anmerkungen: Die größte Überraschung
nach der Geburt war für mich, dass zu keinem meiner
Söhne eine Bedienungsanleitung mitgeliefert wurde. Ich
habe ganz genau nachgesehen, aber leider. Irgendwie ist
dieser Umstand, vorsichtig formuliert, etwas irritierend. Zu
Allem und jedem „Gerät" bekommen Sie eine Anleitung,
mehrsprachig. Wird ein Kind geboren bleibt die „Bedie-
nung", das „Handling" Ihren Gefühlen und Ihrem Hausver-
stand überlassen. Zugegeben bei Nachwuchs Nummer drei
erschreckt Sie das nicht mehr wirklich, allerdings beim ersten Kind, das Sie in Händen halten, noch dazu bei Ihrem

Eigenen bringt Sie das schon etwas aus der Ruhe. Und wie geschrieben, das ist erst der Anfang der Geschichte. Faszinierend ist allerdings der Umstand wie schnell Sie lernen. Gelingt es Ihnen bei einem mehr oder weniger komplizierten DVD–Player nach einem halben Jahr gerade einmal eine DVD zu starten, haben Sie bei einem so komplexen „Mechanismus", wie bei einem Neugeborenen, die Geschichte in wenigen Tagen „erlernt". Irgendwo im Rückenmark oder in den tiefsten Untiefen unseres Gehirns hat die Evolution alles abgespeichert, das Ihrem Nachwuchs und somit der Menschheit das Überleben sichert.

Um Ihnen wieder Mut zu machen: Sie können fast gar nichts falsch machen, Sie brauchen nur den Mut, Ihrem Gefühl zu vertrauen und im besten Fall ein paar gute Bekannte, die schon Eltern sind und es mit Ihnen nicht nur gut meinen, sondern Ihnen ein paar praktische Tipps und Tricks verraten, sollten Sie nicht mehr weiter wissen.

Apropos gut gemeint: Wie in allen Phasen des Eltern-Werdens und -Seins bekommen Sie von Menschen, von denen Sie es gar nicht erwartet haben gut gemeinte Vorschläge. Wichtig: zeigen Sie Selbstbewusstsein, auch wenn Sie im Moment gar kein Selbstbewusstsein vorrätig haben, weil Sie der Verzweiflung nahe sind. Es ist immer noch Ihr Kind und nicht das Kind der Nachbarn oder Schwiegereltern. Überlegen Sie genau wen Sie um Rat fragen!

Mich müssen Sie nicht um Rat fragen, von mir bekommen Sie den Rat gleich mitgeliefert:

Haben Sie vertrauen in Ihr Können und in Ihre Fähigkeiten!

Vertrauen Sie Ihren Instinkten! Mutter Natur weiß was sie tut!

Alle Eltern haben das, was Sie jetzt „durchmachen", auch er- und überlebt und noch ist die Menschheit nicht ausgestorben!

Noch eine Kleinigkeit an meine „Leidensgenossen". Liebe Jungväter, denken Sie daran, dass Sie ab sofort auf verlorenem Posten „kämpfen"! Ihre Frau und Mutter hat neun Monate (oder richtiger fast 40 Wochen) Vorsprung im

Umgang mit dem Nachwuchs. Zweitens scheiden Sie als Nahrungsquelle für das Baby aus, daher richtet sich seine Konzentration auf die Mutter, denn die riecht nach Futter!

Sie werden erkennen, dass der berühmte Satz: „Jedes Kind braucht einen Vater" mit Sicherheit von einer Mutter stammen muss! Auch wenn mir jetzt alle Psychologen widersprechen werden. Überspitzt formuliert spielen Sie in den ersten Monaten für Ihr Kind bestenfalls eine Statistenrolle (und auch für Ihre Frau sind Sie jetzt eine liebenswerte Nebensache)!

Auch wenn's schwer fällt, ziehen Sie sich nicht zurück! Helfen Sie Ihrer Frau und übernehmen Sie alle Tätigkeiten vom Wickeln bis zum Baden! Beim Stillen werden Sie sich etwas schwer tun.

Apropos Baden: Ihr Kind hat die Geburt überlebt und hat sich durch den engen Geburtskanal gekämpft, Sie können es ruhig angreifen und beim Baden „fest" halten. Babys sind nicht aus Glas!

Also bleiben Sie am Ball! Es wird der Tag kommen, wo Ihre Frau eine „Auszeit" braucht. Ihr die Decke auf den Kopf fällt und Sie die Hauptrolle spielen müssen. Dieser Tag wird kommen, mit Sicherheit! An diesem Tag haben die Großeltern zufällig einen wichtigen Termin (Opa muss Golf spielen...), die Nachbarn sind auf Urlaub und im Umkreis von 500 Kilometern ist niemand, der Ihnen helfen kann.

Wenn Sie die einfachsten Handgriffe beherrschen und nicht gleich die Nerven wegwerfen, weil Kleinstein mal etwas länger als gewohnt brüllt und nicht einschlafen will, werden Sie diesen Abend locker überstehen und danach als Held bei Ihrer Frau ganz oben auf der Liste stehen. Den ersten Platz werden Sie zwar nicht erringen können, der ist in den nächsten 40 Jahren vom Nachwuchs besetzt, aber eine gesicherte Nummer zwei ist auch schon etwas.

Sie sind zu Hause

Schon Wochen vor der Geburt hat Ihre Frau alles für den Tag X vorbereitet, Ihnen ist das etwas seltsam vorgekommen, jetzt allerdings wissen Sie wozu diese Vorbereitung gut war. Der Vorrat an Windeln und Feuchttücher, von beiden werden Sie noch Jahre träumen, ist längst angelegt und auch die Strampler und Bodies stapeln sich frisch gewaschen im Kinderzimmer. Das Kinderzimmer ist übrigens auch frisch ausgemalt!

Alles in bester Ordnung! Die ersten Tage zu Hause sind meist kein großes Problem, der Nachwuchs nuckelt an der Mutterbrust, schläft und füllt die ersten Windeln. Das, was Sie in den Windeln vorfinden verursacht noch keinen Geruchsalarm, das ändert sich erst, wenn Sie zusätzlich zur Muttermilch auch noch andere Mahlzeiten verfüttern. (siehe Kapitel: Die richtige Ernährung)

Die Idylle könnten zwei Umstände stören:

1. Babyschauen

Alle wollen Ihren ganzen Stolz mal in Händen halten, verständlich, aber das kann auch nerven! Das Telefon klingelt ständig und an der Türe klopfen Menschen, die Sie das letzte Mal vor Jahren gesehen haben. Mag sein, dass ich jetzt etwas übertreibe, aber denken Sie daran, dass Sie mit sich und Ihrem Nachwuchs ausreichend beschäftigt sind und nicht ständig auch noch Gastgeber spielen wollen.

2. keine Zeit für sich selbst

Alles dreht sich um den neuen Mittelpunkt in Ihrem Leben, Ihr Leben hat sich dramatisch verändert, Sie haben keine Zeit für sich. Damit müssen Sie jetzt leben lernen und gleichzeitig versuchen, sich in den wenigen Momenten, die Ihnen bleiben ganz auf sich zu konzentrieren.

Versuchen Sie jede Minute zu nützen, damit Ihnen nicht irgendwann die Decke auf den Kopf fällt. Spannen Sie die Großeltern ein! Genießen Sie die paar Momente am Tag die Ihnen alleine gehören! Denken Sie auch an Ihre Beziehung!

Auch wenn Sie mir jetzt wahrscheinlich nicht glauben, glauben Sie mir. Die Minuten, die Sie für sich alleine haben, diese Minuten müssen hart erkämpft und erarbeitet werden. Meine Frau und ich haben mit meinen drei Jungs eine stille Übereinkunft geschlossen: der Samstag Vormittag gehört meiner Frau, meist geht sie ihrem Hobby, der Reiterei, nach. Mir stehen dafür 10 Minuten am Sonntag früh zur eigenen Verfügung. Ich hole mir aus dem Postkasten das frisch gelieferte PROFIL (es ist Punkt 7) und verziehe mich für 10 Minuten dorthin wo auch der Kaiser zu Fuß hin geht. Zehn Minuten und eine Zigarette später darf meine Familie wieder über mich verfügen! Klingt irgendwie lächerlich, aber Sie werden es erleben, wie weit eine Familie die eigenen Bedürfnisse auf ein Minimum zurückschraubt.

Jedes Baby ist anders

Ich habe den Vergleich! Alle meine drei Buben haben die gleichen Erbanlagen und auch bei der Erziehung machen wir nicht wirklich Unterschiede. Aber alle drei entwickeln sich so unterschiedlich, dass ich mittlerweile an den gemeinsamen Erbanlagen zweifle. Jeder der drei hat uns auf eine andere

Weise gefordert und uns jeden Tag neue Rätsel aufgegeben.

Die Entwicklung zum eigenen Ego beginnt mit dem ersten Schrei nach der Geburt.

Jedes Kind hat vom ersten Tag an einen unverwechselbaren Charakter und vor

allem einen eigenen Willen! Wie hartnäckig dieser Wille Tag für Tag durchgesetzt wird, werden Sie noch erleben.

Der Nachwuchs entwickelt einen eisernen Willen. Das ist an sich nicht verwunderlich, denn im Prinzip hat der Nachwuchs ausschließlich elementare und lebenswichtige Bedürfnisse nach Nahrung, Wärme, Liebe, Zärtlichkeit und Nähe. Davon gibt es kein Zuviel, nur ein Zuwenig. Lassen Sie also Ihr Kind nicht schreien und umsonst nach Ihnen rufen, auch wenn Sie noch so müde sind. Kuscheln und schmusen Sie mit ihm so oft wie möglich. Und auch wenn Sie sein Zimmer noch so schön eingerichtet haben: Es braucht kein Designer-Zimmer, sondern Ihre Nähe.

Die „Abnabelung" kommt schon noch, früher als es Ihnen lieb ist.

Eine Frage der Ernährung

Stillen ist das Beste für Ihr Baby. Muttermilch ist nicht nur optimal auf die Ernährungsbedürfnisse des Babys abgestimmt, der Körperkontakt mit der Mutter erzeugt eine ganz besondere Innigkeit und fördert die Beziehung zwischen Mutter und Kind auf besondere Weise. Da können wir Männer einfach Nichts dagegenhalten, so ist es....

Auch wenn es Anfangs etwas beim Stillen hakt: Nur zwei bis drei Prozent der Mütter können wirklich nicht stillen. Wenn Sie stillen und trotzdem zufüttern müssen, verwenden Sie so genannte adaptierte Milchnahrung, die der Muttermilch sehr ähnlich ist. Vorher sollten Sie jedoch versuchen, die eigene Milchmenge dem Bedarf des Kindes anzupassen, was in fast allen Fällen möglich ist. Möchten Sie nicht stillen und das Kind ausschließlich mit der Flasche ernähren, wählen Sie teil-adaptierte Nahrung, die reichhaltiger und sättigender ist. In den ersten zwei bis drei Lebensmonaten trinkt das Baby etwa fünf Fläschchen/Stillmahlzeiten pro Tag.

Wichtig! Machen Sie sich keinen Stress, wenn es mit dem Stillen nicht so funktioniert, wie Sie sich das vorgestellt haben – ohne Stillen geht es auch!

Aber: Wenn Ihre Frau stillt, dann haben Sie als Mann die Chance zu etwas mehr Schlaf in der Nacht zu kommen. Ab

dem Zeitpunkt, wo Ihr Nachwuchs aus dem Fläschchen trinkt ist es in jedem Fall vorbei mit der Nachtruhe. Dann dürfen auch Sie Ihren Luxuskörper um zwei Uhr früh in die Küche bewegen und das Flascherl wärmen. Wunderbar! Sollte Ihr Nachwuchs in den ersten Monaten mit seiner Verdauung zu kämpfen haben und von Blähungen geplagt werden, dann haben Sie sich an die Nachtschichten schon gewöhnt. Außerdem sind Sie um die Erkenntnis reicher, wie wenig Schlaf ein Erwachsener wirklich braucht. (Denken Sie daran auf Grund des überragenden Erfolges beim ersten Kind in Serienproduktion zu gehen, dann prolongiert sich die Unterversorgung mit Schlaf. Denken Sie daran, so richtig durchschlafen werden Sie vielleicht erst wieder, wenn die Kinder in der Schule sind.)

Apropos Fläschchen wärmen: Beim ersten Kind werden Sie (exakt nach Bedienungsanleitung!) das Wasser für das Milchpulver aufkochen, dann das Milchpulver im heißen Wasser lösen und danach wieder das Flascherl mühsam auf Trinktemperatur abkühlen. Hat der Nachwuchs dann das Flascherl getrunken, werden Sie es auswaschen und den Sauger und das Flascherl sterilisieren, also auskochen. Wenn Sie es besonders genau nehmen, dann werden Sie das Wasser, bevor Sie es mit dem Milchpulver mischen, mindestens zehn Minuten abkochen. Bravo! Das nenne ich Hygiene.

Bei Kind Nummer drei funktioniert die Geschichte schon anders: Sie nehmen warmes Wasser aus der Leitung, lösen das Milchpulver darin auf und stellen die richtige Temperatur mit der Zugabe von kaltem Wasser aus der Leitung ein. Geht wesentlich schneller. Oder für die Turbo – Generation:

**...itaMaternity, Bademode für werdende und stil-
de Mütter**

...llness und Wohlgefühl gehen einher mit Anita

Bademode, die präzise sitzt und den Bedürfnissen während dieser wichtigen Lebensphase gerecht wird. Die neuen Maternity Bademodelle gehen auf den Wandel der weiblichen Formen und Bedürfnisse ein. Der Einsatz von Microfaser bietet Stütz- und Formkraft in allen Größen von 34 bis Größe 48 in hautschmeichelnder, weicher Qualität mit formstabilen Eigenschaften.

...1: Still-Bikini 9665

...ini Oberteil:
...praktischem Still-Clip am Träger zum einfachen
...nen und Schließen des Cups

...2 Hosenvarianten:
...während der Schwangerschaft mit der großzügigen
...Panty
...n der Stillzeit mit dem Taillenslip

**...itaMaternity, Dessousmode für werdende und
...lende Mütter,**

bietet maximalen Tragekomfort, Sicherheit und bequeme Eleganz in modernem Dessousdesign, ist funktional und flexibel.
Mit der feinen Microfaser kann die Mutter alle Vorteile einer besonders anspruchsvollen und hochwertigen Kollektion genießen.

...ll BH 5084:
...r hohe Ansprüche an Stil und Leichtigkeit mit
...quemem Stillclip! Der Stillclip lässt sich schnell und
...fach öffnen und wieder schließen. Bei geöffnetem
...p verhindert ein elastisches Bändchen zum Unter-
...p zuverlässig, dass die Träger in den Rücken rut-
...en.

...hältlich in den Größen:
...C 75-105 / D 75-95 / E 75-90

Anita
MATERNITY
Beautiful Mum

Unterstützung rundum
in der Schwangerschaft und Stillzeit

- Mitwachsender Bügel-Schwangerschafts-BH 5141 aus weicher, elastischer Spitze für besondere Anlässe
- BabyBelt® 1700 – Hervorragende Unterstützung für Bauch und Rücken, klinisch getestet

Anita
UniqueBodyWear
- since 1886 -

**Informationen zum Anita Sortiment und
Händlernachweis erhalten Sie unter:**
ANITA Dr. Helbig GmbH
6332 KUFSTEIN/TIROL · Tel.: 05372 6970-355
Fax: 05372 64310 · E-Mail: anita.a@anita.net
www.anita.com

Sie bereiten das Nachtflascherl bereits am Abend vor, stellen es in den Kühlschrank und wenn es um 2:00 Uhr Früh serviert werden soll, dann stellen Sie es eine Minute bei voller Leistung in die Mikrowelle.

Abkochen und Sterilisieren entfällt, das Flascherl wird gründlich ausgewaschen und wandert dann in den Geschirrspüler.

Sie denken jetzt - unverantwortlich? Wenn Sie in Österreich wohnen und die Wasserqualität aus unseren Bergen genießen, die in nahezu allen Fällen Mineralwasserqualität hat, dann können Sie sich das Abkochen mit gutem Gewissen sparen. Das, was bei uns in der Leitung fließt, wird in anderen Ländern in Flaschen gefüllt und um teures Geld im Supermarkt verkauft! Glückliches Österreich!

Was das Sterilisieren betrifft: Wenn Sie im „normalen" Leben eine gesunde und „normale" Einstellung zu Hygiene haben, nicht zufällig auf einer Mülldeponie wohnen und auch sonst Sauberkeit schätzen, dann müssen Sie Ihr Kind nicht antiseptisch aufziehen. Ganz im Gegenteil – auch auf

die Gefahr, dass jetzt einige aufschreien – die „Grundversorgung" mit Keimen des täglichen Lebens hilft Ihrem Nachwuchs jetzt und im späteren Leben mit Krankheiten leichter fertig zu werden. Sauberkeit ist zwar oberstes Gebot, nicht nur, wenn Sie ein Neugeborenes im Haus haben, aber übertreiben sollten Sie nicht. Sie erzielen damit garantiert das Gegenteil.

Wichtig: Schnuller abschlecken und dem Kind wieder in den Mund stecken ist nicht die Hygiene die ich meine! Mit dieser Methode übertragen Sie unter Umständen Kariesbakterien (und noch ein paar andere

9 Monate umhüllt die Natur Ihr Baby. Und dann?

Jetzt Katalog gratis anfordern!*

Scheußlichkeiten), die die ersten Zähne Ihres Nachwuchses erheblich schädigen können!

Fazit: Sauberkeit ist oberste Pflicht! Aber eine antiseptische Küche, die Sie als OP für Gelenksoperationen vermieten könnten, weil Sie zwischen Herd und Abwasch eine absolut keimfreie Zone eingerichtet haben, halte ich für leicht übertrieben.

Erste Tipps zur Körperpflege

Stichwort Allergien: in vielen Pflegemitteln sind Konservierungsstoffe, Parfums, Stabilisatoren, Emulgatoren und sonst noch so Einiges enthalten, ob alle diese „Zutaten"

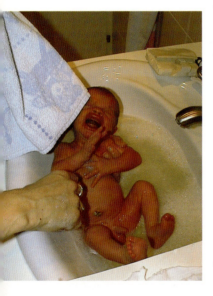

Allergien bei Ihrem Baby auslösen können, wissen Sie erst, wenn es soweit ist. Aber auch ein juckender Ausschlag, der Ihrem Nachwuchs einige Tage zu schaffen macht reicht Ihnen Sorgen und schlaflose Nächte zu bereiten. Wenn der Ausschlag nicht innerhalb von zwei Tagen merklich besser wird, dann ab zum Kinderarzt. Hat Ihr Kleines vielleicht auch noch Fieber, dann seien Sie doppelt vorsichtig! Also aufgepasst beim Einsatz von „Badezusätzen", Pflegecremes, oder auch Waschmitteln. (Siehe übertriebene Sauberkeit und Hygiene). Kleiner Trost: die meisten „Mittel", die Sie unter dem Titel Baby–Pflege zu kaufen bekommen sind weitgehend harmlos. Der Verein für Konsumentenschutz testet in regelmäßigen Abständen die wichtigsten Produkte, auf der Homepage oder in der Zeitschrift Konsument finden Sie immer wieder Tests.

Ein Baby braucht nur ein- bis zweimal pro Woche gebadet zu werden, und zwar mit klarem Wasser und mit sonst gar nichts. Tägliches Baden zerstört den Säureschutzmantel der Haut, der auch Krankheitserreger abwehrt. Zur Reinigung

des Popos verwenden Sie am besten lauwarmes Wasser, geht mehr in die Hose, dann helfen Feuchttücher weiter (Feuchttücher werden Sie noch einige Zeit begleiten).

Hat Ihr Kleinster einen roten Hintern, dann helfen diverse Salben, Details lesen Sie im Kapitel Pflege. Mit dem roten Popo werden Sie sich „anfreunden", wenn Kleinstein mal zu Zahnen beginnt, dann dürfen Sie täglich schmieren!

Impfungen

Ab dem dritten Tag nach Geburt kann Ihr Baby bereits die ersten Impfungen bekommen. Kann deshalb, weil es in Österreich keine Impfverpflichtung gibt. Das gilt für diese ersten Impfungen, genauso wie auch für alle Folgenden.

Grundsätzlich: Jede Impfung birgt ein gewisses Impfrisiko. Es können in sehr seltenen Fällen bei der einen oder anderen Impfung „stärkere" Reaktionen die Folge sein.

ABER!!! Das Impfrisiko steht in KEINEM Verhältnis zu den möglichen Folgen ohne Impfschutz!

Wenn Sie als Erwachsener der einen oder anderen Impfungen gegenüber skeptisch eingestellt sind, dann entscheiden gegebenenfalls Sie selbst über Ihre Gesundheit und lassen sich impfen oder eben nicht.

Die Gesundheit Ihres Kindes sollten Sie in keinem Fall aufs Spiel setzten!!!

Gegen die meisten Kinderkrankheiten werden derzeit Impfungen im Zuge der Mutter und Kind Pass-Untersuchungen angeboten. Eine Aufstellung finden Sie im Mutter und Kind Pass und Ihr Kinderarzt berät Sie gerne. Fast alle Impfungen werden von der Krankenkasse bezahlt. Bis auf wenige Ausnahmen. Die Kosten der Impfung gegen eine besondere Form der Meningitis (Gehirnhautentzündung) und eine Sonderform der Lungenentzündung werden unverständlicherweise derzeit von der Krankenkasse nicht übernommen. Zugegeben, diese beiden angesprochenen Impfungen sind nicht ganz billig, vor allem, wenn es, wie in meinem Fall um drei Kinder, also sechs Impfungen geht. Aber warum die Krankenkasse die Impfkosten nicht übernimmt, die Folgekosten im Falle einer Erkrankung sehr wohl, müssen Sie mit Ihrer Kasse besprechen. Ihr Kinderarzt wird Ihnen diese beiden Impfungen wahrscheinlich anbieten und ich empfehle Ihnen diese Impfungen durchführen zu lassen. Aber sprechen Sie bitte mit Ihrem Kinderarzt darüber, er könnte begründet anderer Meinung sein!

Das Schlafproblem

Vielleicht gehören Sie zu den glücklichen Eltern, deren Kind schon mit sechs Wochen durchschläft. Gratulation, wenn Sie einen Trick haben wie Sie das hinbekommen haben, dann verraten Sie ihn mir bitte!

Wenn nicht, machen Sie es sich so einfach, so gemütlich wie möglich. Wir haben unsere Kleinsten immer bei uns im Schlafzimmer im eigenen Bett schlafen lassen. Wenn sie unruhig waren und überhaupt nicht im eigenen Bett schlafen wollten, also bei Krankheit etwa oder beim Zahnen, dann haben sie auch in unserem Bett übernachtet.

Vorteil: Wenn Sie das Kind stillen, brauchen Sie sich lediglich zu ihm hindrehen und können anschließend gleich weiterschlafen.
Nachteil: werden die Kinder größer, kann es sein, dass Sie mit einer Ferse im Auge aufwachen, weil Ihr Nachwuchs während des Schlafes im

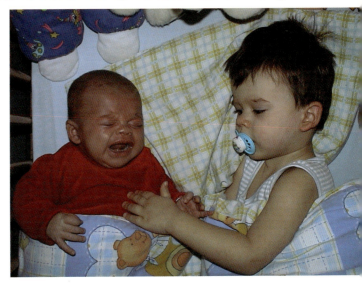

Pneumokokken bedrohen unsere Säuglinge und Kleinkinder
Die Impfung schützt

Schwere Pneumokokken-Erkrankungen können lebenslange Schäden und sogar den Tod für Ihr Kind bedeuten. Deshalb wird die Pneumokokken-Impfung im Österreichischen Impfplan für alle Kinder bis 2 Jahre ausdrücklich empfohlen.

Pneumokokken-Impfung für alle Kinder bis 2 Jahre empfohlen

Die Gesundheit unserer Kleinsten liegt uns allen besonders am Herzen. Viele Kinderkrankheiten, die zumeist lästig sind, aber auch schwerwiegende Folgen haben können, können wir unseren Kindern heute ersparen - durch Schutzimpfungen. Die neueste Entwicklung ist eine Impfung gegen Pneumokokken, die Babys und Kleinkinder schützt. Im Österreichischen Impfplan wird diese Impfung für alle Kinder bis 2 Jahre empfohlen.

Pneumokokken sind Bakterien, die schwere Infektionen verursachen und die besonders für Säuglinge und Kleinkinder gefährlich werden können. Weltweit verursachen Pneumokokken über 1 Million Todesfälle pro Jahr, 40% davon bei Kindern unter 5 Jahren.

Gehirnhautentzündung kann schwere Folgen haben

An schweren Pneumokokken-Infektionen erkranken in Österreich jährlich 30-40 Kinder. Die gefürchteste Erkrankung ist die Gehirnhautentzündung, welche sehr schnell beginnt und innerhalb von Stunden lebensbedrohlich werden kann. Häufig treten lebenslange Folgeschäden wie Lähmungen, Taubheit, Epilepsie oder andere schwerwiegende Behinderungen auf. Die frühzeitige Erkennung und Diagnose kann besonders bei kleinen Kindern schwierig sein, da bei Ihnen oftmals charakteristische Krankheitssymptome wie Nackensteifigkeit fehlen.

Pneumokokken verursachen eine Reihe von weiteren Infektionen wie Lungenentzündung, Mittelohrentzündungen und Nasennebenhöhlenentzündungen. Diese Erkrankungen können von vielen verschiedenen Erregern verursacht werden, Pneumokokken zählen jedoch zu den häufigsten.

Pneumokokken-Impfung - wirksam und gut verträglich

Der neue Pneumokokken-Impfstoff schützt nachweislich vor den schweren Pneumokokken-Infektionen und kann den größten Teil (etwa 85%) der Pneumokokken-verursachten Gehirnhautentzündungen verhindern.

Die Pneumokokken-Impfung ist eine der bestuntersuchten Impfungen und gut verträglich.

Nähere Informationen zur Pneumokokken-Impfung finden Sie unter www.impfwelt.at.

Gehen Sie kein Risiko ein. Schützen Sie Ihr Kind

Bett Purzelbäume schlägt. Bei ganz kleinen Babys ist das aber nicht der Fall. Daher überwiegen die Vorteile, wenn der Nachwuchs zumindest einige Monate bei Ihnen im Schlafzimmer oder im Bett schläft.

Als gestresste Mutter sollten Sie die schlafarmen Nächte unbedingt soweit wie möglich ausgleichen: Schlafen auch Sie tagsüber, wenn das Baby schläft. Nutzen Sie diese Zeit nicht für Erledigungen oder die Hausarbeit. Die kann ruhig mal liegen bleiben. Es ist für Ihr Kind wichtig, dass Sie eine ausgeruhte Mutter (ein ausgeruhter Vater) sind, es hat dagegen überhaupt nichts von einer perfekten Hausfrau (einem perfektem Hausmann).

Besonders, was die leidige Hausarbeit angeht, nehmen Sie sich jeden Tag, wenn möglich nur eine Aufgabe vor, und machen Sie auf keinen Fall mehr. Diese Aufgaben sollten besonders in der Anfangszeit sehr klein und überschaubar sein. Also etwa: Einkaufen oder Staubsaugen oder Wischen, usw. Diese kleinen Schritte verhindern, dass der Haushalt im Chaos versinkt und trotzdem haben Sie am Abend das gute Gefühl, Baby und Haushalt im Griff zu haben. Ich für meinen Teil habe versucht so gut es ging meine Frau bei Ihrer „Arbeit" zu unterstützen. Einkaufen und Kochen war meines zum Beispiel. Auch das „Herumtragen" von Klein-Paul während er mit seiner Verdauung zu kämpfen hatte. Meine Frau konnte in dieser Zeit – zwischen zwei Stillmahlzeiten schlafen und sich etwas erholen. Unsere Nummer zwei, Stephan, hatte kaum Blähungen, welch ein Segen und bei Nummer drei, Felix, hat uns das auch nicht mehr aus der Fassung gebracht.

Plötzlicher Kindstod

Sie kennen mit Sicherheit den Begriff „plötzlicher Kindstod" (englisch SIDS = Sudden Infant Death Syndrome). Durch Ihre subjektive Wahrnehmung haben Sie während der Schwangerschaft mit Sicherheit in irgendeinem Fernsehsender eine Dokumentation darüber gesehen. Vor allem im zweiten bis vierten Lebensmonat ist – statistisch gesehen – das Risiko am höchsten, nach dem fünften Monat geht es

schon fast gegen null. Zwar ist SIDS die häufigste Todesur-
sache bei Babys, jedoch ist die Wahrscheinlichkeit dafür
sehr gering, wenn Sie einige Dinge beachten: Ihr Kind sollte bis etwa zum Alter von acht Monaten nachts nicht auf
dem Bauch liegen. Nach neuesten Forschungen ist die
Rückenlage am besten. Sorgen, das Baby könnte sich beim
Aufstoßen oder Spucken verschlucken, sind nicht begründet. Packen Sie Ihr Baby nachts nicht zu warm ein. Daunen-
betten sind tabu. Schlafsäcke sollten aus Naturmaterialien
und nicht aus Synthetik sein, damit kein Wärmestau entsteht. Das Zimmer muss nachts nicht voll geheizt werden.
Ein ganz wichtiger Risikofaktor beim SIDS ist das Rauchen
– während der Schwangerschaft und auch hinterher.
Gewöhnen Sie es sich spätestens jetzt ab, oder rauchen Sie
zumindest ausschließlich vor der Tür und nicht in der Wohnung und schon gar nicht vor dem Kind!

Erster Monat

Ihr Baby kann jetzt wahrscheinlich schon flüchtig lächeln –
endlich erhalten Sie auf Ihr eigenes Lächeln eine Antwort.
Auf ein richtiges Lächeln müssen Sie aber noch bis zum
Alter von drei Monaten warten. Es kann außerdem für kurze
Zeit bereits einen Gegenstand mit den Augen fixieren. Das
Baby strampelt, wenn es auf dem Rücken liegt und führt
unwillkürlich die Hand zum Mund. Es horcht auf, wenn Sie
mit ihm oder ihr sprechen und erschrickt bei lauten Geräuschen. Es hebt bald schon etwas den Kopf, wenn es auf dem
Bauch liegt. Es folgt einer Rassel mit den Augen und wenn
Sie Glück haben bekommen Sie vielleicht auch schon ein lei-
ses Gurgeln zu hören. Wenn Sie kein Gurgeln hören, dann
sehen Sie es positiv, zum einen habe ich auch kein Gurgeln
gehört und zum anderen reden Kinder noch früh genug,
quatschen dann den ganzen Tag und geben Ihnen auch
noch Rätsel auf.

Zitat unseres Kinderarztes: Wenn Kinder zu reden beginnen, dann reden sie zurück und wenn die Kinder zu laufen
beginnen, dann laufen sie weg! Also haben Sie Geduld!

Nachtrag in Sachen Babypflege für den ersten Monat:

Die Pflege des Nabels und er Nabelschnur – das, was von ihr noch übrig ist – habe ich meiner Frau überlassen. Sie hat sich da bei „Experten" kundig gemacht, wie denn die Geschichte so läuft, bis der Rest der Nabelschnur eines Tages in der Windel landet.

Daher habe ich Sie auch gebeten Ihre Erfahrungen weiterzugeben:

Nabelpflege

Wickeln Sie Ihr Baby zum ersten Mal, dann wird Ihnen die abgeklemmte Nabelschnur auffallen. Ein kleines Reststück ragt nämlich noch aus dem Nabel des Babys heraus und bedarf besonderer Pflege. Wobei sich diese auch immer wieder ändert. Das Wichtigste jedoch ist, diese Stelle trocken und reibungsfrei zu halten – beides etwas schwierig, da genau dort das Windelende liegt. Also am besten nach jedem Mal Wickeln sicherheitshalber ein desinfizierendes

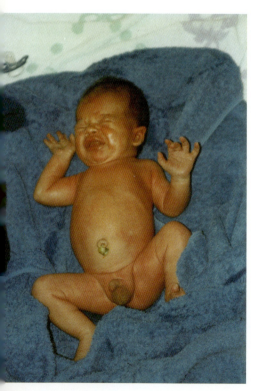

Puder draufgeben (z.B. Nebacetin-Puder), einen Mulltupfer um den Nabelstumpf wickeln und dann auch noch einige Tupfer drauflegen. Dieses Procedere sollte bei jedem Mal Wickeln neu gemacht werden. Normalerweise fällt der Nabel in den ersten Wochen nach der Geburt ab. Dann kugelt plötzlich dieses Stückchen in der Windel und meistens war es das dann. Erschrecken Sie nicht, wenn der Nabel Ihres Kindes am Anfang nicht so schön ist. Gerade hier wächst sich vieles mit der Zeit aus. Unser erster hatte lange Zeit (ca. zwei Jahre) einen etwas nach Außen gewölbten Nabel. Der Hauptgrund lag daran, dass er ein extremes Blähungskind war und dementsprechend viel in den ersten drei Monaten schrie. Die Bauchdecke war immer gespannt und der Nabel wurde somit etwas rausgedrückt – es war aber noch kein Nabelbruch. Mittlerweile ist er sechs und alles ist so wie es sein sollte.

Den Nabelbruch bescherte uns unser Letzter, der eine Frühgeburt war und da haben wir uns aufklären lassen, dass das sehr oft vorkommt. Plötzlich, nach ca. vier Wochen wölbte sich der Nabel nach Außen. Und eine runde, ca. erbsengroße weiche Wölbung entstand. Ihn störte es nicht und tat auch nicht weh, und wie unser Kinderarzt sagte war es dann auch: von ganz alleine verschwand es wieder. Normalerweise innerhalb des ersten Jahres. Sollte das dennoch bleiben, muss operiert werde. Wobei ich in unserem Freundeskreis niemanden kenne, bei dem der Nachwuchs operiert werden musste, kommt also selten vor.

Zweiter Monat

Sie sind jetzt als Eltern schon fast „Profis". Die ersten Unsicherheiten sind weg, das Wickeln klappt mit links und Sie kennen Ihr Baby schon sehr gut. Inzwischen haben Sie wahrscheinlich schon eine Reihe schlafarmer Nächte hinter sich. Vielleicht leidet Ihr Baby an der so genannten Dreimonatskolik und sorgt allabendlich für ein ausgiebiges Schreikonzert. Dies kann eine, aber auch mehrere Stunden dauern. Tragen Sie das Baby in der „Fliegerstellung", das heißt mit dem Bauch auf Ihren Unterarmen, ein wenig herum. Legen Sie es vielleicht auch mal mit dem Bauch auf eine warme (nicht heiße) Babywärmflasche, jedoch nicht, wenn Sie es zum Schlafen legen. Haben Sie keine Schuldgefühle, wenn Sie Ihr schreiendes Kind in manchen Momenten am liebsten auf dem nächsten Flohmarkt verkaufen möchten. Solche Augenblicke kennen alle Eltern, vor allem im ersten Lebensjahr des Kindes. Viele Kinder schlafen erst mit einem Jahr wirklich gut durch, manche aber schon mit sechs Wochen. Beides ist normal und es ist ein wenig Glückssache, zu welcher Kategorie das eigene Kind gehört. Viele Babys schlafen auch zeitweise durch, um dann wieder monatelang mehrmals in der Nacht wach zu werden, weil sie etwas trinken möchten, oder einfach nur ein paar Schmuseeinheiten brauchen.

Ihr Kind hat schon vieles dazu gelernt: Seine Welt gliedert sich allmählich in Bewegtes und Unbewegtes, Menschen und Dinge. Seine Aufmerksamkeit kann sich schon einige Zeit auf eine Sache konzentrieren: Das Geräusch einer Rassel, wackelnde Glöckchen an einer Schnur. Es folgt interessanten Dingen mit dem Kopf und dreht ihn in die entsprechende Richtung. Sprechen und spielen Sie mit dem Baby, wenn es eine solche Aufmerksamkeitsphase hat. Nach einigen Minuten jedoch, wenn sein Blick abwesend oder sein Verhalten quengelig wird, zeigt es, dass es für dieses Mal genug hat. Lassen Sie es dann auf jeden Fall in Ruhe und geben Sie ihm Gelegenheit, sich ein wenig auszuruhen und das Erlebte zu verarbeiten.

Die orale Phase

Das Baby kann inzwischen auch seinen Kopf drehen, wenn es ein Geräusch hört. Oft wandert jetzt auch die eigene Hand des Säuglings in den Mund, es beginnt die so genannte orale Phase: die Welt wird besonders gern mit dem Mund wahrgenommen. Dort liegen nämlich beim Baby die meisten Sinneszellen, viel mehr als in den Fingern. Darum sollte man ein Kind nicht daran hindern, Dinge, die ungefährlich sind, also zum Beispiel so groß sind, das sie nicht verschluckt werden können, in den Mund zu stecken. Und auch wenn Ihr Baby am Daumen lutschen möchte, dann sollten Sie vorsichtig sein: zwar steht fest: Nuckeln beruhigt und der Schnuller ist nur die zweitbeste Lösung, der Daumen immer greifbar, der herausgerutschte Schnuller muss – vor allem nachts – von den Eltern wieder „eingestoppelt" werden. Aber hier eröffnet sich schon das Problem mit dem Daumen. Der Daumen ist immer da und wenn es dann so um den dritten Geburtstag um die Entziehungskur

geht, wird es schwierig, wenn nicht unmöglich, dem Kind das Daumenlutschen abzugewöhnen. Ständiges und intensives Lutschen am Daumen oder am Schnuller kann Fehlstellungen der Zähne zur Folge haben. Wenn es Ihnen gelingt dem Kind das Lutschen vor dem Kindergarten abzugewöhnen hat der Kiefer und der Gaumen noch genügend Zeit sich wieder in die richtige Form zu bringen, damit die zweiten Zähne die richtigen Vorraussetzungen vorfinden und halbwegs „gerade" aus dem Kiefer wachsen. Den Schnuller können Sie verstecken, zu den Eskimos verschicken oder sich sonst etwas Kreatives einfallen lassen, damit Ihr Nachwuchs vom Schnuller lässt (wenn Sie nicht kreativ sind, es gibt jede Menge Bücher zum Thema). Aber wie wollen Sie den Daumen zu den Eskimos schicken? Sehen Sie wo der Hund begraben ist! Also, vergessen Sie die Geschichte mit dem Daumen, „drücken" Sie dem Junior einen Schnuller ins Gesicht und bereiten Sie sich auf die Entziehungskur in drei Jahren vor.

Schnuller

...ein eigenes Thema, bei dem Sie beim Damenkränzchen jede Menge unterschiedliche Meinungen hören. Ich kann auch nicht der Weisheit letzten Schluss präsentieren. Aber vielleicht helfen Ihnen einige Hinweise aus unserer Erfahrung:

Pauli und Stephan haben den Schnuller wirklich geliebt, beide haben ihn erst knapp vor dem Kindergarten mit etwas Druck unsererseits abgelegt. Felix wollte die Dinger aus Latex weder nach der Geburt noch nimmt er jetzt einen. Wir haben's probiert, er spuckt sie immer wieder aus.

Daher weiß ich nicht, ob es besser ist, Ihr Kind nimmt keinen, oder saugt an einem Schnuller herum. Beides hat seine Vor- und Nachteile. Der Vorteil ist sicherlich, dass Sie die Kleinen mit Schnuller ruhigstellen können und selbst somit Ruhe haben. Bezeichnender Weise heißt der Schnuller im Englischen wörtlich übersetzt Baby-Ruhigsteller, wunderbar!

Das Nuckeln an Mutters Busen bereits gewöhnt (wir Männer werden vom ersten Tag an abhängig gemacht!), nuckelt der Kleine so den ganzen Tag vor sich hin. Also machen wir ihn das erste Mal abhängig. Und genau das ist das Problem! Denn steckt dieses Ding nicht im Mund, geht das Geschrei richtig los. Wir hatten das Glück, dass Pauli zum Beispiel

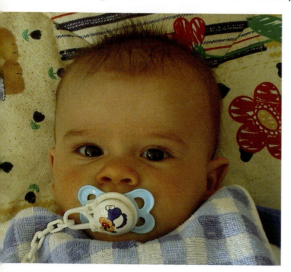

den Schnuller nur tagsüber wollte und ihn beim Schlafen ausspuckte (somit blieb uns das Aufstehen, weil der Schnuller weg war, erspart). Stephan wollte die Dinger Tag und Nacht! Er hat in seinem Bett immer eine Schnullersammlung gehabt und irgendwie hat er auch in der Nacht, wenn er einen „verloren" hatte den nächsten fast immer gefunden. Aber Schnuller ist nicht gleich Schnuller - Sie haben die Qual der Wahl - ähnlich wie bei den Saugern, die es für die Baby-Flascherl gibt. Es werden Schnuller aus Latex oder aus einem Gummi-ähnlichem Material, weiß (also fast durchsichtig) oder braun angeboten. Wenn Ihr Kleiner auf Schnuller steht, dann werden Sie merken, dass er auf ein bestimmtes Material, eine bestimmte Größe und auf eine bestimmte Marke abfährt und mit allen andern dürfen Sie abfahren. Soll bedeuten: wenn der Schnuller nicht passt, haben Sie eben Pech gehabt. Also auf in den nächsten Super- oder Drogeriemarkt, um die passenden „Ruhigsteller" zu besorgen. Wenn Sie ganz großes „Pech" haben - wie wir bei Felix, unserm Dritten - dann will Ihr Kleiner per Schnuller einfach nicht ruhig gestellt werden. Auch das ist an sich kein Problem, ganz im Gegenteil. Sie ersparen sich die Entziehungskur rund um den dritten Geburtstag.

Wir hatten nahezu alle Schnuller zu Hause, die es gab. Logisch - wollten wir doch, dass unser Erster einen Schnuller nimmt (wir haben die Rechnung allerdings ohne ihn gemacht). Zuerst probierten wir alle Arten der Silikonschnuller durch: Mit einfach geformten, die er im Spital bekommen hatte (Aufschrift – „Geboren im goldenen

128

Kreuz"), dann mit geschwungenen, dem Gaumen angepasst (...allerdings können diese auch verdreht in den Mund gesteckt werden, was dann weniger gut für den Gaumen ist). Das gleiche System aus Latex. Nuk, Mam,... wie gesagt, die Auswahl ist groß, Sie haben die Qual der Wahl und wir hatten eine dementsprechend große Schnuller-Sammlung (andere sammeln Briefmarken...). Ihr Kind wird sich für eine Form, ein Material und eine Marke entscheiden. Sie haben das zu akzeptieren und dürfen erst wieder mitreden, wenn es um die Art der Entziehungskur geht.

Intensives, ständiges Saugen und Nuckeln am Schnuller kann (wie schon erwähnt) zur Fehlbildung des Gaumens und diese Fehlbildung in weiterer Folge zu Fehlstellungen der ersten Zähne führen. Daher muss der Schnuller irgendwann weg, da führt leider kein Weg daran vorbei.

Der Schnuller - Entzug

Das Abgewöhnen vom geliebten Stück aus Latex ist mit einigen Schwierigkeiten verbunden. Exklusiv verrate ich Ihnen jetzt ein paar Tricks: Es gibt da zum Beispiel die Geschichte der Schnullerfee, die sich alle Schnuller holt und dafür ein Geschenk zurück lässt. Oder: die Schnuller werden zu den kleinen Eskimo-Kindern geschickt und die schicken etwas zurück. Bei uns war das wieder einmal ganz anders: Paul war gerade einmal eineinhalb und wir waren darauf bedacht, dass der Schnuller wirklich nur mehr im Bett verwendet wurde. Wenn also unter Tags der Ruf nach dem „Freund" lauter wurde, musste er ins Bett krabbeln. Was ja eigentlich langweilig ist. Ausnahme gab es beim Autofahren, wobei er dabei meist eingeschlafen ist. Aber Ruhe ist

wesentlich angenehmer als Lärm, oder Benjamin Blümchen von der CD und zwar für den Fahrer und den Beifahrer.

Also die Lage war schwierig aber nicht hoffnungslos! Wir hatten uns schon eine Strategie zugelegt und waren fest entschlossen diese auch umzusetzen. Und wir haben schon wieder einmal nicht mit unserem Nachwuchs gerechnet. Paul hat mich knapp vor seinem dritten Geburtstag gefragt, was passiert, wenn er die Schnuller ins Klo schmeißt. Ich hab dann nur gesagt: „die sind jetzt weg und die Fische haben dann ein paar Schnuller mehr." Nemo war noch nicht gedreht! Irgendwie hat er die Erklärung gut gefunden. Er schnappte alle seine Schnuller, schmiss sie rein (einige tauchten sogar nochmals auf) und lies zweimal runter (einen Schnuller hatten wir gerade noch unbemerkt retten können). Das war es dann. Er durfte sich als Belohnung etwas aussuchen und wir kauften ihm einem Traktor zum Fahren (billig ist dieser Abgewöhnungsprozess nicht). Nummer zwei war mit dem Schnuller von Anfang an zu tiefst verbunden oder besser gesagt abhängig. Bei ihm waren wir auch mit dieser „Bett-Aktion" etwas lockerer, da wir da nicht mehr die Ausdauer hatten (zwei Kinder fordern mehr als eines). Uns graute schon vor dem Abgewöhnungstag und dann kam alles anders. Meine Frau war mit den Kindern beim Zahnarzt, der ihr sofort riet aufgrund der Zahnstellung den Schnuller wegzugeben. Es gäbe da so medizinischen Ersatz für den Anfang. Für medizinischen Ersatz konnte sich Stephan, der mittlere, nicht erwärmen, schon eher für eine Kinderküche mit allem Zubehör! Während er den Kochlöffel schwang, war vom Schnuller keine Rede mehr. Er fragte zwar noch einige Zeit und als meine Schwiegermutter die Restbestände brachte kam die Wehmut hoch, aber wir hielten alle durch. Da sind wir noch heute stolz auf ihn. Beim Dritten hätten wir uns oft den Schnuller gewünscht, aber der verweigerte ihn von Anfang an. Es war uns aber hier auch nicht so wichtig, ob er ihn nimmt.

Dritter Monat

Ihr Nachwuchs wird jetzt immer kräftiger und beweglicher. Das Baby kann sich völlig unerwartet und blitzartig zur Seite drehen. Sie dürfen es daher nicht allein auf der Wickelunterlage liegen lassen, nicht einmal, um sich kurz umzudre-

FÜR BABYS & KINDER.

Mit dem neuen APOTEE Anis-Kümmel-Fenchel stillen Babys und Kinder ihren Durst auf gesunde Art und Weise. Er ist durch seine Mischung, aus besonders für Kinder wichtigen Kräutern, in der Rezeptur ausgewogen und bekömmlich. Er wird ohne jeglichen Zuckerzusatz und künstliche Nährstoffe hergestellt. Mehr Informationen auch zum gesamten APOTEE-Sortiment unter: www.apotee.at

Nur in der Apotheke!

ANIS-KÜMMEL FENCHEL

APOTEE®

BABY& KINDER

20 DOPPELKAMMERBEUTEL

Über Wirkung und mögliche unerwünschte Wirkungen informieren Gebrauchsinformation, Arzt oder Apotheker.

APOTEE, DER HEILKRÄUTERTEE.

hen oder sich zu bücken, um etwas aufzuheben. Sie sollten es auch dabei immer mit einer Hand festhalten. Eine einzige Sekunde reicht dem Baby, um herunterzufallen. Leider können sich viele Eltern die Schnelligkeit, mit der das geht, immer noch nicht vorstellen, so dass noch viel zu viele Babys vom Wickeltisch stürzen – was durchaus lebensgefährlich sein kann. Ihr Baby kann den Kopf jetzt schon eine oder mehrere Minuten selbst halten, eine Rassel schütteln und Gegenstände zum Mund führen. Es schaut sich Spielzeug in seiner Hand konzentriert an, es beginnt allmählich, richtig laut zu lachen. Es zeigt Interesse an seinem Spiegelbild, auch wenn es sich selbst noch nicht erkennen kann und glaubt, ein fremdes Baby zu sehen. Es folgt einem Gegenstand mit den Augen, der vor seinem Gesicht langsam hin und her bewegt wird. Viele Babys wollen jetzt übrigens nur noch drei oder vier Mahlzeiten, statt der bisherigen fünf.

Erfahrungsaustausch:

Vielen Müttern fällt spätestens jetzt die berühmte Decke auf den Kopf. Als Mann sind Sie meist tagsüber nicht zu Hause und bekommen am Abend einen frisch gebadeten duftenden Säugling in die Hand gedrückt. Was tagsüber so alles los war können Sie bestenfalls erahnen (die Action wird größer, je älter der Nachwuchs wird). Ihre Frau lebt momentan in einer Welt aus Windel, Feuchttüchern, Flascherl, Schnuller und Babynahrung, machen Sie, wenn möglich, nicht den Fehler und erzählen Sie Ihr ständig von der großen, weiten Welt. Lassen Sie sie nur dann an Ihren Erlebnissen „teilhaben", wenn es wichtig für die ganze Familie ist. „Feuchttücher im Angebot" und „Pampers besonders billig", das sind die Schlagzeilen, mit denen Ihre Frau jetzt lebt - nicht wirklich spannend. Abhilfe schafft da die Intensivierung neuer sozialer Kontakte. Eine neue Aufgabe. Babyschwimmen zum Beispiel! Junge Mütter treffen sich im wohlig warmen Nass und tauschen Ihre Erfahrungen und Handynummern aus. Die Telefonrechnung wird in den nächsten Monaten sprunghaft ansteigen, aber Ihre Frau hält somit Kontakt zur Außenwelt, kennt Gleichgesinnte und kann in Situationen auf Hilfe zählen, wenn sie selbst nicht mehr weiter weiß.

Baby–Schwimmen (Schwimmen macht Babys Spaß!)

Normalerweise bewegt sich ein Säugling erst etwa ab dem sechsten Lebensmonat selbständig fort – das Baby-Schwimmen eröffnet diese Möglichkeit schon früher. Bereits ab dem dritten Lebensmonat können Sie mit dem Baby zu schwimmen beginnen. Die Muskulatur im Nackenbereich ist dann so weit ausgebildet, dass der Säugling den Kopf alleine aufrecht halten kann. Die meisten Babys und auch Kleinkinder lieben das Wasser und haben Spaß beim Planschen und Spielen. Richtig schwimmen können die Kinder erst etwa mit drei Jahren. Trotzdem sprechen viele Gründe dafür, schon von klein an damit zu beginnen:

- Förderung der sensorischen und motorischen Entwicklung
- Kreislauf und Durchblutung werden angeregt
- Muskeln und Atemwege werden kräftig
- Spiel und Spaß im Wasser mit den Eltern erleben
- Halt geben und gehalten werden
- Vertrauen zum Wasser beibehalten (Ihr Kind ist ja schließlich 40 Wochen vor seiner Geburt im Wasser gewesen) oder wiedererlangen
- Babys lernen einen selbstbewussten und respektvollen Umgang mit dem nassen Element.
- für den Ernstfall werden „Selbstrettungsmaßnahmen" geübt. Kinder lernen, nicht gleich in Panik zu geraten, sondern sich zu orientieren und nach Rettungsmöglichkeiten zu greifen (Eltern, Beckenrand, Schwimmhilfen, etc.) und den Körper gezielt in eine bestimmte Richtung zu dirigieren.
- „Schwimmbabys" lernen später schneller und leichter schwimmen.

Die Dauer einer „Schwimmeinheit" bei Babys sollte nicht länger als 30 Minuten sein – bei einer Wassertemperatur von etwa 32 Grad Celsius (was leider in den wenigsten Schwimmbädern zu finden ist). Die oft gestellte Frage, ob sich Babys beim Tauchen nicht verschlucken ist leicht beant-

133

wortet und diese Sorge unbegründet, denn: noch aus der Zeit im Mutterleib verfügen Babys über einen so genannten „Atemschutzreflex" der verhindert, dass Wasser in die Lunge kommt. Babys, die von klein an Kontakt mit dem ihnen ja vertrauten Element haben, können diesen Reflex aktiv halten. (Wenn man innerhalb des ersten Lebensjahres diesen Reflex nicht trainiert, „verlernen" die Kinder das „unbewusste" Luft Anhalten.) Sollte dem Kind trotzdem

passieren, dass es sich verschluckt – und das passiert immer wieder einmal – dann klopft man ein paar Mal auf den Rücken und redet ihm sanft zu.

Beim Baby–Schwimmen ist die Angst der Mütter und Väter meist größer, als die der Kinder – und die spüren das sofort. Also, nur Mut, es ist in all den Jahren noch keinem Baby schlecht gegangen. Wenn Ihr Kind trotzdem unglücklich ist und weint, sollten Sie keinen falschen Ehrgeiz entwickeln, Baby–Schwimmen ist keine leistungsorientierte Schwimmschule, sondern im Vordergrund stehen Spaß und Freude für Eltern und Kind bei diversen spielerischen Übungen zur frühzeitigen Bewegungsförderung im Wasser. Niemals sollten die Babys zwangsbeglückt werden, wir wollen ja Spaß miteinander haben und sie gerade eben nicht verschrecken.

Interessanterweise sind die Väter meistens noch viel besorgter um ihre Sprösslinge, als die Mütter. Wenn Sie sich Unterwasserfotos anschauen, können Sie deutlich erkennen, wie entspannt und fröhlich die Babys dreinschauen, ganz im Gegensatz zu den Eltern.

In den meisten Baby-Schwimmkursen wird auch Wert auf das Üben mit diversen Schwimmhilfen (Schwimm-Flügerl, Schwimmscheiben) gelegt, um das Balancegefühl zu trainieren. Außerdem ist es wichtig, dass die Kinder sehr bald den Unterschied erkennen, ob sie Flügerl anhaben oder nicht und sich dementsprechend richtig im oder am Wasser verhalten.

Achtung: Schwimmhilfen schützen nicht vor dem Ertrinken! Sie dürfen Ihre Kinder also nicht aus den Augen lassen, selbst wenn sie schon mehr schlecht als recht schwimmen können. Nichts desto trotz erleichtern diese Hilfsmittel den Eltern das Leben mit Kindern am Wasser ungemein, insbesondere wenn Sie mehrere Kinder haben.

Wie wichtig Baby-Schwimmen für die Entwicklung Ihres Kindes ist, versucht eine Studie aus Deutschland zu beweisen. Untersucht wurde die Entwicklung von Babys mit und ohne Schwimmkurserfahrung: das Ergebnis spricht eine deutliche Sprache!

„Wasserratten" entwickeln sich deutlich besser und schneller als Nichtschwimmerkinder. Sie waren leichter zu Leistungen zu motivieren, konnten sich länger konzentrieren und schnitten sogar in Intelligenztests erfolgreicher ab.

(Quelle: Michaela Holletschek, Eltern-Kind-Zentrum Mödling)

Die besten Eltern

Und noch ein wichtiger Rat für diesen Lebensmonat und alle weiteren: Vertrauen Sie darauf, dass Sie hervorragende Eltern sind, so wie Sie sind. Mit all Ihren Unsicherheiten, gemischten Gefühlen und den Fehlern, die Sie – ebenso wie alle anderen Eltern – zwangsläufig machen und machen werden. Schielen Sie nicht nach anderen Eltern, die alles scheinbar so locker und toll im Griff haben und behaupten, ihr Kind sei „total pflegeleicht". Noch niemals in der Geschichte der Menschheit sind gute Eltern vom Himmel gefallen. Perfekte Eltern gibt es schon gar nicht, und auch Sie werden Ihr Ziel, das erste vollkommene Elternpaar auf diesem Globus zu sein, ganz bestimmt nicht erreichen. Tragen Sie's mit Fassung!

Im dritten Lebensmonat kann das Kind das erste Mal gegen Hepatitis B, gegen Diphtherie, Keuchhusten und Wundstarrkrampf (Tetanus) geimpft werden. Außerdem gegen Haemophilius influenza b und gegen Kinderlähmung.

Sprechen Sie unbedingt mit Ihrem Kinderarzt über die nötigen Impfungen, auch im Mutter und Kind Pass finden Sie eine Auflistung der möglichen und empfohlenen Impfungen. Kombinationsimpfstoffe halten die Impfbelastung für das Kind möglichst gering.

Ich wiederhole mich gerne: Lassen Sie sich durch die Impfdiskussionen nicht verunsichern. Die möglichen Risiken der Impfungen sind um ein Vielfaches geringer als die, die diese zum Teil lebensbedrohlichen Krankheiten mit sich bringen können.

Ihr Baby will Sie hören

Es wird jetzt auch immer wichtiger, dass Sie mit Ihrem Kind plaudern. Natürlich versteht es Ihre Worte noch nicht, aber die Verständigung klappt trotzdem prima: Es hört an Ihrer Stimme, ob Sie mit ihm Spaß machen oder spielen wollen, ob Sie es trösten oder es einfach ein bisschen unterhalten wollen. Kleinstein schaut Ihnen ganz tief in die Augen, antwortet oft mit einem vergnügten Strampeln mit Armen und Beinen und mit seinem unwiderstehlichen Lächeln, schon schmelzen Sie dahin! Vergessen sind die Nächte ohne Schlaf und der restliche Stress. Sprechen Sie einfach beim Kochen, bei der Hausarbeit und allem, was Sie tun mit dem Kind. Sie brauchen dabei nicht die ganze Zeit nur übers Baby reden. Sie können ruhig auch eigene Gedanken oder Dinge, die Sie beschäftigen, mit dem Kind „erörtern", sozusagen laut denken. Ihrem Kind wird es gefallen. Ihre Stimme ist aber auch dann sehr wichtig, wenn Ihr Baby endlich den Schlaf der Gerechten schläft.

Wenn Ihr Baby inzwischen durchschläft, dann freuen Sie sich, die Wahrscheinlichkeit, dass Ihr Kind durchschläft liegt in diesem Alter knapp unter der eines Lotto Sechsers! Sie Glückliche(r)! Vielleicht gehören Sie aber zu der Mehrheit der Eltern, für die das Schlafen, oder vielmehr das Nichtschlafen, noch lange ein Thema sein wird. Ein Baby wird sehr oft wach. Manche Babys schaffen es aber, von selbst wieder einzuschlafen, so dass Sie gar nichts mitbekommen.

Viele Babys aber brauchen ein wenig Starthilfe zurück in die Gefilde des Schlafs. Wenn Sie Ihr Baby entnervt schreien lassen, signalisieren Sie ihm nur, dass seine Eltern nicht da sind, wenn es Angst hat und sie braucht, dass die Welt, in der es lebt, unzuverlässig und bedrohlich ist. Finden Sie einen anderen Weg. Wenn Ihr Baby vielleicht tagsüber nach dem Aufwachen aus einem Schläfchen ein wenig quengelt, gehen Sie nicht gleich hin und nehmen es auf. Sprechen Sie ihm beruhigend zu. Beruhigt es sich dann wieder, um vielleicht allein ein wenig herumzuschauen und sich mit sich selbst zu beschäftigen, können Sie das Ganze auch nachts probieren. Vielleicht reicht dann nach einiger Zeit bereits Ihre Stimme, um das Baby zu beruhigen und weiterschlafen zu lassen, so dass Sie nicht aufstehen müssen. Auch ein Schmusetier kann als zuverlässiger nächtlicher Begleiter für stabileren Schlaf sorgen. Die allerbeste Lösung bei Schlafproblemen ist und bleibt, das Kind im Elternbett schlafen zu lassen. Jedoch müssen damit beide Eltern einverstanden sein. Und: bedenken Sie, dass es durchaus sein kann, dass der Nachwuchs zwischen Ihnen so gut schläft wie noch nie, Sie beide allerdings die ganze Nacht wach sind. Wenn sich dann Ihr Kind noch daran gewöhnt zwischen den Eltern zu schlafen, dann haben Sie wirklich ein Problem!

Schlafen II

Da ich zwischen 23 Uhr und 5 Uhr Früh absolut nichts mitbekomme, mein Organismus hat sich auf Babyphon perfekt eingestellt, ich höre überhaupt nichts, habe ich meine Frau wiedereinmal gebeten Ihre Erfahrungen in Sachen Schlafen und vor allem „Nicht – schlafen" der Kinder niederzuschreiben:

Jedes Kind kann Schlafen lernen, oder?

Ich bin überzeugt, dass es gute und schlechte Schläfer gibt (mein Mann ist zum Beispiel ein ausgezeichneter Schläfer, er bekommt in der Nacht absolut nichts mit!). Wir haben drei Kinder und alle drei haben unterschiedlich gut geschlafen. Unser Erster machte es uns eigentlich am schwersten. Er hatte die ersten drei Monate fürchterliche Blähungen und somit war an Schlaf nicht wirklich zu denken. Wenn, dann schlief er meist unter tags und war somit in der Nacht wach.

Und dann noch die Blähungen! Die Beinchen angewinkelt schrie er sich die Lunge aus dem Leib. Alles probierten wir: Windsalben, Blähungstropfen, Dammrohr (richtig einsetzen traute ich mich das erst beim Dritten), Fencheltee, Viborcol-Zäpfchen, Bäder, richtige Ernährung der Mutter (ja nichts blähendes wie Zwiebel, Knoblauch, frisches Brot,..), etc. Kilometer wurden daheim zwischen Wohnzimmer und Küche zurückgelegt. Der Kleine lag kopfüber am Unterarm, der gegen den Bauch drückte und mit der anderen Hand wurde sanft der Popo geklopft (="Fliegerstellung"). Oder wir versuchten den Bauch im Uhrzeigersinn zu massieren. Am meisten hat es noch geholfen ihn nackt ins Badezimmer zu legen, Heizstrahler–Heizung und warmes Wasser, also ein tropisches Klima schaffen, und dann war er happy. Tja, nur das kann man nicht den ganzen Tag machen. Waren wir unterwegs war es auch besser, nur daheim war anscheinend die berühmte Wasserader, die sich negativ auf seine Verdauung auswirkte. Ich schlief schon überall und in jeder Stellung ein, so müde war ich. Denn es war ein Teufelskreis: Ich stillte und plötzlich krampfte er sich zusammen und hörte auf zu trinken, nach einer Stunde kam er drauf wieder Hunger zu haben (das Fla-

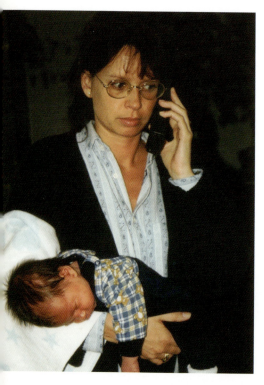

scherl war bei ihm nicht „in"), also wieder stillen. Nun war das nächste Problem, dass er die vorige Mahlzeit ja noch gar nicht verdaut hatte – die Blähung wurden noch stärker. Aber wenn ich nicht stillte oder ihn nicht nuckeln ließ, schrie er noch mehr. Ich war k.o.! Der beste Tipp kam von meiner Freundin Susi, die sagte: „Mache was du willst und glaubst. Du musst die ersten drei Monate überleben und dann sind die Blähung vorbei." Und genau so war es. Ich kam mir vor wie beim Bundesheer und zählte Tage bis zum Abrüsten, aber exakt nach drei Monaten und vier Tagen war er plötzlich viel ruhiger.

Eines ist auf jeden Fall wichtig, sollten Sie ein Schreikind haben, versuchen Sie sich Freiraum zu schaffen, damit Sie schlafen können. Denn das Ärgste ist Schlafentzug. Und hat man nicht die Hilfe der Familie oder die Unterstützung von Freunden gibt es in einigen Spitälern spezielle Schreiambulanzen, die der Mutter und dem Kind vorübergehende Hilfestellung anbieten.

Ich hatte leider nie das Glück, wie manche meiner Freundinnen, dass die Kindern von Anfang an einen Tag-Nacht Rhythmus hatten bzw. gleich mal 4–6 Stunden durchschliefen. Ich musste mir und den Kleinen alles mühsam lernen. Eines zeigte sich jedoch: Pauli hatte ich im Spital nicht bei mir (erst beim nach Hause gehen) da brauchte ich zu Hause fast eine Woche, um annähernd an einen Tag/Nacht Rhythmus zu kommen. Die zwei Kleinen waren bei mir und da konnte ich schon im Spital wirklich zwischen 20.00 Uhr und 5.00 Uhr schlafen. Beim Ersten war es natürlich auch für mich noch leichter mich tagsüber hinzulegen, was ab dem Zweiten nicht mehr ging, da der Große keinen Mittagsschlaf mehr machte.

Nachdem unsere Kinder Tag und Nacht unterscheiden gelernt haben (wir haben uns allerdings auch nie davor gescheut sie aufzuwecken, denn schlafen sie unter Tags zu viel sind sie natürlich in der Nacht wach) wollte ich endlich mal wieder schlafen.

Schlafbedarf

Besonders wichtig für Kind und (!) Eltern ist ein halbwegs geregelter Schlaf. Irgendwann muss Ruhe sein, sonst drehen Sie durch! Dem Großen versuchte ich das mit neun Monaten beizubringen. Eines war bald klar: Ein dickes Breifläschchen vor dem Schlafen war bei unseren Kindern falsch. Da schliefen sie noch schlechter. Anscheinend lag das Fläschchen zu sehr im Magen. Besser war es um 18:30

Uhr zu Abend zu essen (Brei, Gläschen, Suppen,...) und dann vor dem Schlafen noch ein Fläschchen oder Stillen.

Und dennoch wachten sie regelmäßig in der Nacht auf. Manchmal forderten sie gefüttert zu werden (also Milch oder Brust), dann wieder hatten sie nur Durst, dann wieder wollten sie einfach raus,...

In meiner Verzweiflung kaufte ich mir das Buch: „Jedes Kind kann schlafen lernen"

Bei Pauli wendete ich es 1:1 an und tatsächlich schlief er nach eineinhalb Wochen von 20:00 Uhr bis 6:00 Uhr Früh durch (dann abgefüttert meist noch bis 8:00 weiter). Diese eineinhalb Wochen waren allerdings heftig und ich war oft bis zu vier Stunden in der Nacht wach. Der Erfolg war toll. Bei Stephan ersparte ich mir diesen Prozess: Denn an dem Tag als ich beschloss mit dem Training zu beginnen schlief er erstmals durch. Er ist allerdings bis heute unsere einzige Schlafmütze (mein Mann ausgenommen).

Tja, und bei Felix war wieder alles anders. Erstens hatte ich nicht die Kraft für ein Schlaftraining (ich musste ja unter tags voll fit für die Großen sein), zweitens schlafen die zwei Kleinen in einem Zimmer und legt der eine in den Nacht voll los, besteht die Gefahr, dass er mit seinem Geschrei den anderen aufweckt. Ich war zwar so weit, ihm mit acht Monaten erst ab vier Uhr ein Fläschchen zu geben. Davor gab es nur ungezuckerten Tee oder Wasser, aber sonst nichts. Und langsam lernt er es auch so. Zumindest schläft er jetzt von 20:00 Uhr bis 5:30 Uhr durch. Und das ist toll.

Die Träume der Kinder halten einen noch immer wach. Ich verstehe jetzt erst warum alle zu mir gesagt haben: Genieße es und schlafe, solange du noch keine Kinder hast. Das Problem ist, dass man das erst nachher zu schätzen weiß.

Baby – alleine zu Haus'

Je älter Ihr Baby wird, desto mehr haben Sie wieder Lust einmal ohne Kind mit einem Freund oder einer Freundin im Café gleich um die Ecke zu plaudern. Vielleicht schläft Ihr Baby momentan viele Stunden durch und Sie denken: Eine Stunde allein, was kann ihm das schon schaden. Vergessen

Sie's! Ein Baby dürfen Sie niemals, und sei es auch nur für kürzeste Zeit, allein in Haus oder Wohnung lassen. Sie selbst können unterwegs einen Unfall haben, und niemand weiß von Ihrem Kind, das allein zu Hause ist. Denken Sie also nicht einmal im Ansatz darüber nach, das Kind allein zu lassen, hier gibt es keine Kompromisse, die Sie verantworten könnten. Greifen Sie auch für kurze Zeiten immer auf einen Babysitter oder eine andere Aufsichtsperson (Oma und Opa sollen auch mal etwas für Ihre Nachkommen tun!) zurück. Vielleicht übernimmt Ihre Nachbarin für einige Zeit das Babyphon? Wenn Sie sich einen mehr oder weniger professionellen Babysitter zulegen wollen, im Internet finden Sie jede Menge Angebote, dann beachten Sie bitte: Babysitter sollten nicht zu jung sein, zu junge Teenager können in akuten Stresssituationen, zum Beispiel mit einem Baby, das lange schreit und sich nicht beruhigen lässt, überfordert sein und zu Fehlverhalten oder Aggressionen neigen. Besser ist vielleicht eine andere Mutter. Das Kind muss die betreuende Person in jedem Fall schon vorher gut kennen gelernt haben.

Baby-Akne

Manche Babys haben jetzt noch oder gar erst seit kurzem die so genannte Baby-Akne. Ihr Baby verliert für einige Zeit die makellose Babyhaut. Ein kleiner Vorgeschmack auf die „blühenden" Zeiten, wenn Ihr Nachwuchs in die Pubertät kommt. Baby-Akne tritt meist im Gesicht und an Hals und Nacken auf. Es entstehen kleine Pickel, die nicht jucken (im Gegensatz zur Neurodermitis, die übrigens überwiegend an Hals, in Armbeuge und Kniekehle auftritt). Das Kind kann zeitweise wirklich erschreckend aussehen, oft ist zusätzlich die Gesichtshaut rau und gerötet. Ihr Nachwuchs hat mit seinem blühenden Gesicht weiters keine Probleme, es treten keine „Nebenwirkungen" auf. Die Taufe Ihres Kindes, sollten Sie jedenfalls erst ab dem sechsten Monat planen, Fotos mit Baby-Akne sehen nicht wirklich berauschend aus und Sie wollen ja Ihren Sonnenschein von der Sonnenseite zeigen. Nach einigen Wochen verschwindet der ganze Spuk von selbst.

Vierter Monat

Ihr Baby kann den Kopf jetzt im Sitzen problemlos aufrecht halten und es greift gezielt nach Spielzeug. Es dreht sich bald vom Rücken auf die Seite, greift nach beweglichen Gegenständen und „schwimmt" auf dem Bauch, hebt also Arme und Beine kurze Zeit gleichzeitig hoch. Es unterscheidet zunehmend zwischen freundlichen und bösen Blicken und dreht den Kopf, wenn es etwas hört.

„Richtige" Ernährung

Stillende Mütter können frühestens jetzt anfangen zuzufüttern. Besser ist es jedoch, sechs Monate voll zu stillen. Kinder, die sechs Monate lang voll gestillt werden, haben ein deutlich geringeres Allergierisiko.

Wie lange gestillt wird muss jede Mutter für sich selbst entscheiden. Denn nur eine glückliche und zufriedene Mutter kann diese Zufriedenheit auch an Ihr Kind weitergeben. Unsere drei Jungs haben die Mutterbrust unterschiedlich lag genossen, für Pauli war nach acht Monaten Schluss, Stephan durfte vier Monate nuckeln und Felix hatte wirklich Pech, nach zwei Monaten wurde er auf das Flascherl umgestellt. Absteigende Tendenz. Denn hat meine Frau bei Nummer eins noch die totale Ruhe gehabt, konnte sich danach hinlegen, bei Stephan war das schon schwieriger, während des Stillens wollte Pauli meist ein Buch vorgelesen haben, dann wollte er gewickelt und auch gefüttert werden (Eifersucht!). Bei Nummer drei kam die Erkenntnis sehr rasch, dass wir doch nur zwei Hände haben.

Stillen hat viele Vorteile

Die richtige Nahrung in der richtigen Zusammensetzung und vor allem mit der richtigen Temperatur ist immer und überall prompt verfügbar. Sie werden an diesen Luxus noch zurückdenken, wenn Sie unterwegs sind und irgendwo ver-

suchen eine Baby–Mahlzeit auf die richtige Temperatur wärmen zu lassen. Vorteil für Väter: in der Nacht dürfen Sie
schlafen, während Ihre Frau stillt, das kann aber auch ein
Nachteil sein. Die Beziehung zwischen Mutter und Kind ist
anfänglich sowieso inniger, da Sie nicht in der Lage sind das
Kind zu stillen, also nicht nach „Futter" riechen. Wenn nun
der Nachwuchs Hunger hat, dann haben Sie als Mann keinen Auftrag.

Ohne Stillen geht es auch

Wie schon an anderer Stelle erwähnt, sind Kinder, die nicht
gestillt wurden auch gesund aufgewachsen. Das Angebot an
„Muttermilch"–Ersatz ist reichhaltig und die Produkte, die
derzeit angeboten werden kommen der „natürlichen" Muttermilch schon sehr nahe. Die Wissenschaft macht's möglich, dass die Hersteller ihre Produkte Jahr für Jahr verbessern können. Doch dieser Einsatz macht dann keinen Sinn,
wenn Sie Ihrem Kind die falschen Produkte verfüttern.
Wichtig bei allen Formen der Babynahrung, vom Muttermilchersatz, über diverse Tees, bis zur Nahrung im Glas:
beachten Sie für welches Alter die jeweilige Nahrung geeignet ist. Es macht überhaupt keinen Sinn einem Baby im
vierten Monat Babynahrung zuzufüttern, die erst ab dem
sechsten Monat gegeben werden sollte. Die Zusammensetzung, der Rezeptur ist auf die Entwicklung im jeweiligen
Lebensalter perfekt abgestimmt. Geben Sie also Ihrem Kind
zum Beispiel einen Muttermilchersatz, der ab dem sechsten
Monat gegeben werden sollte schon nach drei Monaten,
dann werden Ihrem Nachwuchs Nährstoffe vorenthalten, die
er im dritten Monat dringen benötigt, in der „Milch" ab dem
sechsten Monat aber nicht enthalten sind! Der bewährte
Satz „gut gemeint ist oft das Gegenteil von gut" trifft hier
die Geschichte auf den Punkt!

Wenn Sie im Super- oder Drogeriemarkt im Regal für Babynahrung geeignete Produkte für das Alter Ihres Sprösslings
gefunden haben, dann bleibt Ihnen nach wie vor die Qual
der Wahl. Einige Hersteller und Ihre Produkte werben um
Ihre Gunst. Achten Sie auf die Zusammensetzung der Produkte: Brauchen Sie eine „Allergienahrung", also Produkte,
die mit HA gekennzeichnet sind? Ist das Produkt zuckerfrei?
Wenn Sie dann endlich ein Produkt gefunden haben, kann

es durchaus passieren, dass der Zwerg gerade dieses nicht verträgt, dafür aber ein anderes. Also ausprobieren. Hier gibt es so wie bei der ganzen Ernährung nur Ratschläge, denn jedes Kind ist individuell und somit eigenständig zu behandeln.

Das Grundwissen, welche Nahrung, in welcher Zusammensetzung für Sie und Ihr Kind die richtige ist, erhalten Sie von den Herstellern des jeweiligen Produkts. Die ersten Broschüren werden Sie bereits in der Klinik überreicht bekommen. Ansonsten hilft das Internet weiter, wenn Sie den Herstellern nicht trauen sollten, dann können Sie die Informationen auch in unabhängigen Foren nachlesen.

„Zufüttern"

Ab dem vierten Monat werden Sie beginnen (müssen?) zusätzlich zu den Stillmahlzeiten auch noch andere Mahlzeiten anzubieten. Ab wann Sie zufüttern sollten gibt Ihnen Ihr Baby mit Sicherheit zu verstehen. Pauli zum Beispiel hat begonnen irgendwann am Ende des vierten Monats einen Tag und eine Nacht lang durchzubrüllen, er hat sich mit keinem Trick der Welt beruhigen lassen. Völlig verunsichert ist dann meine Frau ins Spital und dann zum Kinderarzt gefahren: Ursache der Schreierei: Hunger. Pauli wollte einfach mehr, die Brust war zwar o.k. aber er hatte ab dem vierten Monat das dringende Verlangen nach mehr – die Muttermilch reichte Ihm nicht mehr.

Also wir haben begonnen zusätzlich zur Brust auch noch andere kulinarische Genüsse anzubieten. Pürierte Frühkarotten machten den Anfang! Nach einiger Zeit können Sie auch pürierte Kartoffeln hinzugeben. Sie steuern von nun an selbst, wie schnell Sie die einzelnen Mahlzeiten ersetzen möchten. Beachten Sie dabei, dass sie immer nur ein einzelnes Nahrungsmittel neu einführen (um zu sehen, wie Ihr Kind es verträgt) und dass Sie erst frühestens nach einer Woche mit der nächsten Zutat beginnen, zum Beispiel püriertem Apfel oder Birne an Stelle der Nachmittags-Mahlzeit.

Wir haben es auch mit Frühkarotten probiert. Frühkarotten aus dem Glas. Wenn Sie genügend Zeit haben, dann können

Sie Ihre Babynahrung auch selbst kochen. Mit genügend großem Aufwand werden Sie die Qualität der Gläser vielleicht annähernd hinbekommen. Die Frage ist nur ob der Aufwand für diese kleinen Mengen dafür steht.

Und spätestens, wenn Sie einmal das traute Heim für einen kleinen Ausflug verlassen, werden Sie zum Glas aus dem Supermarkt greifen.

Raubtierfütterung (ein Erfahrungsbericht in Stichworten von meiner Frau)

Beim ersten Versuch war der Karottenbrei überall nur nicht im Mund. Also am Besten irgendwo füttern, wo alles - inkl. Kind und Fütterer - leicht geputzt werden kann (in der Badewanne?). Mit einem ganz weichen Löffel, mit dem ich besser den Mund aufbekomme, ohne das Kind zu verletzen. Gleichzeitig versuchten wir das ganze eher in einer Liegestellung, um den Schluckreflex besser auszulösen. Ein Erlebnis für alle Beteiligten war es auf jeden Fall. Meistens probierten wir es um die Mittags- oder Nachmittagszeit und vor allem dann, wenn zwar schon Hunger aber noch kein

Heißhunger da war. Denn ohne Hunger geht es nicht, ist dieser aber zu groß, ist der Löffel beim Nachwuchs unerwünscht, mit dem Löffel geht alles viel zu langsam. Mit fortschreitendem Alter mussten wir dann aufpassen, dass der Löffel nicht in Paulis oder Stephans Händen landete und die Karotten somit überall anders als im Mund waren. Karottenflecken aus dem Gewand zu bekommen gelingt nie wirklich, vergessen Sie, was Sie in der Werbung jeden Abend sehen.

Nächste Stufe war dann, dass beide Omas Apfelkompott machten oder sie rieben Äpfel auf den entsprechenden Reiben (geriebener Apfel der braun wird, wirkt stopfend). Solange keine und zwar wirklich keine kleinen Brocken drinnen waren, funktionierte es halbwegs. Zu meinem Entsetzten haben es die Omas mit Zucker versucht, also den geriebenen Apfel mit Zucker zu versüßen, was den Beliebtheitsgrad dieser Mahlzeit wesentlich erhöhte. Nächste Stufe bei uns war dann Reisschleim. Anfänglich mit Milchpulver (Kuhmilch sollte erst frühestens mit einem Jahr und da anfänglich 2/3 Milch + 1/3 Wasser gegeben werden, da der Magen und vor allem der Darm der Kleinen Kuhmilch noch nicht verträgt, es besteht die Gefahr von Darmblutungen!), mit Obst ging es flott weiter: Banane, Birne, Pfirsich,… Gemüsebrei und Kartoffeln folgten. Mit glutenhältigen Getreidesorten wie z.B. Weizen, Roggen,… habe ich bis zum achten Monat gewartet, denn sie könnten Allergien auslösen. Allerdings waren die Mengen, die gegessen wurden noch nicht genug und konnten das Milchfläschchen noch nicht zur Gänze ersetzen.

Beim Ersten wurde der Speiseplan konsequent eingehalten, Pauli hat eineinhalb Jahre zusätzlich zu seinen Still- und Flascherl–Mahlzeiten nur Wasser oder ungezuckerten Fenchel-tee zu trinken bekommen, der Arme!!

So konsequent wir also beim Ersten waren so inkonsequent waren wir dann bei Nummer zwei und drei.

Pauli hat uns einen Strich durch den konsequenten Speise-plan gemacht. Alles, was er schon essen durfte hat er an seine Brüder verfüttert, wahrscheinlich aus Mitleid. Ob Schokolade, Schlecker, Soletti - alles wurde erwischt, gekostet und schmeckte selbstverständlich. Kaum zu glau-ben wie fest Kinder auch ohne Zähne kauen können oder versuchen alles so lange zu lutschen bis es weich genug zum Schlucken ist. Deswegen gibt es zwar Empfehlungen wie es bei den Ersten sein soll, doch dann bekommt die Ent-wicklung eine Eigendynamik. Stephan kostete mit sechs Monaten sein erstes Eis (totale Begeisterung) und Felix ver-drückte nahezu schon ein Ganzes im gleichen Alter. Wir hat-ten das Glück keine Allergie gefährdeten Kinder zu haben und konnten deswegen auch etwas toleranter sein. Wie weit allerdings ein strenger Speiseplan schon im Säuglingsalter mit der tatsächlichen Allergieentwicklung zusammenhängt ist eine Sache, bei der die Meinungen auseinander gehen.

Manchmal finden Sie auf den Packungen der Babynahrung sogar Empfehlungen, wann Sie diese Mahlzeit am besten verfüttern sol-len (Uhrzeit), eine Empfehlung, mehr nicht, denn Sie werden Ihr eigenes System finden und auch dieses ist von Kind zu Kind ver-schieden. Bei unserm Jüngsten war es mit einem Jahr so, dass er in der Früh (ca. 6 Uhr) ein etwas dünneres Fläschchen bekam, um 7:30 gemeinsam mit uns früh-stückte (Biskotte, Obst). Um 10 Uhr war Jausenzeit, denn um spä-testens 11:00 Uhr ribbelte er sich schon die Augen für den Mittags-schlaf, davor bekam er noch ein dünnes Fläschchen, damit er nicht

wegen Hunger aufwachte. Mittagessen dann um ca. 14 Uhr, Jause 16 Uhr, Abendessen 18 Uhr (Fertigbrei) und um spätestens 19:30 das Abendfläschchen und ab ins Bett.

Bei den verschiedenen Breisorten stellen Sie sich sicher die Frage: „Was füttern wir dem Kleinen?" Im Prinzip ist das reine Geschmacksache aller Beteiligten (auf den Zuckergehalt achten!). Fertigbreis bieten nahezu alle Hersteller an (z.B. Alete, Humana, Hipp, Milupa, Quality line,..), in allen erdenklichen Geschmacksrichtungen: Grießbrei mit Honig, Schokobrei mit Nüssen, Früchtebrei, Griesbrei mit Vanille...

Mir schmeckte am besten der Schokobrei, oder der mit Vanille, aber mich fragt ja keiner. Der beste Zeitpunkt einen Brei zu füttern ist zwischen Mittag und Abend. Wir servierten diesen meist gegen Abend so um 18:00 Uhr. Denn wenn es zu spät wird, liegt der Brei im Magen und die Kleinen schlafen unruhig.

Der eigene Wille (jedes Kind hat ihn, leider viel zu früh...)

Die meisten Babys können jetzt schon den Kopf anheben, manche sich bereits vom Bauch auf den Rücken drehen. Es ist übrigens jetzt noch zu früh für einen Kinder-Hochstuhl. Das Kind sollte sich erst selbstständig aufsetzen können, bevor Sie es hinsetzen. Am besten ist es jetzt noch in einer Wippe aufgehoben. Ihr Baby wird jetzt auch selbstständiger. Es lässt sich beim Füttern leichter ablenken, schaut Personen oder bewegten Gegenständen nachdenklich nach. Es entwickelt aber jetzt auch einen eigenen Willen, den Sie respektieren sollten. So kann es inzwischen gegen Dinge protestieren, die ihm nicht gefallen. Wenn es sich dann hier und da mal durchsetzt, ist die Freude groß. Ihr Kind ist wieder ein Stück größer und unabhängiger geworden! Respekt gegenüber Ihrem Baby und seinen Wünschen wird jetzt überhaupt immer wichtiger. Für viele Erwachsene ist ein Baby noch kein vollwertiger Mensch, zwar geliebt, aber nicht respektiert wie ein Erwachsener. Das heißt auch, wenn es fremdelt, wird dies nicht respektiert, sondern man sagt: Aber die Tante tut Dir doch gar nichts! All dies ist für ein Baby verletzend und entwürdigend.

Kein Fernsehen?

Wahrscheinlich fängt Ihr Kind schon seit einiger Zeit an, sich für den Fernseher zu interessieren. Und wenn es noch so schwer fällt: Schalten Sie die Flimmerkiste nicht ein, wenn Ihr Kind im Zimmer ist. Sein Gehirn wird durch die Bilderflut überfordert, Einschlafprobleme, nächtliches Aufschreien und Albträume sind eine häufige Folge.

Fernsehen wird in ein paar Monaten dann sowieso ein fixer Bestandteil Ihrer Erziehung werden. Wie bei allem gilt auch für die Flimmerkiste: „sola dosis facit venenum" – „alleine in der Dosis liegt das Gift". Wenn Sie Ihren Nachwuchs ständig vor den Fernseher setzen, um endlich Ruhe zu haben, dann ist das zwar verständlich, aber nicht unbedingt der Entwicklung förderlich. Andererseits halte ich nichts davon den Nachwuchs prinzipiell von Computern, Fernsehern, Playstation oder ähnlichem fern zu halten. Mit allen diesen elektronischen Lastern wird Ihr Nachwuchs es auch in Zukunft zu tun bekommen und den maßvollen Umgang können Sie Ihrem Nachwuchs beibringen.

Fünfter Monat

Manche Babys sind jetzt schon so aktiv, dass die Eltern den Eindruck haben, dass ihr Kind sich langweilt, wenn es nicht genug Abwechslung erhält. Das stimmt. Aber es ist gar nicht so schwierig, Ihrem Baby Unterhaltung zu bieten. Zum Beispiel: wenn Ihr Baby

keine Angst hat, können Sie es sich beim Staubsaugen oder Rasenmähen einfach umhängen, im Tragegurt oder –tuch. Babys lieben es, am Körper der Mutter/des Vaters zu sein, während diese/r arbeitet. Wenn Sie kochen oder bügeln, können Sie auf die altbewährte Methode des Redens zurückgreifen. Erzählen Sie dem Kind, was Sie gerade tun. Es wird Ihnen zuhören und seine Aufmerksamkeit schenken, auch wenn es die Worte nicht versteht.

Ihr Kind kann sich im Laufe dieses Monats voraussichtlich mit gestreckten Armen im Liegen hochstemmen und sogar gleichzeitig schon nach etwas greifen. Es rollt vom Bauch auf den Rücken, macht sogar schon erste Kriechbewegungen. Es plaudert viel vor sich hin und wendet sich sprechenden Personen zu. Bald kann es auch schon Gegenstände von seiner einen Hand in die andere geben. Das ist eine enorme Leistung.

Ihr Kind bekommt jetzt meist nur noch zwei bis drei Flaschen- oder Stillmahlzeiten sowie dreimal Babykost, Gemüse-, Obstbrei oder weiches Obst zum Knabbern (Pfirsiche, Bananen, Erdbeeren). Sie können jetzt mit Ihrem Nachwuchs ruhig auch mal gemeinsam Kinderlieder singen oder anhören, oder ruhige klassische Musik auflegen, wie Sie es vielleicht schon während der Schwangerschaft und der ersten Monate mit Ihrem Kind getan haben. Wichtig ist, dass Sie die Musik nur recht kurz spielen. Denn Ihr Baby ist zwar schwer begeistert von den schönen Klängen, jedoch kann es die Töne anfangs nur wenige Minuten lang wirklich verarbeiten. Danach zeigt es durch Quengeligkeit und Unruhe, dass es für dieses Mal genug hat. Behelligen Sie es daher auch nicht mit Dauer-Popgedudel aus Radio oder HiFi-Anlage, auch wenn Sie selbst daran gewöhnt sind. Ein kleines Kind reagiert schnell überreizt und mit Schlafstörungen auf ein Zuviel an Geräuschen.

Partnerschaft!

Zwar haben Sie jetzt bestimmt schon viel Erfahrung als Eltern, doch sollten Sie auch Ihre Paarbeziehung nicht vergessen. Trotz aller Freude werden die meisten Beziehungen durch die Ankunft eines Babys und die Anforderungen und Veränderungen, die es mit sich bringt, sehr strapaziert. Pflegen Sie Ihre Liebe. Gehen Sie nur zu zweit einmal Abendessen oder ins Kino. Bringen Sie das Kind für ein paar Stunden zu den Großeltern, zu befreundeten Eltern oder überlassen Sie es einem Babysitter.

Sechster Monat

Manche Kinder bekommen jetzt ihren ersten Zahn, manche haben ihn längst, und bei manchen dauert es noch Monate, bis eine kleine, weiße Spitze durchbricht. Ihr Kind kann sich jetzt wahrscheinlich schon selbst aufsetzen und darf am Tisch in einem Kinder-Hochstuhl sitzen. Ihr Baby versucht jetzt vielleicht schon hier und da, sich fortzubewegen. Die einen machen ruckartige Hopser auf dem Po oder auf Hände und Knie gestützt. Viele versuchen zu robben, wobei es leider anfangs oft nur rückwärts geht. Ihr Kind kann jetzt bald selbstständig sitzen, es spielt mit den Füßen und steckt sie in den Mund. Es lässt Spielzeug bewusst hinunterfallen und freut sich, wenn Sie es immer wieder aufheben. Es reagiert auf Zurufe und bildet vielleicht schon die ersten Zweisilben-Laute. Auch macht es seinen Willen unmissverständlich klar, zum Beispiel, wenn es ein Spielzeug nicht erreichen kann.

Zähne

Also: Bekommst du Zähne, machen sie Probleme, hast du sie, machen sie nur Probleme und wenn es ans Verlieren geht fangen die Probleme erst richtig an. Ich will nicht gleich alle Zahnärzte arbeitslos machen (POR-SCHE hätte da mit Sicherheit ein Problem), aber wozu der ganze Zauber? Die Evolution scheint da einen erheblichen Fehler gemacht zu haben. Wozu Zähne, wenn sie von Anfang Problem machen? Ein püriertes Wiener Schnitzel hätte auch einen gewissen Reiz...

Egal, angeblich brauchen wir die Zähne nun einmal.

Wenn Sie kommen, dann werden Sie bei Ihrem Kleinen bemerken, dass er speichelt wie wild, er sabbert und wie. Zum zweiten hat er dauernd die Finger im Mund, kaut an

151

irgendwelchen Spielsachen herum und ist ziemlich unleid-
lich. Dann bekommt er noch einen roten Popsch und manchmal kann das Zahnen auch leicht erhöhte Temperatur zur
Folge haben. Am Kiefer sehen Sie ganz deutlich, dass die
ersten Zähne bereits weiß durchscheinen. Normalerweise
kommen zuerst die unteren beiden Schneidezähne, dann
die oberen und danach alle benachbarten, die Backenzähne
sind ganz zum Schluss dran. In der Regel ist das Milchzahn-
gebiss bis zum dritten Geburtstag fertig ausgebildet, ein bis
zwei Jahre später fallen die ersten schon wieder aus. Hält
sich Ihr Kleiner nicht an die beschriebene Vorgabe, macht
das auch nichts. Unsere drei haben sich bis auf wenige Ausnahmen auch nicht an die Reihenfolgen gehalten. Wichtig
ist, dass am Schluss alle da sind. Ebenso gibt es keine Regel
wann die Zähne kommen. Manche Kinder (so wie bei Freunden von uns) werden schon mit welchen geboren. Und bei
anderen wieder kommt der erste Zahn erst mit einem Jahr.
In der Regel kommen die ersten Zähne zwischen dem fünften und siebenten Monat. Bis zum dritten Lebensjahr sollten
alle da sein. Wobei ich es verstehe, wenn besorgte Eltern
mit einjährigen zum Zahnarzt pilgern und schauen lassen,
ob da jemals etwas kommt. Wir waren bei unserem Ersten
auch schon fast so weit, als es dann doch los ging.

Das Zahnen selbst ist ein Prozess, der zumindest unseren
Kindern immer Probleme machte: Sie waren unruhig, quengelig, schliefen noch schlechter als sie ohnehin schliefen,
hatten Durchfall und somit einen knallroten Po (Inotyol
heißt hierfür unsere Zaubersalbe), manchmal sogar Fieber,
sabberten, so dass wir ihnen Lätzchen umbanden und diese
ständig wechseln mussten, weil sie triefend nass waren. Das
Zahnfleisch war angeschwollen und juckte sie – also am
besten auf irgend etwas herumkauen lassen. Die Möglichkeiten sind dazu endlos und reichen vom Beißring (diese
sind meist mit einer Flüssigkeit gefüllt und wirken am besten, wenn sie gekühlt aus dem Kühlschrank kommen) bis
zur Brotrinde. Im Endeffekt sucht sich jedes Kind sein „Kau-
gerät". Unsere kauten am liebsten auf Zahnbürsten herum
und kamen somit in den Genuss schon mit vier Monaten
ihre eigene Zahnbürste zu besitzen.

Ab dem Moment, wo der Zahn das Zahnfleisch durchbohrt
hat, ist das Schlimmste vorbei. Aber es kommen ja noch

einige. Die Stellung der Milchzähne sagt an sich nichts über die Stellung der zweiten Zähne aus. Aufgepasst bei zu intensivem Schnuller–Konsum, siehe entsprechende Kapitel!

Um den Schmerz zu lindern probierten wir es mit Zahnkügelchen und Zahngels aus der Apotheke, auch homöopathische Präparate sind empfehlenswert. Ist der erste Zahn dann da beginnt die lebenslange Aufgabe der richtigen Pflege. Am Anfang am besten nur mit einem feuchten Wattestäbchen säubern. Es gibt auch für Babys Zahnbürsten und Kaubehelfe. Zahnpasta brauchen sie am Anfang keine, wobei unser Dritter diese schon bald bei seinen großen Brüdern entdeckt hatte und seither lautstark danach verlangt.

Wir gaben unseren Kindern ab dem ersten Zahn immer Fluortabletten. Sie helfen beim Aufbau der Zähne, über die richtige Dosierung sprechen Sie bitte mit Ihrem Zahnarzt!

Spaß und Spiele

Ihr Baby liebt jetzt Versteckspiele. Legen Sie beim Baden ein Handtuch über sein Gesicht und fragen Sie erstaunt, wo es denn nun sei. Wenn Sie das Tuch dann wegziehen und Ihr Baby „entdecken", wird sein Spaß groß sein. Auch mag es Ihr Baby, wenn Sie mit ihm auf dem Arm leise Musik hören und dazu tanzen und schwingen. Zeit ist überhaupt das Allerwichtigste, was Sie Ihrem Kind jetzt und in Zukunft schenken können. Es braucht Sie und Ihre Aufmerksamkeit! Spielen Sie soviel wie möglich mit ihm. Bitte achten Sie darauf, dass alles, was Baby in den

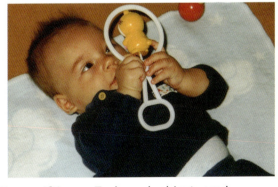

Mund stecken kann, mit ungiftigen Farben lackiert und außerdem zu groß zum Verschlucken ist. Auch Kochlöffel, Schneebesen und viele andere (nicht spitze) Küchenutensilien sind großartiges Spielzeug! Alle meine drei Jungs haben

meine Küchenladen entleert und alle Küchenhelfer gleichmäßig im Haus verteilt.

Siebenter Monat

Ihr Baby kann wahrscheinlich jetzt den Vierfüßlerstand, beginnt, vorwärts zu krabbeln oder versucht gar aufzustehen. All diese Dinge sollten Sie mit dem Kind nicht trainieren, es wird alles zu seiner Zeit von selbst können. Falscher Ehrgeiz richtet hier nur Schaden an.

Die Wohnung wird kindersicher

Jetzt wird Kleinstein mobil! Und neugierig ist er von Natur aus. In jedem Kasten gilt es etwas Neues zu entdecken, hinter jeder Türe lauert das große Abenteuer! Alles, was Sie herumliegen lassen, bis zu einer bestimmten Höhe wird untersucht. Diese Untersuchung ist so gründlich, dass Sie Ihre Zeitung zerfetzt im ganzen Haus wieder finden. Aber es kann auch Schlimmeres passieren, daher:

- Sichern Sie Stromkabel, Elektrogeräte und vor allem Steckdosen!

- Verschließen Sie den Zugang zum Videorekorder, zum Computer ebenfalls und zu allem, wo Sie Solletti-Reste nicht wirklich gebrauchen können.

- Alles in den ersten Stock!
Soll bedeuten: In Reichweite des Babys darf nichts sein, das es umstoßen, herunterreißen oder verschlucken könnte.

- Machen Sie einen Rundgang durch die Wohnung auf allen vieren, aus der Perspektive Ihres Kindes sozusagen. So können Sie mögliche Gefahrenquellen besser erkennen.

- Vergessen Sie nicht die Matratze im Gitterbett tiefer zu stellen. Ihr Baby könnte auf die Idee kommen dieses Hindernis mit links zu packen und landet dann unsanft am Boden.

- Sichern Sie mit Gittern Stiegenauf- und –abgänge.

- Lassen Sie es nicht alleine am Wickeltisch liegen.

- Versperren Sie Putzmittel und Medikamente.

- Vorsicht bei Zimmerpflanzen – viele sind giftig! Ich bin mir sicher Ihr Nachwuchs möchte mal an den Blättern probieren!

Geben Sie Oma und Opa eine Chance

Ihr Kind ist jetzt alt genug, um auch mal für einige Stunden mehr bei den Großeltern oder anderen Freunden und Verwandten zu sein. Auch wenn sich Ihre Vorstellungen von der richtigen Erziehung sehr von denen der Schwiegereltern unterscheiden: Ihr Kind profitiert davon, wenn es vielleicht jede Woche ein oder zwei halbe Tage bei ihnen verbringen darf. Und Sie sind entlastet und können tun, wozu Sie sonst keine Zeit haben. Sonntagsbesuche zum Kaffeetrinken, und die nur alle paar Wochen, reichen nicht, damit Großeltern und Baby sich wirklich kennen lernen.

An sich ist es nicht schlimm, wenn bei Nebensächlichkeiten der Erziehung die Meinungen auseinander gehen. Wenn die Großeltern das Kind zum Beispiel „zu sehr verwöhnen". Kinder lernen durchaus zu unterscheiden, dass zu Hause wieder die normalen Regeln gelten, eine Erziehungsverwirrung braucht man nicht zu befürchten. Gönnen Sie dem Kind seine Großeltern, die meisten Großeltern umgeben Ihre Enkel mit aller Liebe, die sie haben. Auch haben sie die besseren Nerven, weil sie eben nicht die Eltern sind und die alltägliche Verantwortung tragen müssen. Und es war immer schon das Privileg der Großeltern, ihre Enkel zu verwöhnen.

Durchhalten!

Ein Kind zu haben bedeutet fast immer, dass die Nerven hier und da blank liegen, vor allem, wenn vielleicht die Nächte immer noch zu kurz sind und Sie sich chronisch übermüdet fühlen. Kinder fordern von Natur aus den ganzen Mann und die ganze Frau. Wenn Ihr Kind Sie gerade durch sein Dauergeschrei in Rage zu bringen droht, steigen Sie aus der Situation aus, bevor sie eskaliert. Wenn Ihr Partner greifbar ist, drücken Sie ihm kurzerhand das Kind in die Arme. Wenn niemand in der Nähe ist, ist es besser, Sie lassen Ihr Kind fünf oder zehn Minuten schreien und atmen in einem anderen Zimmer einmal tief durch, während Sie kräftig vor sich hinschimpfen. Eine Möglichkeit Wut loszuwerden ist auch, zum Beispiel einmal kräftig mit den Fäusten auf einen Polster einzuhauen. Alles ist besser, als wenn sich Ihre Aggression gegen das Baby richtet. Meist reicht so eine kleine Auszeit schon, damit sich Ihre Nerven wieder soweit beruhigen, dass Sie wieder mehr oder weniger gelassen auf das Kind zugehen können.

Achter Monat

Ihr Nachwuchs will jetzt schon ziemlich „groß" sein und kann nicht nur Keks- oder Brotstücke selbst greifen und essen, es möchte vielleicht schon aus der – selbst gehaltenen – Tasse trinken. Ihr Kind fängt wahrscheinlich jetzt auch vermehrt an, sich an Stühlen und anderen Gegenständen raufzuziehen. Es kann bald schon ganz kurz stehen. Es krabbelt vielleicht schon recht gut und kann Gegenstände vorsichtig mit Daumen und Zeigefinger greifen. Es freut sich, wenn Sie ihm weggeworfenes Spielzeug immer wieder holen. Ihr Kind wird jetzt zunehmend unternehmungslustig und entfernt sich beim Krabbeln schon von Ihnen – jedoch nur, um nach kurzer Zeit wieder zurück zu kommen. Es ist übrigens sehr unterschiedlich, in welchem Tempo Babys sich entwickeln. Und: Es hat nichts mit Intelligenz zu tun, wenn das eine weiter ist als das andere. Es hat keine Auswirkungen auf die spätere Entwicklung, ob ein Kind früher krabbelt und läuft, oder später. Erinnern Sie sich bitte an den Beginn dieses Kapitels, wenn nicht lesen Sie bitte noch einmal nach! Vergleichen Sie nicht Ihr Kind mit anderen. Ihr Kind ist genau richtig so, wie es ist. Solange bei den Vorsorgeuntersuchungen nichts Auffälliges festgestellt wird, besteht kein Anlass zu Beunruhigung auf der einen, und auch nicht zu übertriebenem Stolz auf der anderen Seite. Ob aus Ihrem

Nachwuchs eines Tages ein Nobelpreisträger wird, hat nichts damit zu tun, wann er angefangen hat zu krabbeln!

Erklärungen sind wichtig

Ihr Baby löst sich schon jetzt zunehmend von Ihnen ab. Das wird nicht nur beim Krabbeln und Erkunden der Umgebung

deutlich. Es entwickelt einen ausgeprägten eigenen Willen, der respektiert werden sollte. Wenn es konzentriert spielt, stören Sie es nicht (genießen Sie lieber, dass Sie ein paar Zehntelsekunden Ruhe haben!). Möchten Sie zum Beispiel Einkaufen gehen, heben Sie es nicht einfach vom Spielen hoch und reißen Sie es aus seinen Gedanken. Gehen Sie zu ihm und bewundern Sie ein wenig sein Spiel. Erklären Sie ihm dann, dass Sie beide jetzt aufbrechen müssen und geben Sie ihm ein wenig Zeit, sich darauf einzustellen. Sie selbst fänden es sicher auch extrem unhöflich und unangenehm, wenn Sie beim Lesen eines spannenden Buchs plötzlich am Arm gepackt und weggezerrt würden (wenn gutes Zureden über eine Weile nichts fruchtet, dann können Sie Ihren Nachwuchs immer noch am Arm nehmen und in den Kinderwagen verfrachten).

Jetzt wird es langsam schwierig (...mit der Erziehung)

Sie sind an dem Punkt angelangt, wo Sie Ihrem Kind immer wieder Grenzen zeigen müssen. Es geht dabei nicht um die Demonstration von Macht (vielleicht doch ein bisschen?), vielmehr müssen Sie Ihr Kind „sensibilisieren", auf die täglichen Gefahren vorbereiten. Oder praktischer: Wenn Sie mit Ihrem Nachwuchs eine Straße überqueren, können Sie ihm nicht früh genug beibringen worauf es ankommt. Oder: wenn er oder sie gefallen am Glasschrank im Wohnzimmer findet, wo um einige hundert Euro Ihre Weingläser (Riedel

– Sommelier Serie) vor sich hin glänzen und blinken – einfach verlockend – sollten Sie ein Machtwort sprechen. Weniger die Gläser sind das Problem, vielmehr geht es da um mögliche Verletzungen!

Allerdings zu viele „Neins" und Verbote frustrieren ein Baby. Ihr Kind sollte so wenig wie möglich in seinem Erkundungsdrang eingeschränkt werden. Springen Sie auch mal über Ihren eigenen Schatten, lassen Sie es ruhig eine Zeitung zerfleddern, einen Stapel Zeitschriften vom Tisch ziehen, den Küchenschrank mit den Plastikschüsseln ausräumen, unter Aufsicht an der ausgeschalteten Stereoanlage schalten und drehen – auch wenn's anfangs schwer fällt. Viele Dinge sind doch schnell wieder aufgeräumt. Bringen Sie Zerbrechliches und Wertvolles einfach aus der Reichweite des Kindes.

Wenn doch einmal ein entschiedenes „Nein" sein muss (und Kinder versuchen so ihre Grenzen auszuloten – Ihre Grenzen übrigens auch, Sie verstehen was ich meine): Erwarten Sie nicht, dass Ihr Kind Ihnen sofort gehorcht. Kindergehirne sind darauf programmiert, mit aller Energie die Welt zu erkunden und sich davon möglichst nicht abhalten zu lassen. Ehe Sie ungeduldig werden oder gar schreien, sagen Sie nur ein Mal deutlich „Nein" und nehmen Sie das Kind dann weg und lenken es ab. Zu deutliches Betonen eines Verbots macht den verbotenen Gegenstand erst richtig interessant. Es wird noch sehr lange dauern, bevor Ihr Kind es schafft, etwas Verbotenes wirklich zu unterlassen. Also Sie merken schon: Kinder zu erziehen ist ganz leicht! Schwierig ist nur das Produkt zu lieben!

Neunter Monat

Wahrscheinlich ist Ihr Kind inzwischen schon ein versierter Hochgeschwindigkeits-Krabbler. Es zieht sich gekonnt an Möbeln hoch, hangelt sich vielleicht sogar schon an ihnen entlang. Es beginnt, Lob und Tadel zu verstehen und versucht, Gesten nachzuahmen. Ihr Kind wird – wenn das überhaupt noch möglich ist – jetzt noch unternehmungslustiger und neugieriger. Obwohl es ein Verbot selten beachtet, ist es doch wichtig, ihm Grenzen zu setzen. Grenzen, die nicht zu eng gefasst sind, schränken ein Kind nicht ein, sondern geben ihm Halt und einen Rahmen, um sich in seiner Welt zurechtzufinden. Ein „Nein" sollte also ein „Nein" bleiben - zugleich darf es aber nur wenige Neins geben, sonst rebelliert die freiheitsliebende und überforderte Kinderseele – und das zu Recht. Ihr Kind ist übrigens bei aller Unternehmungslust durchaus zur Zusammenarbeit mit Ihnen bereit. Mit der Zeit lernt es, was es nicht darf, was vielleicht sogar gefährlich ist, aber das braucht Geduld. Ein Kind muss nicht aufs Wort gehorchen lernen, auch wenn diese Vorstellung in den Köpfen mancher Eltern noch herumspukt.

Versuchen Sie alle Gebote und Verbote zu erklären!

Bei Gefahrenquellen ist es wichtig dem Kind zu demonstrieren, warum es etwas nicht anfassen darf! Ich hab meinen Jungs so beigebracht, dass Sie mir beim Kochen zwar helfen dürfen, aber die Finger von den heißen Töpfen und der Herdplatte lassen sollen. Sie nehmen das Kind an der Hand und führen es in Richtung Topf – Kinder merken sehr schnell, dass der Topf wesentlich wärmer ist als es für die Finger gesund wäre. Kinder verstehen sinnliche Erfahrungen eben viel besser, als bloße Verbote. Auch, dass er sich an spitzen Gegenständen stechen, schneiden oder sich die Finger in einer Lade oder Schranktür einklemmen kann, können Sie dem kleinen Entdecker auf diese Weise vorsichtig zeigen. Dennoch wird er sich das eine oder andre Mal seine Finger in der Lade einklemmen, wieder etwas gelernt!

Der Drang nach Wissen und das Begreifen der Umwelt, im wahrsten Sinne des Wortes, treibt Ihren Nachwuchs jetzt zu Höchstleistungen! Alles möchte Ihr Baby jetzt alleine machen, jeden Winkel der Wohnung erkunden, jede Lade ausräumen. Überlassen Sie ihm am besten eine Kiste oder Schublade, die er so oft er will nach Herzenslust ausräumen darf. Ich habe in Absprache mit meiner Frau die Lade mit dem Tupperware–Geschirr unseren Jungs überlassen, alle drei haben diese Lade mehrmals ausgeräumt und mit Kunststoffgeschirr die Küche überschwemmt. Wir finden mittlerweile zwar zu keinem Tupperware–Teil einen passenden Deckel, aber unsere Jungs waren und sind glücklich!

160

Ihr Kind möchte jetzt überhaupt so viel wie möglich selbst tun. Da es ja schon selbst feste Nahrung greifen und in den Mund stecken kann, ist nicht zu vermeiden, dass Sie nach jeder Mahlzeit die Küche generalsanieren müssen. In wenigen Minuten ist es Ihrem Nachwuchs gelungen sich selbst und vor allem seine Kleidung so zu „verwüsten", dass Sie am liebsten ihn - inklusive Gewand - in die Waschmaschine stecken würden. Tragen Sie's mit Fassung, das ist ganz normal und gehört dazu. Ein Kind in diesem Alter hat noch kein Gefühl für Sauberkeit und empfindet auch keinerlei Ekel. Mit den Reinlichkeitsvorstellungen der

Eltern ist es absolut überfordert. Mehr noch, es muss seine Umwelt, also auch das Essen, durch Anfassen kennen lernen, das liegt in der Natur jedes Kindes. Schaffen Sie sich also rechtzeitig eine Waschmaschine an. Sonst werden Sie verzweifeln. Auch ein Wäschetrockner ist von Vorteil – sollte das das Familiebudget zulassen. Bei uns laufen täglich mindestens zwei volle Waschmaschinen, danach ab in den Trockner und ein bis zwei Stunden später ist die Wäsche wieder sauber und getrocknet im Schrank. Sie können sich vorstellen – nein, Sie können es sich nicht vorstellen, wie hoch unsere Stromrechnung ist.

Zehnter Monat

Ihr Kind kommt Ihnen vielleicht jetzt schon mehr wie ein Kleinkind als wie ein Baby vor. Es kann sitzen, klettert über

161

Gegenstände und läuft an der Hand von Mama oder Papa. Nicht übertreiben! Irgendwann läuft er von alleine! An diesem Tag werden Sie sich an die Zeit erinnern, wo Sie Ihren Nachwuchs in eine Ecke gelegt haben und er nach einer Stunde immer noch dort gelegen ist, wo Sie ihn hingelegt

haben! Ihr Nachwuchs fängt jetzt wahrscheinlich auch an zu sprechen – wenn natürlich auch auf sehr bescheidenem Niveau. Waren Worte wie „Mamamama" zuvor eher ein Zufallsprodukt, lernt es jetzt bald, Mama und Papa zu sagen. Es kennt nun seinen eigenen Namen und kann vielleicht schon den Kopf schütteln, wenn es „Nein" meint. Aus einem unerfindlichen Grund dauert das „Ja" viel länger! Auch entwickelt es langsam eigene Vorlieben und Lieblingslaute, mit denen es ganz bestimmte Dinge ausdrücken möchte, und sei es nur gute Laune und Lust auf ausgiebiges Brabbeln. In diesem Alter fangen also die „Wortübungen" allmählich an von Kind zu Kind unterschiedlich zu werden, was zuvor kaum der Fall war. Sollte Ihr Kind im zehnten Monat noch keine sinnvollen Laute von sich geben, nicht verzagen, kommt schon noch. Pauli hat sehr früh halbwegs verständliches von sich gegeben. Dafür war er beim Rutschautofahren eine Niete! Felix, unser Jüngster, hat die Geschichte exakt diametral angelegt. Mit seinem Rutschauto macht er Michael Schuhmacher Konkurrenz. Beim Sprechen ist er das Gegenteil von Heinz Prüller, Sie verstehen was ich meine.

Es wird immer schwieriger für die Eltern, zwischen allzu großer Verwöhnung und Bemutterung - es ist ja noch ein Baby - auf der einen, und zu ehrgeiziger Förderung und Überforderung auf der anderen Seite - Papas ganzer Stolz - einen guten Mittelweg zu finden. Am besten, Sie beachten die Signale Ihres Babys: Zeigt es Freude und wirkt unternehmungslustig, ist dies eine gute Zeit für spielerische Übun-

SONY

Schnell saubermachen...
oder doch lieber filmen?

Sie können das Eis schnappen. Sie können ein Taschentuch suchen. Sie können seine sauberen Kleider
retten. Aber dann können Sie nicht filmen. Sie können niemandem zeigen, wie süß er ausgesehen hat.
Mit einer Sony Handycam zeichnen Sie die Szene dank des einzigartigen Carl Zeiss Objektivs perfekt auf.
Und durch den direkten Anschluss an Ihren Computer, DVD-Player oder Fernseher könnte es nicht
einfacher sein, das Erlebnis mit anderen zu teilen. Also, machen Sie ihn sauber oder filmen Sie ihn?

HANDYCAM

'Sony' und 'Handycam' sind Warenzeichen der Sony Corporation, Japan.

www.sony.at

You make it a Sony

gen. Zeigt es Unmut und Abwehr, geben Sie ihm Zeit für sich und verschieben Sie das Training. Überhaupt sind feste Zeiten und starre Vorgaben der Eltern – auch sich selbst gegenüber – hier fehl am Platz. Jede Übung ist anstrengend und erregt das Kindergehirn, so dass immer auch Zeit zum Abschalten sein muss. Die Zeit vor dem Schlafengehen ist daher nicht so geeignet für körperliche oder geistige Übungen.

Trotzphase

Vielleicht haben Sie seit einiger Zeit bemerkt, dass Ihr Kind schon Ansätze zum Trotzen zeigt. Sie haben ihm vielleicht gerade zum dritten Mal gesagt, er möchte doch bitte die Schublade mit den Messern zulassen, trotzdem reißt er sie beharrlich immer wieder auf und findet es auch noch überaus witzig, wenn sich Ihre Stimme zu überschlagen beginnt. Das Kind weiß zwar genau, was Sie möchten, ist aber manchmal in seinem eigenen Trotz so gefangen, dass es nicht aufhören kann. Ehe Sie nun platzen und aus der Haut fahren, schnappen Sie sich einfach das Kind, gehen Sie mit ihm in ein anderes Zimmer und erklären Sie ihm entschieden, aber nicht laut (denken Sie an die Nachbar), warum es die Schublade nicht öffnen darf. Meist ist das Kind schon durch den Ortswechsel aus dem Trotzanfall befreit und vor allem sehr erleichtert, dass der Machtkampf um die Schublade ein Ende hat, ohne dass es Sieger und Besiegte gegeben hat. Wenn Sie sich jetzt denken, das schreibt sich so leicht, dann haben Sie recht. Wenn Sie nach einem anstrengenden Tag, egal ob als Mutter zu Hause oder als Vater im Job, an der Schublade mit Ihrem Kleinsten einen Machtkampf austragen und er genau weiß wie er Sie auf die Palme bringt, müssen Sie sich schon sehr im Griff haben, dass Sie nicht völlig ausrasten und die Situation eskaliert. Ich halte Ihnen beide Daumen!

Elfter Monat

Wahrscheinlich möchte Ihr Kind nun schon viel freihändig stehen oder macht gar schon Laufbewegungen und kurze Schritte. Jetzt ist die Sturzgefahr besonders hoch. Ist es abgelenkt, möchte es vielleicht den Kopf nach hinten bie-

gen, um etwas an der Decke anzuschauen, geht das Gleich-
gewicht rasch verloren und es landet unsanft auf dem
Boden. Kontrollieren Sie die Wohnung noch einmal gründ-
lich auf spitze Ecken, Tischkanten usw. Kann Ihr Kind schon
Türschnallen erreichen, schließen Sie die Kellertür und die
Haustür ab – und zwar immer, auch wenn es unbequem ist.
Trotz aller Vorsichtsmaßnahmen gilt auch jetzt noch: Lassen
Sie das Kind nie unbeaufsichtigt. Es hat garantiert mehr
Phantasie als Sie und ist in Minutenschnelle für böse Über-
raschungen gut. Besonders gefährlich wird die Geschichte,
wenn Sie schon einige Zeit nichts aus dem Kinderzimmer
gehört haben! Stille bedeutet normalerweise, dass irgendetwas im Gange ist! In so einem Moment der Stille hat unsere
Nummer Eins (Geburtsreihenfolge!), Pauli, einen ganzen
Tiegel NIVEA Creme auf dem Boden, am Bett und über sich
verteilt. Ich habe nicht gewusst, dass soviel Creme in so
einem kleinen Tiegel sein kann. Klingelt der Briefträger oder
wollen Sie der Nachbarin etwas bringen, nehmen Sie das
Kind mit. Ihr Nachwuchs liebt es jetzt, in einem Buch oder
einer Zeitschrift zu blättern. Das Kind kann nun auch bald
ein Spielzeug an einer Schnur hinter sich her ziehen und
Gegenstände auf Aufforderung herbei holen (Felix quittiert
das mit einem erfreuten „DA DA"). Das Kind reagiert auf
Verbote und versucht, einfache Worte nachzusprechen.
Auch Treppen bieten jetzt ein prima Übungsfeld zum Klet-
tern und werden kriechend auf allen Vieren, eben mit Quat-
tro-Antrieb, bezwungen. Da immer noch viele Fehltritte vorkommen, darf Ihr Kind noch lange Zeit nicht allein eine
Treppe – und sei sie noch so kurz – erklimmen, geschweige
denn hinunter krabbeln.

Gehen lernen – mit kleinen Hilfen

Macht Ihr Kind bereits Anstalten zu laufen, braucht es im
Haus keine Schuhe. Die Füße werden kräftiger und bleiben
gesund, wenn Sie statt in Hausschuhe nur in Antirutsch-
Socken gehüllt sind („ABS-Socken"). Für Draußen braucht
Ihr Kind sehr gute Schuhe, hier sollten Sie nicht sparen! Sie
sollten eine Nummer (nicht mehrere!) größer sein als die
tatsächliche Fußgröße und auch in der Breite zum Fuß Ihres
Kindes optimal passen (eng, mittel, breit). Kontrollieren Sie
regelmäßig mit dem Daumen, ob der Kinderfuß noch Luft
hat. Kinderschuhe halten drei bis sechs Monate – nicht

mehr. Hier aus Sparsamkeit zu große Schuhe zu kaufen, oder das Kind zu enge Schuhe tragen zu lassen, verursacht lebenslange Fußprobleme. Sparen Sie lieber an den üblichen Spielzeugbergen im Kinderzimmer.

Kann Ihr Kind bereits allein laufen, ist es sehr früh dran. Lassen Sie sich nicht durch die blöde Frage anderer Mütter

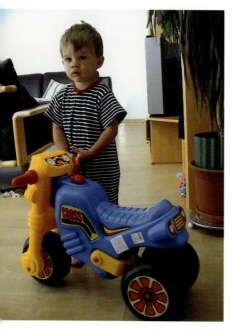

oder Verwandter „Kann sie/er denn schon laufen?" dazu drängen, mit dem Kind Laufen zu üben, wenn es noch nicht so weit ist. Es kommt oft vor und ist völlig normal, wenn Kinder erst mit 18 Monaten zu laufen beginnen – und zwar ganz von selbst! Felix, unser Jüngster, zum Beispiel ist derzeit 15 Monate alt und hat erst jetzt begonnen auf zwei Beinen mehr schlecht als recht durchs Haus zu wandern.

Ihr Kind braucht jetzt viel Lob für seine energischen Versuche, die Welt zu erobern. Hat es sich zum Beispiel fast erfolgreich aufs Sofa geschwungen, rutscht aber kurz vor Erreichen des Ziels wieder herunter, kullern schnell die Tränen der Enttäuschung. Jetzt sollten Sie den wackeren Kletterer nur kurz trösten und dann ausgiebig für seinen Versuch loben. Das macht Mut und Sie werden sehen, es dauert nicht lange, bis ein neuer Versuch gestartet wird. Schon in diesem ersten Lebensjahr können Sie auf diese Weise immer wieder beeinflussen, ob Ihr Kind im späteren Leben ein starker Mensch wird, der sich etwas zutraut und auch anfängliche Hindernisse selbstbewusst überwindet. Außerdem können Sie Ihrem Nachwuchs ein paar „Kunststücke" beibringen. Die ersten kontrollierten Bewegungen auf „Befehl". Also in die Hände klatschen für „Bitte, Bitte" oder „Bravo" und Winken für „Baba".

Keine Angst vor Keimen

Noch ein Tipp zum Thema Schmutz und Bakterien: Viele Eltern halten Ihr Kind davon ab, draußen in Sand und Dreck zu wühlen aus Angst vor Bakterien. Sie waschen dem Kind oft die Hände und rufen entsetzt „Pfui", wenn es mal eine Handvoll Erde vom Spazierweg aufhebt oder gar ein Stöckchen in den Mund nimmt. Sie tun dem Kind damit jedoch keinen Gefallen. Man weiß längst, dass das Immunsystem des Kindes Training braucht, um zu funktionieren. Der Alltagsschmutz ist nicht gefährlich für Kinder. Unsere antiseptischen Haushalte und unser Ekel vor Schmutz sorgen dafür, dass das Abwehrsystem des Kindes unterfordert bleibt. Und noch einen weiteren wichtigen Aspekt hat der alltägliche Umgang mit Schmutz: Kinder, deren Immunsystem nicht genug zu tun bekommt, leiden im späteren Leben weitaus häufiger unter Allergien. Wissenschaftler vermuten, dass das Immunsystem sich bereits sehr früh dafür entscheidet, ob es Bakterien bekämpfen, oder harmlose Substanzen angreifen will, wie es bei Allergien der Fall ist. Kinder, die viel draußen spielen und auch mal die schmutzige Hand in den Mund stecken dürfen, programmieren ihre Abwehr darauf, sich den Bakterien zu widmen, statt irgendwelche Allergien auszuprägen.

Zwölfter Monat

Gratulation, Sie haben es geschafft! Das erste Jahr haben Sie perfekt gemeistert. Und schon darf ich Sie wieder enttäuschen. Was jetzt noch Alles bis zum 30. Geburtstag Ihres „Babys" nachkommt, dagegen ist das erste Jahr nach der Geburt ein Kinderspiel!

Also feiern Sie ausgiebig den ersten Geburtstag Ihres Babys, auch wenn Kleinstein noch nicht weiß wie ihm geschieht. Es dauert im Leben einige Zeit, bis wieder einmal nur eine Kerze auf der Geburtstagtorte brennt.

Dazwischen liegen einige hoffentlich glückliche Jahre!

Aber jetzt gilt es erst den 1. Geburtstag zu feiern! Denken Sie daran, dass Ihr Kind und nicht die Verwandtschaft mit allen ihren Geschenken im Mittelpunkt steht. Geben Sie nicht alle Geschenke auf einmal weiter, der Platzregen an neuem Spielzeug, der auf Ihren Nachwuchs einprasselt bringt nicht wirklich etwas. Es sind oft die Kleinigkeiten, an denen sich Ihr Kind am meisten erfreut. Der Rest wird kurz beäugt und nie mehr angeschaut.

Auch für Sie als Eltern kann dieser erste Geburtstag eine gute Gelegenheit sein, einen Blick zurück aufs erste Lebensjahr zu werfen. Was alles haben Sie gelernt und geschafft in dieser Zeit! Das ist ein Grund für berechtigten Stolz. Sie sind jetzt keine „Anfänger" mehr als Eltern, haben sich verändert, mehr Selbstbewusstsein und Stärke gewonnen. Vielleicht haben Sie bemerkt, dass Sie auch im Alltag und im Umgang mit anderen unabhängiger geworden sind.

Im Auto - mit Kind

In meinen zwei Ratgebern (auch im Dr. Peter Müller Verlag erschienen) rund ums „Lieblingsspielzeug" der österreichischen Männer, das Auto, werden Sie alle möglichen Tipps und Tricks zu diesem Thema finden. Damit Sie sich jetzt nicht in allzu große Unkosten stürzen und versuchen einen der beiden Autoratgeber in der nächsten Buchhandlung (z.B. im ORF–Shop) zu erstehen, liefere ich Ihnen alle wichtigen Infos zum Thema Kinder im Auto auf den folgenden Seiten. Die Informationen zu diesem komplexen Thema verdanke ich zum einen der eigenen Erfahrung, zum anderen stammen die Hintergrundinformationen von Peter Jahn, der sich seit Jahren mit diesem Thema beschäftigt und aus meiner Sicht einer der kompetentesten Experten in Österreich ist.

Noch wichtiger! Peter Jahn ist unabhängig, er will Ihnen keine bestimmte Marke verkaufen, und er behält sein Wissen nicht für sich, sondern stellt es jedem dankenswerter Weise zur Verfügung (sogar mir). Wenn Sie je etwas zum Thema Kindersicherheit im Straßenverkehr wissen wollen, wie Sie Ihren Nachwuchs optimal schützen und welcher Kindersitz für Sie und Ihr Kind der richtige ist, klicken Sie sich auf seine Homepage: www.autokindersitz.at

Kindersitze (oder besser: Kinderrückhaltesysteme)

Wenn Sie keine Kinder haben, keine planen oder der Nachwuchs bereits aus dem „Gröbsten" heraus ist, dann beneide ich Sie, dass Sie einen verregneten Sonntag mit einem Buch im Bett verbringen können. Zweitens können Sie gleich weiterblättern und dieses Kapitel ohne schlechtes Gewissen überlesen. Für „aktive" Eltern ist dieses Thema Pflicht. Für Eltern „im Ruhestand" eigentlich auch, vielleicht überrascht Sie ja Ihr Sohn oder Ihre Tochter demnächst mit der freudigen Mitteilung, dass Sie Opa oder Oma werden. Da die Großeltern für die „Aufzucht" der Kleinen babysittertechnisch unverzichtbar sind, sollten Sie sich rechtzeitig um die geeignete Transportmöglichkeit fürs Enkerl umsehen.

Für den „Transport" der Nachkommenschaft gibt es vom Gesetzgeber nur Rahmenbedingungen (siehe weiter unten), der Rest fällt in die Verantwortung der Eltern. Kinder, die jünger als zwölf Jahre und kleiner als 150cm sind müssen auf Fahrzeugsitzen, die mit Gurten ausgestattet sind, mit geeigneten Kinderrückhaltesystemen gesichert werden. Na bitte, das wäre ja ganz einfach, oder? Aber in jenem, dem Gesetzt entlehnten Satz steckt jede Menge Tücke und die beginnt schon beim Autokauf (Stichwort: Neu oder Gebraucht).

Haben Sie bereits Nachwuchs und stehen vor dem Kauf eines neuen oder gebrauchten Transportmittels für die ganze Familie, dann nehmen Sie auf die erste Probefahrt vor dem Kauf Ihr Kind mit. Einige Fragen lassen sich dann ganz von alleine beantworten. Probieren geht bekanntlich über Studieren. Wie schwierig ist die Montage des Kinderrückhaltesystems? Einfädeln des Kindersitzes über die Heckklappe ist keine befriedigende Lösung und spätestens beim zweiten Mal Kindersitz montieren, werden Sie sich, ausgelöst durch schmerzhaftes Ziehen im Rücken, über den Kauf des Autos und/oder den Kauf des Kindersitzes ärgern – zu spät. Daher klären Sie ein paar Fragen bevor Sie zur Tat - sprich Kauf - schreiten.

Passt der Kindersitz ins Auto? Und kann dann Ihr Kind überhaupt darin noch bequem sitzen? Bedenken Sie, dass Sie mit diesem Auto vielleicht in den nächsten Urlaub fahren und Kinder in den Kindersitzen und Babyschalen wesentlich beengter sitzen als Sie in Ihrem Autositz mit Dreipunkt Gurt. Der Urlaub beginnt dann dementsprechend unerfreulich.

Wie wird der Kindersitz montiert? Probieren Sie die Montage unbedingt aus. Entscheiden Sie gerade beim Kindersitz nicht nach dem Design! Was nützt der schönere Sitzbezug, wenn der Kindersitz nicht hundertprozentig in Ihr Auto passt und er im Falle des Falles aber passen muss?

Ist der Beifahrerairbag abschaltbar? Wichtig und unbedingt notwendig, wenn Sie die Babyschale oder den Kindersitz auf dem Beifahrersitz montieren wollen. In vielen so genannten Familienautos ist der Beifahrer Airbag nur durch die Fachwerkstätte zu deaktivieren. Nicht alle Familienautos bieten den Komfort, den Beifahrerairbag im Falle des Falles per Zündschlüssel abzuschalten. Auch wenn Kinder prinzipiell immer hinten Platz nehmen sollten, kann es vorkommen, dass Sie den Nachwuchs lieber in unmittelbarer Nähe haben wollen und da muss der Airbag abgeschaltet sein, egal ob bequem mit dem Zündschlüssel oder durch die Werkstatt. Die Deaktivierung des Beifahrerairbags durch den Fachbetrieb hat allerdings zwei Haken. Erstens kostet das in den meisten Fällen etwas und zum anderen kann es durchaus sein, dass ab und zu auch Erwachsene am Beifahrersitz Platz nehmen. Die haben dann eben Pech gehabt und müssen auf den Airbag verzichten, außer Sie planen jedes Mal einen Werkstattbesuch ein. Ganz wenige Autos bieten bereits ein „selbsterkennendes" Airbagabschaltsystem. Wird am Beifahrersitz ein spezieller Kindersitz montiert, wird der Airbag abgeschaltet (SMART zum Beispiel). Mit intaktem, eingeschaltetem Beifahrerairbag ein Kind am Beifahrersitz zu transportieren ist nicht nur verboten sondern auch für das Kind lebensgefährlich (siehe weiter unten).

Es stimmt schon, prinzipiell muss der sicherste Platz im Auto für den Nachwuchs reserviert werden. Und dieser Platz ist zweifellos hinten in der Mitte, aber aus eigener Erfahrung weiß ich wie wichtig der direkte Blickkontakt des Papas oder der Mama mit dem Sprössling ist. Daher macht es sich durchaus bezahlt, den Beifahrerairbag automatisch oder per Schlüssel deaktivieren zu können.

Apropos hintere Sitzbank, der Platz hinten in der Mitte ist bei vielen Modellen nur mit einem Beckengurt ausgestattet. Sollte das bei Ihrem Auto der Fall sein, dann fällt der sicherste Platz für die Kleinen aus. Kindersitze dürfen nur auf Plätzen mit Dreipunktgurt montiert werden. Auch für Sitzpölster ist dieser Platz dann ungeeignet, weil das Kind beim Unfall unter dem Beckengurt durchtauchen könnte. Schwere Verletzungen könnten die Folge sein.

Kindersichere Autos: Airbags, Gurte, die Gefahren

Kinder sind für die meisten Hersteller leider nicht wirklich ein Thema, auch wenn das in der Werbung anders dargestellt wird. In den regelmäßig durchgeführten Crashtests der EURO NCAP schneiden selbst die sichersten Autos der Welt in Sachen Kindersicherheit schlecht ab. Von acht getesteten Mittelklassewagen im November 2001 wurden nur zwei als kindersicher (FORD Mondeo, VOLVO S60 Quelle: VKI, ÖAMTC) eingestuft, dreiviertel der Probanten mussten als nicht kindersicher eingestuft werden. Die immer steiferen Fahrgastzellen, die den Schutz für Erwachsene verbessern wirken sich negativ auf den Nachwuchs aus. Auch die weichere Polsterungen der Sitze macht den Kindern das „Leben" schwer: Die Kinderrückhaltesysteme lassen sich durch die weichere Sitzpolsterung nicht so starr und fest wie erforderlich fixieren. Und auch sonst lauern beim Transport von Kindern jede Menge Gefahren für den Nachwuchs. Selbst im sichersten Auto der Welt, denn die besten Sicherheitseinrichtungen können zur tödlichen „Waffe" werden, wenn Sie nicht richtig zum Einsatz kommen.

Die Automobilhersteller sind sich noch nicht ganz einig, wie Kinder in Fahrzeugen mit Airbags am besten untergebracht werden. Eines steht allerdings fest: Kinder gehören im Auto nach hinten und wenn's unbedingt vorne sein muss, dann muss der Airbag deaktiviert werden. Auch größere Kinder bis 1,40m sind trotz Sitzkissen für den optimalen Schutz durch den Airbag zu klein. Das Skelett ist noch nicht vollständig verknöchert, die Muskeln noch nicht so ausgebildet wie bei Erwachsenen und auch die Körperproportionen, vor allem zwischen Kopf und Rumpf unterscheiden sich noch wesentlich von denen Erwachsener.

Das Gesetz

Kinder unter zwölf Jahren, die kleiner sind als 150cm, müssen in allen Pkw, Kombinationskraftwagen, Lkw, Spezialkraftfahrzeugen (z.B. Wohnmobilen) bis 3,5t höchstzulässigem Gesamtgewicht mit geeigneten Kinderrückhaltesystemen (KRS) gesichert werden.

Auch in allen Kraftfahrzeugen über 3,5t besteht die Kindersitzpflicht, jedenfalls für Sitzplätze, die direkt hinter der Windschutzscheibe gelegen sind (erste Sitzreihe). Jedes Kind muss einen eigenen Sitzplatz im Auto haben.

Bei aktivem Beifahrerairbag ist die Verwendung von gegen die Fahrtrichtung gerichteten Sitzen („Reboardsystemen") auf dem Beifahrersitz verboten.

Ab einer Größe von 150cm müssen die serienmäßigen Gurte verwendet werden. Verantwortlich für Ausrüstung und Verwendung der Sicherheitseinrichtungen ist der Lenker/die Lenkerin des Fahrzeuges.

Bei Nichtbeachten dieser Regelungen drohen Geldstrafen, eine teilweise Leistungsfreiheit der Versicherungen und sogar ein Strafverfahren, wenn ein Kind verletzt wird.

Geeignete Kindersitze sind alle nach ECE-44 (Kindersitzprüfnorm) zugelassenen Kinderrückhaltesysteme. Für Kinder ab dem vollendeten sechsten Lebensjahr können auch Sicherheitsgurte, die nach ECE-16 genehmigt sind, verwendet werden, wenn der Sicherheitsgurt höhenverstellbar ist („Generationengurt", Gurthöhenverstellung).

Die Kindersitzpflicht entfällt

- in Einsatzfahrzeugen
- bei Krankentransporten
- bei schwerer körperlicher Behinderung
- bei besonderer Verkehrslage (z.B. im Stau stehend)
- in Taxis, Miet- und Gästewagen (z.B. Hotelzubringer)

Für Kinder, die noch nicht zwölf Jahre alt aber schon über 150cm groß sind besteht die allgemeine Gurtenpflicht.

173

Kinder, die schon zwölf Jahre alt sind, aber kleiner als 150cm müssen nicht mehr per Kinderrückhaltesystem gesichert werden, für Sie gilt die Gurtenpflicht. Aus Sicherheitsgründen ist allerdings die Weiterverwendung eines geeigneten Kindersitzes, z.B. Sitzkissen, dringend zu empfehlen.

Isofix

Isofix ist eine genormte Steckverbindung, mit der ebenso genormte Kinderrückhaltessyteme mit dem Auto verbunden werden. Isofix–Kindersitze können aber auch per herkömmlicher Gurtmontage in anderen Autos fixiert werden. Der Vorteil von Isofix liegt zum einen in der Montage, durch die genormte Steckverbindung kommt es zu weniger Fehlern. Eine Untersuchung hat gezeigt, die Fehlerquote der falschen Montage liegt bei herkömmlicher Montage mit dem Dreipunktgurt bei über 60%, bei Isofix genormten Kindersitzen sind es nur vier Prozent. Der zweite Vorteil: Isofix-Kinderrückhaltesysteme sind starr mit der Karosserie verbunden, dadurch wird ein Isofix-Sitz früher verzögert und es kommt zu geringeren Belastungen für das Kind.

Nachteile: Isofix-Systeme sind noch nicht für jedes Auto zu haben. Weiters können nicht alle Isofix-Sitze in allen mit Isofix-Systemen ausgerüsteten Fahrzeugen verwendet werden. Jeder Isofix-Sitz ist nur für bestimmte Modelle bestimmter Hersteller zugelassen.

Isofix-Sitze sind momentan noch um einiges teurer als vergleichbare Kindersitze ohne Isofix.

Speziell für die Kleinsten

In unserer motorisierten Verkehrswelt sind Kinder dort am stärksten gefährdet wo Mama und Papa es am allerwenigsten erwarten würden. Nämlich als Mitfahrer im Pkw der Eltern. Ein Aufkleber mit dem Hinweis „Baby an Bord" allein ist leider viel zu wenig.

Crashphysik allgemein

Die Gefahren im Auto werden tatsächlich zumeist unterschätzt. Bei einer Fahrzeugkollision mit Stadtgeschwindigkeit (50 km/h) treten kurzfristig Kräfte auf, die mehr als das

30-fache des jeweiligen Körpergewichts betragen. Ein Säugling mit 5kg „wiegt" also kurzzeitig 150kg. So ein „Geschoß" kann selbst die beste Mama der Welt nicht mehr aufhalten.

Sicherungsarten für Babys im Auto

Die häufigste Sicherungsform für Säuglinge sind moderne Babyliegeschalen (BLS) von Geburt bis maximal 13kg Körpergewicht. Diese werden immer gegen die Fahrtrichtung und bis auf wenige Ausnahmen mit dem Dreipunktgurt gesichert. Weniger sicher aber für spezielle Zwecke (beeinträchtige Kinder, Frühchen, Spreizhosenträger) durchaus überlegenswert sind spezielle Kinderwagenwannen und –aufsätze, die quer zur Fahrtrichtung auf der Rückbank montiert werden. Darüber hinaus gibt es, insbesondere für größere Babys, auch rückwärts gerichtete größere Schalensitze, die bis 18kg (etwa drittes Lebensjahr) verwendet werden können.

Die Auswahl der BLS sollte unbedingt in einem Fachgeschäft mit entsprechender Beratung stattfinden. Unglaublich aber wahr. Nicht alle Modelle (auch nicht Testsieger oder gut vielfach verkaufte Systeme) lassen sich ohne weiteres in jedem Fahrzeug montieren. Oft sind die Gurte auf der Rücksitzbank (auch der neuesten und besten Automodelle) für die korrekte Montage einer BLS zu kurz. Deshalb bitte unbedingt VOR dem Kauf im EIGENEN Auto SELBST ausprobieren.

Befestigung im Auto

Zumeist erfolgt die Montage im Fahrzeug mit dem serienmäßigen Dreipunktgurt. Lassen Sie sich bitte die korrekte Montage der Babyliegeschale in Ruhe vorführen. Hier werden häufig gravierende Fehler gemacht, die die Sicherheit Ihres Kindes massiv beeinträchtigen.

Manche Systeme bestehen aus einer Schale mit separatem Basisteil, welcher, mit dem Sicherheitsgurt befestigt, ständig im Fahrzeug verbleibt. Die BLS kann relativ leicht in den Basisteil eingeklinkt und verriegelt werden. Einige wenige Modelle mit Basisteil können auch nur mit dem Beckengurt in Kombination mit einem Stützbein gesichert werden. Ganz neu und derzeit nur für wenige Fahrzeugmodelle erhältlich sind BLS, die mit Isofix im Auto befestigt werden können.

ACHTUNG! Rückwärtsgerichtete Kinderrückhaltesysteme dürfen keinesfalls auf Sitzplätzen mit aktivem Frontairbag (Beifahrersitzplatz) platziert werden. Für das Baby besteht hier akute Lebensgefahr durch die Auslösung des Airbags.

Die Schutzwirkung der Babyliegeschalen entsteht vor allem durch eine breitflächige Abstützung des gesamten Körpers über den Rückenteil der Schale. Achten Sie daher unbedingt auf eine möglichst steile Positionierung der Schale im Fahrzeug. Je flacher die Schale befestigt wird desto größer das Risiko, dass das Baby bei einer Kollision aus den Gurten herausrutscht. Ganz wesentlich für eine hohe Schutzleistung ist die straffe Montage der Schale im Fahrzeug. Achten Sie bei der Montage vor allem auf eine absolut straffe Gurtführung. Die BLS sollte bei der Montage sichtbar in die Sitzbankpolsterung gepresst werden. Eine fest montierte Schale erkennen Sie daran, dass Ihnen diese förmlich „entgegenhüpft" sobald die Gurtlösetaste gedrückt wird.

Aber auch das Baby muss in der Schale gut positioniert werden. Legen oder setzen Sie Ihr Baby in die Schale. Die Schultergurte müssen so eingestellt sein, dass sie oberhalb der Schulter des Kindes aus der Schale kommen. Moderne Systeme haben bereits mehrfach höhenverstellbare Schultergurte. Die Gurte müssen straff am Körper des Babys anliegen. Faustregel: Gerade eine flache Hand darf zwischen die Gurte und den Brustkorb des Babys passen.

Gerade in der kalten Jahreszeit werden Babys mit dicken Anoraks, oder Overalls in die BLS gepackt. Die Eltern wollen

Ihre Kinder verständlicherweise vor Kälte schützen. Sicherheitsnachteile: Durch diese dick auftragende Schutzkleidung erscheinen die Schalen allerdings schon bald als viel zu klein für die dick eingepackten Kleinkinder. Die Gurte werden nicht wirklich straff angezogen oder ihre Länge reicht kaum aus, um das Kind zu sichern. Dabei wäre soviel Wärmeschutz in den meisten Fällen gar nicht notwendig. Moderne Schalen sind wegen der Stoßdämpfung unterhalb des Stoffbezugs fast durchgängig mit Styropor ausgestattet. Dadurch wird der Kinderkörper zur Schale hin sehr gut isoliert. Statt des dicken Overalls wird nun mit einer dünnen mehrschichtigen Kleidung und einer warmen Decke sowie einer Haube für den Kopf ein zufrieden stellender Wärmeschutz erreicht. Nach einigen Minuten Fahrt ist das Auto aufgewärmt und auch die Decke kann entfernt werden. Das Baby schwitzt so bei längeren Fahrten nicht so stark.

Was Sie beim Montieren falsch machen können:

- Montage auf einem Sitzplatz mit aktivem Airbag
- zu flacher Winkel
- Fahrzeuggurt nicht straff gespannt
- falsche Gurtführung über die Babyliegeschale

Wann sollen Sie in die nächst größere Gruppe wechseln?

Grundsätzlich so spät wie möglich. Vielen Eltern kommt die BLS schon mit sechs Monaten für ihr Baby viel zu klein vor. Schließlich ist der Säugling zum Kleinkind gereift, mittlerweile schon ordentlich gewachsen und hat sich in vielerlei Hinsicht verändert. Viele Kinder können jetzt bereits krabbeln oder sogar schon sitzen. Da ist es schwer verständlich die Kleinen immer noch in die Neugeborenenschale zu legen. Im Winter macht zudem der optische Eindruck unsicher (siehe oben). Wenn die Beine länger werden ragen sie über den unteren Schalenrand und die Babys stehen an der Sitzbank der Rückenlehne an.

Trotzdem ist auch jetzt noch die rückwärts gerichtete Transportmethode mit Abstand die sicherste.

Der Kopf eines Kleinkinds macht zu Beginn fast ein Fünftel der Gesamtmasse aus. Dieser Kopf ist nur mit einem sehr schmalen und muskulär schwach entwickelten Hals mit dem restlichen kleinen Körper verbunden. Bei einem vorwärts gerichteten Kindersitz würde nur der Körper durch die Hosenträgergurte (oder den Fangtisch) zurückgehalten werden. Der schwere Kopf, der bei einem Kleinkind bis zu einem Fünftel der Gesamtmasse ausmacht, würde mit einem Vielfachen seines normalen Gewichts (siehe oben) nach vorne gerissen. Dabei werden der Hals und damit die Halswirbelsäule extrem gedehnt und auch verbogen. Durch eine schlechte, weil zu lockere Befestigung des Kindersitzes wie auch des Kindes wird diese ruckartige Belastung noch weiter erhöht. Schwere, bleibende Verletzungen der Halswirbelsäule sind sehr wahrscheinlich. Die von unwissenden Eltern zur vermeintlich besseren Sicherung verwendete Schlafstellung verstärkt diesen Effekt in der Regel noch. Der Winkel zwischen Körper und Kopf wird noch extremer.

Beim rückwärts gerichteten Transport wird der Körper, der Hals und der Kopf gleichmäßig und ohne Verdrehung über die stabile Rückenlehne der BLS abgestützt. Es ist erwiesen, dass Kinder in rückwärts gerichteten Sitzen ein deutlich geringeres Verletzungsrisiko haben als Kinder in anderen Systemen.

Gute Gründe für einen Wechsel sind:

Das Kind erreicht das Grenzgewicht. Bei üblichen BLS der Gruppe 0+ sind das 13kg. Das kommt in der Praxis allerdings äußerst selten vor.

Das Kind reicht mit dem Scheitel gefährlich nahe an den oberen Schalenrand heran. Dies kommt vor allem bei veralteten Babyliegeschalen der Gruppe 0 vor, die nur bis 10 kg Körpergewicht zugelassen sind und daher in der Regel auch kleinere Schalen haben. Hier wäre zuerst ein Wechsel in eine größere, aber immer noch rückwärts gerichtete Schale der bessere Weg.

Das Kind kann schon sehr gut alleine sitzen und „wehrt" sich vehement gegen die halb liegende Position.

Grundsätzlich sollte ein Wechsel in ein vorwärts gerichtetes (zumeist Hosenträger-) System erst dann erfolgen, wenn das Kleinkind schon wirklich gut und alleine sitzen kann. Ist die Stützmuskulatur soweit gekräftigt, dass das eigene Körpergewicht gehalten werden kann, nimmt das Risiko einer Halswirbelverletzung mit steigendem Alter weiter ab.

Was Sie sonst noch unter Umständen falsch machen können

Moderne BLS verleiten viele Eltern zur exzessiven Nutzung der Babyliegeschale. Neben der eigentlichen Funktion als Schutzsystem im Fahrzeug wird die Schale auch als Wippe zu Hause und bei Freunden eingesetzt. Darüber hinaus ermöglichen so genannte Travelsysteme (Fahrgestelle, in die die BLS eingeklinkt werden kann) den Gebrauch als Ersatzkinderwagen. Auch im Einkaufswagen in Supermärkten findet so eine Schale locker Platz. Das ist so schön praktisch und erweitert den Aktionsradius der jungen Eltern ungemein. In der Früh noch ein Fläschchen und eine neue Windel, dann ab ins Einkaufszentrum und nachher noch zu Oma auf einen Kaffeeplausch. Da kommen in Summe viele Stunden unbeweglichen Verharrens in der Schale auf Ihr Baby zu. Die angewinkelten Beine drücken gegen den vollen Magen und dieser wieder auf die Lunge. Die Atmung wird erschwert. Zudem sorgt die gekrümmte Haltung für starke Belastungen der noch weichen Knochen.

Wer nicht glaubt, dass das seinem Baby schadet, der soll sich doch mal bitte in eine Schiebekarre legen und sehen wie lange er dort bewegungslos ausharren kann.

Alternativen für noch mehr Sicherheit

Wer die oben gemachten Hinweise befolgt, der gibt seinem Kind eine gute Chance auch eine schwere Fahrzeugkollision unbeschadet, zumindest aber ohne bleibende Schäden zu überstehen. Es geht, im wahrsten Sinne, auch anders. Wer kurze Strecken nach Möglichkeit mit dem Fahrrad zurücklegt oder mit dem Kinderwagen zu Fuß geht reduziert nicht nur das Verletzungsrisiko außerordentlich, sondern tut auch der Umwelt und der Gesundheit der jungen Familie was

Gutes. Ganz getreu dem Motto: Wer sein Baby liebt, der schiebt (nämlich den Kinderwagen).

Die Größen und Gewichtsklassen

Von der ECE 44-Norm in der aktuellen Version 03 (ECE 44/03) werden fünf Gewichtsgruppen vorgegeben:

Gruppe 0, Gruppe 0+, Gruppe I, Gruppe II und Gruppe III.

Kindersitze sind nur dann zugelassen, wenn sie das ECE Prüfzeichen tragen. Also achten Sie beim Kauf auf dieses Zeichen.

Gruppe 0:
Für Babys bis 10kg (bis ca. neun Monate).
Den Herstellern folgend sollen die Liegeschalen zwar bis neun Monate verwendbar sein, in den meisten Fällen sind die Kinder bereits nach sechs bis acht Monaten für diese Schalen schon zu groß.

Gruppe 0+:
Für Babys mit einem Gewicht bis 13kg (Herstellerangabe 18 bis 24 Monate).
Halten Sie sich nicht „sklavisch" an diese Angaben. In der Praxis schaut die Geschichte etwas anders aus. Meine beiden Buben waren bereits mit einem Jahr dieser Gruppe entwachsen. Wenn Ihr Nachwuchs einigermaßen sitzen kann, dann ab in die nächste Gruppe. Und wichtig: Kaufen Sie

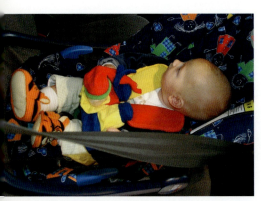

einen Kindersitz nie ohne Ihren Nachwuchs, Probesitzen ist unbedingt notwendig. Noch ein Tipp: durch die Montage gegen die Fahrtrichtung in liegender Position, bekommen die Kleinen Nichts von der „Umwelt" mit, es gibt nichts Interessantes zu sehen, sie werden unruhig.

Gruppe I:
Für Kleinkinder mit einem

Gewicht von neun bis 18kg (ca. acht Monate bis vier Jahre). Das Kind kann schon einigermaßen sitzen, benötigt aber noch seitlichen Halt in Form eines Schalensitzes. Hier gibt es vier Haupttypen:

1. Fangkörpersysteme, bei denen das Kind statt mit Gurten über einen Fangkörper breitflächig abgestützt wird.

2. Modelle mit einem eigenen Gurtsystem (Hosenträgergurte).

3. Sitzschalen, in denen das Kind mit dem fahrzeugeigenen Dreipunkt-Gurt gesichert wird.

4. Gegen die Fahrtrichtung gerichtete Sitze (Reboard), die aber zusätzliche Abstützungen und Gurte benötigen.

Gruppe II:
Körpergewicht von 15 bis 25kg (ca. drei bis sieben Jahre).

Gruppe III:
Körpergewicht von 22 bis 36kg (ca. sechs bis zwölf Jahre).

Gruppe II und Gruppe III:
Beide Gruppen sind für Kinder geeignet, die schon selbst gut sitzen können, der Dreipunkt-Gurt des Autos reicht alleine für die Sicherung allerdings nicht aus. Der Nachwuchs braucht noch eine Sitzunterlage, um im Falle des Falles ein Durchtauchen unter dem Gurt zu verhindern. Die Kinderrückhaltesysteme dieser beiden Gruppen dürfen nur auf Sitzplätzen mit Dreipunkt-Gurten verwendet werden. Der Mittelsitz auf der Rückbank fällt daher in den meisten Modellen aus, dieser ist leider meist nur mit einem Beckengurt ausgestattet.

Kombinationssitze

Die Hersteller von Kinderrückhaltesystemen bieten auch so genannte Kombinationssitze an. Diese Kindersitze sollen sozusagen „mitwachsen". Diese Sitze sind für mehrere Gruppen zugelassen. Der Vorteil bei Kombinationssitzen ist hauptsächlich ein ökonomischer, in Sachen Sicherheit sind diese Sitze den Spezialisten unterlegen. Ein Nachteil, der auf der Hand liegt. Ein Kombisitz muss die unterschiedlichen

Körpergrößen und Körpergewichte eines Kindes in der Entwicklung berücksichtigen und geht somit jede Menge Kompromisse ein. Kompromisse, die sich für kleine und sehr große Kinder negativ auswirken. Auch der Umbau von klein auf immer größer ist nicht immer ganz einfach und ein weiteres Fehlerpotential. Die Verwendung des Kindersitzes über Jahre unter mehr oder weniger extremen Bedingungen im Auto, intensive Sonnenbestrahlung, Hitze und Kälte können zudem dem Material des Kindersitzes zusetzen. Materialermüdungen können die Folge sein. Und diese Materialermüdung merken Sie leider erst im Falle des Falles, dann ist es allerdings zu spät.

Integrierte Kindersitze

Einige Automobilhersteller bieten auch Kindersitze an, die bereits in das Fahrzeug integriert sind. Bei MERCEDES kann für die A-Klasse ein spezieller Sitz geordert werden, der sich mit wenigen Handgriffen vom Sitz für Erwachsene in einen Kindersitz umbauen lässt. Der wesentliche Vorteil dieses Sitzes liegt in der Flexibilität. Wenn die Passagiere auf der hinteren Sitzbank häufig wechseln, also etwa in Taxis, die meist Erwachsene aber auch manchmal Kinder an Bord haben, macht sich dieser Sitz bezahlt. Der Ein- und Ausbau eines Kindersitzes entfällt, und der Kofferraum ist nicht mit einem Kindersitz belegt.

Gebrauchte Kindersitze

Die verwendeten Materialien (Kunststoff, Metall), aus denen Kinderrückhaltesysteme gebaut werden unterliegen einem natürlichen Alterungsprozess (UV-Strahlung, Korrosion, etc.). Auch die mechanische Abnutzung durch den Gebrauch spielt eine wichtige Rolle. Kindersitze haben allerdings kein Ablaufdatum, auch keine „Verschleißanzeige" wie etwa bei Reifen. Die Hersteller gehen davon aus, dass ein Kindersitz etwa fünf bis sechs Jahre in Gebrauch ist und geben die Haltbarkeit mit dieser Dauer an. Einige Sitze (siehe Kombinationssitze) sind allerdings wesentlich länger in Verwendung. Ob die verwendeten Materialien diesen langen Zeitraum von neun bis zwölf Jahren überstehen, dazu gibt es keine gesicherten Daten und auch keine Angaben der Hersteller.

Wenn Sie sich für einen gebrauchten Kindersitz entscheiden, sollten Sie ein paar Punkte beachten.

- Entscheiden Sie sich nur für einen Gebrauchten, wenn Sie auch die „Vorgeschichte" des Sitzes kennen, also gebrauchte Kindersitze nur von Bekannten oder Verwandten.
- Wie lange war der Sitz in Verwendung?
- Übernehmen Sie nur Sitze, die der aktuellen ECE Norm entsprechen.
- Wie bei jedem gebrauchten Gegenstand auf den Zustand also eventuelle Beschädigungen achten.
- Unbedingt wichtig ist die Bedienungsanleitung für Ein- und Umbau.
- Gibt es noch Ersatzteile? Sicherheitshalber bei einem Händler nachfragen. (Achtung: Kosten!)

Der Kauf

Bevor Sie sich für einen Kindersitz entscheiden, sind einige „Vorarbeiten" notwendig.

Der erste Ansatz sind die diversen Kindersitztests der Autofahrerclubs und des Vereins für Konsumenten Information VKI. Diese Tests sind für Sie die erste Entscheidungsgrundlage. Aber Achtung! Nicht immer ist der Testsieger auch für Sie die erste Wahl (abgesehen vom Preis). Ist der Sitz für Ihr Auto geeignet und hat es der Nachwuchs auch bequem? Das sind Fragen, die Sie sich auch bei einem Testsieger stellen sollten. Es schadet auch nicht,

wenn Sie beim Importeur (nicht beim Händler!) Ihres Autos nach den für Ihr Auto besonders geeigneten Kindersitzen nachfragen.

Bevor Sie zur Tat schreiten noch ein paar Kleinigkeiten, nach denen Sie im Geschäft gefragt werden:

- Wie schwer ist Ihr Kind?
- Wie alt ist es?
- In welchem Auto oder in welchen Autos soll der Kindersitz montiert werden? (Auto von der Mama, vom Papa, Opa, Omi.....)

Checkliste für den Kauf

- Fahren Sie mit dem Auto, in dem Sie den Kindersitz montieren wollen zum Kauf.
- Kaufen Sie nie einen Kindersitz ohne Ihr Kind.
- Nehmen Sie sich noch jemanden ins Geschäft mit. Oma und Opa sind da besonders geeignet, denn abgesehen von der Aufsicht für den oder die Kleinen, wenn Sie sich beraten lassen und entscheiden wollen, übernehmen Oma und Opa auch manchmal die Kosten für den Kindersitz (zwei Fliegen mit einer Klappe!).
- Schlagen Sie nicht bei der erst besten Gelegenheit zu (gilt übrigens auch für die Erziehung der Kinder...).
- Lassen Sie sich die Montage des Kindersitzes in Ihrem Auto erklären und vorzeigen.
- Montieren Sie den Sitz in Ihrem Auto und testen Sie selbst, wie „einfach" die Montage in Ihrem Auto ist.
- Setzten Sie Ihr Kind in den Sitz und „schnallen" Sie es an.
- Beurteilen Sie ob das Kind „bequem" sitzen kann.

Zusätzliche Informationen

... zum Thema Kindersitz mit allen wichtigen Adressen finden Sie im Internet unter www.autokindersitz.at.

Recht und Hilfe

Gesetzliche Bestimmungen

Mutterschutzbestimmungen
a) Mutterschutzgesetz
b) Schutzfrist
c) Kündigungs- und Entlassungsschutz
d) Arbeitsverbote

a) Mutterschutzgesetz
Die Mutterschutzbestimmungen dienen dem Schutz Ihrer Gesundheit als (werdende) Mutter und dem Schutz der Gesundheit Ihres Kindes. Sie können jedoch erst dann in Kraft treten, wenn Ihr Arbeitgeber von Ihrer Schwangerschaft Kenntnis hat.

Die Schutzbestimmungen gelten für

- Arbeiterinnen
- Angestellte
- Lehrlinge
- Heimarbeiterinnen (mit gewissen gesetzlichen Abänderungen)
- Hausgehilfinnen und
- gewisse Gruppen öffentlicher Bediensteter.

Hinweis: Für selbständig erwerbstätige Frauen (in Gewerbe, Land- und Forstwirtschaft) gibt es besondere Mutterschutzregelungen.

Sobald der Arbeitgeber Ihre Schwangerschaft zur Kenntnis genommen hat, stehen Sie unter Kündigungs- und Entlassungsschutz. Der Arbeitgeber muss dies sofort dem zuständigen Arbeitsinspektorat melden und Ihnen eine Kopie dieser Meldung aushändigen. Sollten Sie früher als geplant entbinden, melden Sie auch dies - soweit möglich - rechtzeitig Ihrem Arbeitgeber, damit Sie später bei der Berechnung der Schutzfrist und des Wochengeldes keine Probleme haben.

b) Schutzfrist

Schutzfrist bedeutet, dass Sie in den letzten acht Wochen vor der Geburt sowie acht Wochen nach der Geburt nicht beschäftigt werden dürfen. Bei einer Mehrlings- oder Frühgeburt bzw. bei einem Kaiserschnitt gilt eine Schutzfrist von zwölf Wochen nach der Geburt. Kommt Ihr Kind früher als erwartet auf die Welt, so verlängert sich diese achtwöchige Schutzfrist um die Anzahl jener Tage, um die Ihr Kind früher geboren wurde, jedoch sind zwölf Wochen das Maximum.

c) Kündigungs- und Entlassungsschutz

Dieser gibt Ihnen die Sicherheit, dass Sie während der Schwangerschaft und bis zu den ersten vier Monaten nach der Geburt nicht gekündigt werden dürfen, sofern Ihr Arbeitgeber von Ihrer Schwangerschaft in Kenntnis gesetzt wurde. Dies gilt nicht während einer Probezeit oder im Falle eines befristeten Arbeitsverhältnisses.

Wenn Sie in Karenz gehen, dürfen Sie während der Schwangerschaft und bis zum Ablauf von vier Wochen nach Ende der Karenz nicht gekündigt werden.

Kommt es zu einer einvernehmlichen Auflösung des Dienstverhältnisses, so ist diese Auflösung nur dann wirksam, wenn sie schriftlich vereinbart wurde. Minderjährige brauchen dafür eine zusätzliche Bescheinigung der Arbeiterkammer oder des Arbeits- und Sozialgerichts.

d) Arbeitsverbote

Während der Schwangerschaft und nach der Entbindung dürfen Mütter nicht mit schwerer körperlicher Arbeit beschäftigt werden.

Werden Sie jedoch gekündigt, bevor Ihr Arbeitgeber Kenntnis von Ihrer Schwangerschaft hat, dann müssen Sie ihm innerhalb von fünf Tagen die ärztliche Bestätigung über Ihre Schwangerschaft bringen. Sollte der Arbeitgeber sich nicht an die gesetzlichen Bestimmungen halten, können Sie beim Arbeits- und Sozialgericht eine Klage einbringen.

Folgende Umstände können u. a. zu einem Arbeitsverbot führen:

- Heben und Tragen von schweren Lasten
- Arbeiten, die überwiegend im Stehen verrichtet werden (auch wenn es Sitzgelegenheiten zum Ausruhen gibt)
- Arbeiten, bei denen die werdende Mutter der Gefahr einer Berufserkrankung ausgesetzt ist
- schädliche Einwirkungen, wie z.B. Staub, Gase, Dämpfe, Hitze, Kälte, Nässe etc.
- Akkord- bzw. Fließbandarbeiten mit vorgeschriebenem Arbeitstempo
- Tätigkeiten mit ständigem Sitzen, außer es besteht Gelegenheit zu kurzen Arbeitsunterbrechungen
- Arbeiten mit gesundheitsgefährdenden Stoffen
- Beschäftigung auf Beförderungsmitteln
- Arbeiten, bei denen nichtrauchende Schwangere Tabakrauch ausgesetzt sind, außer im Betrieb ist Rauchverbot unzumutbar (z.B. Gastgewerbe)
- Arbeiten mit bestimmten biologischen Stoffen

Wenn Sie eine Arbeit verrichten, die unter diese oben genannten Punkte fällt, muss Ihnen Ihr Arbeitgeber einen anderen Arbeitsplatz zur Verfügung stellen. Falls dies nicht möglich ist, ist der Arbeitgeber trotzdem verpflichtet, Ihnen Ihren Lohn weiterzuzahlen (allerdings ohne Berücksichtigung von Überstunden). Wenn Sie sich nicht sicher sind, ob Arbeitsverbote bei Ihrer Arbeit zu tragen kommen, wenden Sie sich an das Arbeitsinspektorat.

Bei Unklarheiten über Regelungen, die den Mutterschutz betreffen, wenden Sie sich bitte an die jeweilige Arbeiterkammer bzw. wenn Sie Gewerkschaftsmitglied sind, an Ihre

Fachgewerkschaft. Auch in den Elternschulen finden Sie Gelegenheit, mit Rechtsberater der Arbeiterkammer persönlich zu sprechen.

Wochengeld

- Unselbständig erwerbstätige Frauen
- Selbständig erwerbstätige Frauen
- Geringfügig beschäftigte und freie Arbeitnehmerinnen
- Sozialhilfe für mittellose werdende Mütter und Wöchnerinnen

Während des Wochengeldbezugs sind Untersuchungen (Behandlungen) im Zusammenhang mit der Schwangerschaft von der Ambulanzgebühr befreit. Weitere Informationen über Ausnahmen zum Behandlungsbeitrag/ Ambulanz erhalten Sie bei Ihrer Gebietskrankenkasse.

Unselbständig erwerbstätige Frauen

Unselbständig erwerbstätige Frauen bekommen für die Zeit der Schutzfrist Wochengeld.

Schutzfrist:

Ab Beginn der achten Woche vor der voraussichtlichen Geburt kann das Wochengeld beantragt werden.

Höhe des Wochengeldes:

Das Wochengeld ist so hoch wie der Durchschnittsnettoverdienst der letzten drei vollen Kalendermonate. Sonderzahlungen werden in Form eines Zuschlages zum Wochengeld abgegolten. Beziehen Sie jedoch Karenzgeld, Kinderbetreuungsgeld, Arbeitslosengeld oder Notstandshilfe, wird das Wochengeld anders berechnet (fragen Sie bei der Gebietskrankenkasse nach).

Ausbezahlt wird das Wochengeld im Nachhinein, d.h. ca. vier Wochen nach Antragstellung bekommen Sie Ihr Geld. Sollten Sie jedoch nach diesen vier Wochen noch immer nichts von Ihrer Krankenkasse gehört haben, dann wenden Sie sich bitte an Ihren Sachbearbeiter.

Besteht Gefahr für Leben und Gesundheit von Mutter oder Kind bei Fortdauer der Beschäftigung, so kann unter Vorlage einer fachärztlichen Bestätigung von der Arbeitsinspektion bzw. vom Amtsarzt vor Beginn der Schutzfrist eine völlige oder eine befristete Dienstfreistellung verfügt werden. Für die Zeit einer solchen Freistellung wird von der zuständigen Krankenkasse ein „vorgezogenes Wochengeld" bezahlt.

Mitzubringende Dokumente:

- Arztbestätigung über den voraussichtlichen Geburtstermin
- Arbeits- und Entgeltbestätigung für das Wochengeld (erhältlich bei der Krankenkasse)
- „Mitteilung über den Leistungsanspruch" (ein Computerausdruck, der Beginn, Höhe und Ende des Anspruchs enthält), die Sie nur dann benötigen, wenn Sie unmittelbar vor Beginn der achtwöchigen Schutzfrist Arbeitslosengeld, Notstandshilfe oder Karenzgeld (für Geburten bis 31. Dezember 2001) bzw. Kinderbetreuungsgeld (für Geburten ab 1. Jänner 2002) erhalten haben. Diese ist beim zuständigen Arbeitsmarktservice erhältlich.

Zuständige Behörde:

die Krankenkasse

Selbständig erwerbstätige Frauen

Selbständig erwerbstätige Frauen erhalten für die Zeit der Schutzfrist Betriebshilfe/Wochengeld. Wochengeld gebührt unter der Voraussetzung, dass eine geeignete Hilfe ständig zur Entlastung der Wöchnerin eingesetzt wird.

In erster Linie ist an die Beschäftigung einer betriebsfremden Hilfe gedacht, die erst aus Anlass der Mutterschaft der Unternehmerin eingestellt wird. Aber auch eine nichtbetriebsfremde Hilfe kann bei entsprechender Umverteilung der Arbeit die Unternehmerin entlasten. Die Zahlung eines Entgeltes ist nicht erforderlich. Selbst Ehepartner, Verwandte oder Bekannte können im Betrieb aushelfen. Ausnahmsweise ist der Bezug von Wochengeld auch ohne Einsatz einer Hilfe möglich, wenn auf Grund der örtlichen Lage des Betriebes eine Hilfe nicht herangezogen werden kann oder wegen der Art der Berufsausübung nicht herangezogen werden darf. Die Hilfe kann entweder an mindestens vier Tagen der Woche oder zu 20 Wochenstunden eingesetzt werden.

Die Pflichtversicherung in der Krankenversicherung muss aufrecht bleiben.

Höhe des Wochengeldes:

- EUR 22,71 pro Tag

Mitzubringende Dokumente:

- Kopie der Arztbestätigung über den voraussichtlichen Geburtstermin
- Kopie der Arztbestätigung über den tatsächlichen Geburtstermin
- Kopie der Geburtsurkunde des Kindes
- Mutter-Kind-Pass

Zuständige Behörde:

die Sozialversicherung der Gewerblichen Wirtschaft

Geringfügig Beschäftigte und freie Arbeitnehmerinnen

Seit 1. Jänner 1998 ist es möglich, auf Grund einer geringfügigen Beschäftigung eine Selbstversicherung in der Pensions- und Krankenversicherung zu beantragen.

Höhe des Wochengeldes:

- EUR 7,01 pro Tag

Auch freie Arbeitnehmerinnen erhalten ein fixes Wochengeld.

Höhe des Wochengeldes:

- EUR 7,01 pro Tag

Freie Arbeitnehmerinnen, die unter der Geringfügigkeitsgrenze beschäftigt sind, erhalten nur dann ein Wochengeld, wenn sie eine Selbstversicherung in der Pensions- und Krankenversicherung beantragt haben.

Zuständige Behörde:

die Krankenkasse

Sozialhilfe für mittellose werdende Mütter und Wöchnerinnen

Allein stehende oder mittellose schwangere Frauen, deren Ehegatte oder Lebensgefährte nur ein sehr niedriges oder kein ausreichendes Einkommen bezieht, haben Anspruch auf Sozialhilfeleistungen nach dem jeweiligen Landesgesetz. In manchen Bundesländern erhalten auch Studentinnen – sofern sie ihren Hauptwohnsitz im Bundesland haben – Sozialhilfe.

Voraussetzung:

Es dürfen keine sonstigen Unterhaltsansprüche (z.B. gegenüber dem Ehegatten bzw. bei Minderjährigen gegenüber den noch unterhaltspflichtigen Eltern) oder sozial- und arbeitslosenversicherungsrechtliche Ansprüche der werdenden Mutter vorliegen.

Achtung:

Wenn die Schwangere keinerlei Ansprüche auf Leistungen einer gesetzlichen Krankenversicherung hat, die für die Schwangerschaft und Entbindung notwendig wären, so werden ihr diese ärztlichen Behandlungen und die Unterbringung im Spital durch die Sozialhilfe ermöglicht.

191

Schwangeren und Müttern mit Säuglingen und Kleinkindern, die sich in einer akuten Krisensituation befinden, werden landesweit vorübergehende Wohnmöglichkeiten in Zimmern bzw. Wohnungen zur Verfügung gestellt. Auch eine entsprechend begleitende sozialarbeiterische Betreuung wird angeboten.

Zuständige Behörde:

- in Wien: Amt für Jugend und Familie
- in den Bundesländern: Jugendabteilungen der jeweiligen Bezirkshauptmannschaft

Wenn Sie Fragen haben, die das Wochengeld betreffen, dann wenden Sie sich bitte an die jeweilige Arbeiterkammer bzw. wenn Sie Gewerkschaftsmitglied sind, an Ihre Fachgewerkschaft. Sie können aber auch gerne Ihre Fragen an die Rechtsberater der Arbeiterkammern, die regelmäßig in den Elternschulen vertreten sind, richten.

Mutter-Kind-Pass

Der Mutter-Kind-Pass ist gesetzlich nicht vorgeschrieben, die darin vorgesehenen Untersuchungen und Befunde sind jedoch wichtige Vorsorgen für Mutter und Kind.

Weiters bildet der Mutter-Kind-Pass die Grundlage für den Anspruch auf Kinderbetreuungsgeld in voller Höhe ab dem 21. Lebensmonat des Kindes (für Geburten ab 1. Jänner 2002).

Der Mutter-Kind-Pass sollte noch vor der 16. Schwangerschaftswoche angefordert werden.

Sie erhalten Ihren Mutter-Kind-Pass bei dem/der GynäkologIn, bei dem/der praktischen ÄrztIn, in den Bezirksgesundheitsämtern, in den Fachambulatorien der Gebietskrankenkasse, in den Ambulanzen von Krankenanstalten mit geburtshilflichen Abteilungen sowie in den Schwangerenberatungsstellen.

Um Anspruch auf Kinderbetreuungsgeld in voller Höhe ab dem 21. Lebensmonat (für Geburten ab 1. Jänner 2002) zu haben, müssen alle bis zur Vollendung des ersten Lebensjahres vorgesehenen Mutter-Kind-Pass-Untersuchungen (sowohl der Schwangeren als auch des Kindes) durchgeführt werden.

Für den Bezug von Kinderbetreuungsgeld (für Geburten ab 1. Jänner 2002) sind die Mutter-Kind-Pass-Untersuchungen bis zum Ende des 18. Lebensmonats des Kindes nachzuweisen, da ansonsten nur das halbe Kinderbetreuungsgeld gebührt (ab dem 21. Lebensmonat des Kindes).

Als Nachweis für die Mutter-Kind-Pass-Untersuchungen senden Sie die zwei Formblätter aus dem Mutter-Kind-Pass im Original vor dem Ende des 18. Lebensmonat des Kindes eingeschrieben an den zuständigen Krankenversicherungsträger.

Mitzubringende Dokumente für das Kinderbetreuungsgeld:

Arztbestätigungen über Mutter-Kind-Pass-Untersuchungen (zwei Formblätter befinden sich hinten im Mutter-Kind-Pass)

Zuständige Behörde für das Kinderbetreuungsgeld:

der für das KBG zuständige Krankenversicherungsträger

Schwangerenberatung

Der regelmäßige Besuch einer Beratungsstelle bzw. der Ordination eines/einer GynäkologIn sollte im Sinne von Mutter und Kind spätestens im dritten Schwangerschaftsmonat einsetzen.

Während der Schwangerschaft ist es sehr wichtig, ständig unter ärztlicher Betreuung zu stehen, denn nur dann kann bei dem geringsten Anzeichen einer gesundheitlichen Gefährdung rechtzeitig die entsprechende Behandlung erfolgen. Auch in der Schwangerenberatungsstelle der Stadt Wien erfolgt die Untersuchung und Beratung durch Facharz tInnen. Dort werden ebenfalls die im Mutter-Kind-Pass vorgesehenen Untersuchungen vorgenommen.

Informationen bekommen Sie:

in Wien:

- Schwangerenberatungsstellen der Stadt Wien
- Wilhelminenspital - Risikoambulanz
- Allgemeines Krankenhaus (AKH) - geburtshilfliche Abteilung
- Spitäler der Stadt Wien

in allen Bundesländern:

- Eltern-Kind-Zentren
- Familienhebammen
- Familien- und Partnerberatungen
- Spitäler und Apotheken

Geburtsvorbereitungskurse/Elternbildung

Geburtsvorbereitungskurse werden österreichweit in folgenden Institutionen angeboten:

- in geburtshilflichen Abteilungen
- in Schwerpunktspitälern bzw. Landeskrankenhäusern
- in Entbindungskliniken
- in den Stützpunkten der Familienhebammen
- in einigen Volkshochschulen
- bei privaten Vereinigungen wie z.B. bei der „NANAYA Beratungsstelle für Schwangerschaft, Geburt und Leben mit Kindern in Wien"

Elternbildung

Elternbildung wird von verschiedensten, vor allem gemeinnützigen Trägern organisiert. Im ganzen Bundesgebiet bieten Bildungseinrichtungen, Eltern-Kind-Zentren, Familienorganisationen, öffentliche AnbieterInnen und zahlreiche private Initiativen Veranstaltungsreihen oder auch Einzelveranstaltungen (an Abenden, tagsüber, an Wochenenden ebenso wie während der Arbeitswoche) an. Einen österreichweiten Überblick über Elternbildungsangebote finden Sie unter www.eltern-bildung.at.

In Elternbildungsseminaren können Mütter und Väter Wissen über die jeweilige Entwicklungsphase des Kindes bzw. des/der Jugendlichen erwerben, den partnerschaftlichen Umgang miteinander weiterentwickeln, die Gesprächsfähigkeit stärken, verschiedene Möglichkeiten der Konfliktlösung kennen lernen und erproben, sich ihrer Stärken in der Vater- und Mutterrolle bewusst werden und ihren persönlichen Erziehungsstil fortentwickeln, eventuell auftretende Probleme frühzeitig erkennen, um rechtzeitig eine geeignete Hilfestellung in Anspruch nehmen zu können und sich über die Schwerpunkte innerhalb einzelner Lebensphasen informieren.

Schwangerschaftsgymnastik

Schwangerschaftsgymnastik wird in ganz Österreich in geburtshilflichen Abteilungen und Entbindungskliniken, in den Stützpunkten der Familienhebammen und in den Eltern-Kind-Zentren des Amtes für Jugend und Familie angeboten.

Säuglingsausstattung/Wäschepaket

Die „Säuglingsausstattung" bzw. „Ausstattung für Kleinkinder" ist ein Geschenk der Stadt Wien. Der Inhalt der Ausstattung ist auf die Bedürfnisse des Kindes im ersten bzw. zweiten Lebensjahr abgestimmt. Wahlweise kann eine Säuglingsausstattung oder eine Ausstattung für Kleinkinder angefordert werden.

In den restlichen Bundesländern erkundigen Sie sich bitte beim Amt für Jugend und Familie.

Frist:

Die Anmeldung ist vor der Geburt Ihres Kindes erforderlich.

Um Anspruch auf eine Säuglingsausstattung/ein Wäschepaket zu haben, müssen Sie einen Mutter-Kind-Pass besitzen und die ersten beiden Untersuchungen müssen bereits erfolgt sein.

Mitzubringende Dokumente:

- Mutter-Kind-Pass (mit den Eintragungen der ersten beiden Untersuchungen)
- Meldezettel
- in Wien: rosa Bezugskarte (bei der Anmeldung erhältlich)

Zuständige Behörde:

das jeweilige Amt für Jugend und Familie

Amtswege, Rechte und Pflichten nach der Geburt

Bevor aus Ihrem Nachwuchs ein „ordentlicher" Staatsbürger mit all seinen Rechten und vor allem Pflichten wird, gilt es, auf den berühmten Behördenweg einzubiegen und diesen auch zu beschreiten. Alle Informationen welche Dokumente Sie brauchen, welche Dokumente Sie bekommen und vor allem welche Abgaben zu entrichten sind erfahren Sie in diesem Kapitel. Keine Angst, die Stempelmarke ist längst Geschichte, im Amt von heute werden Bankomat-Karten akzeptiert. Das tut im ersten Moment nicht ganz so weh wie Bargeld, kostet in Wahrheit aber mehr.

Sehen Sie es nicht so negativ, Sie sind gerade Vater und Mutter geworden und diese ersten Ausgaben, die Sie jetzt für den Nachwuchs leisten, sind noch die geringsten der nächsten Jahre. Tagesmutter, Kindergarten, Schule, Sie werden schauen, was es kostet einen kleinen Erdenbürger zu erziehen. Das Haus in Lech und die Finca auf Ibiza können Sie vergessen (nur um noch einmal Frau BM Elisabeth Gehrer nicht ganz korrekt zu zitieren!) – aber zurück zum eigentlichen Thema:

Prinzipiell hat sich in den letzten Jahren in Sachen Amtsweg Einiges getan. In manchen Bundesländern (z.B. Wien (einige Bezirke) und Niederösterreich) wurden Bürgerservices oder neudeutsch Frontoffices eingerichtet, wo wir Bürger nur einen Ansprechpartner, nur eine Anlaufstelle für fast alle Behördenwege haben. Wir Bürger sind vom Bittsteller zum Kunden mutiert (kaum zu glauben!) und das bringt Einiges. Dennoch werden Sie merken, dass noch nicht alles ganz reibungslos funktioniert. Vielleicht funktioniert dann alles, wenn Sie mal für Ihr Enkerl Amtswege erledigen, dann, in ferner Zukunft haben sich alle Unwegsamkeiten und Schlaglöcher am Amtsweg erledigt.

Ein kleines Beispiel: Am Standesamt, Ihre erste Station gleich nach der Entbindung, bekommen Sie zusätzlich zur Geburtsurkunde auch eine Meldung an die zuständige Gebietskrankenkasse. Die zuständige Gebietskrankenkasse ist jene, wo der jeweilige Erziehungsberechtigte versichert ist (das hängt wiederum vom Arbeitsplatz ab). Gut, Sie schicken dieses Dokument an die Krankenkasse oder bringen es persönlich vorbei. Wenige Wochen später erhält Ihr Nachwuchs seinen ersten Brief, eben von dieser Krankenkasse mit seiner Sozialversicherungsnummer und Aufforderung seine Daten doch zu überprüfen und Änderungen wiederum an die Krankenkasse zu melden. Da die berühmte Sozialversicherungsnummer aus zehn Ziffern besteht, wobei sechs davon das Geburtsdatum darstellen, ist es mir bis heute ein Rätsel warum ein Säugling im stolzen Alter von ca. drei Wochen einen Brief der Sozialversicherung bekommt. Sie merken schon: gedacht wird in vielen Bereichen des „öffentlichen" Lebens nicht wirklich. Ein Form- oder Serienbrief wird ins Kuvert gesteckt und ab die Post. Vielleicht wäre es bei etwas Nachdenken möglich, dem Papa oder der Mama, eben jenem Elternteil, bei dem Kleinstein mitversichert ist, zur Geburt zu gratulieren, die Sozialversicherungskarte für den Nachwuchs zu schicken und um Korrektur bei etwaigen Fehlern zu bitten. Es ist nicht möglich! Daher gleich eine Bitte meinerseits, versuchen Sie nicht bei der Krankenkasse anzurufen, es ist sinnlos! Das einzige, was Sie nach so einem Anruf brauchen ist ein Krankenschein, um die etwaigen Schäden an Ihrem Nervenkostüm wieder halbwegs in den Griff zu bekommen und dieser Krankenschein kostet bekanntlich Geld.

Aber es gibt auch Erfreuliches: das Standesamt! Das zuständige Standesamt ist das Standesamt des Geburtsortes, nicht jenes Ihres Wohnsitzes. Also in meinem Fall war der Geburtsort Wien Alsergrund, also der 9. Bezirk, zuständig somit das Standesamt für den 9. Bezirk und nicht die Bezirkshauptmannschaft Mödling, unser Wohnsitz.

Wenn Sie alle Dokumente beisammen haben, welche Sie brauchen lesen Sie in diesem Kapitel oder im Internet auf www.help.gv.at, dann erledigt sich die Ausstellung der Geburtsurkunde, inklusive Weg zur Kassa und Bezahlung der fälligen Gebühren, in längsten zwanzig Minuten. Wichtig: überlegen Sie genau wie Sie Ihr Baby die nächsten fünfzig Jahre (das erleben Sie locker) rufen wollen. Einige Anmerkungen lesen Sie im Kapitel Namensroulette. Auch wenn Sie sich längst entschieden haben, kommen Ihnen (zumindest war das bei mir so) spätestens dann Zweifel, wenn Ihnen der Standesbeamte das Formular vorlegt, wo

Sie den Namen Ihres Kindes auf alle Zeiten festlegen müssen. Einigen Sie sich mit Ihrem Partner und Ihrem Gewissen auch auf einen zweiten Namen. Sinn macht es den Vornamen des Großvaters als zweiten Namen eintragen zu lassen. Dieser zweite Vorname hat zwei Vorteile, erstens fühlt sich der Opa/ die Oma oder der Schwiegervater/ die Schwiegermutter geschmeichelt und zweitens bezahlt er dann meistens die Taufe. Eine Bitte: machen Sie keine Schreibfehler, überlegen Sie genau die Schreibweise der beiden Vornamen, es geht um die Zukunft Ihres Kindes. Das klingt jetzt vielleicht etwas lächerlich, aber Sie wollen Ihr Kind doch nicht während der gesamten Schulzeit dem Spott der restlichen Klasse aussetzen, oder noch schlimmer: nehmen wir an Ihr Schwiegervater heißt Helmut, wissen Sie ganz genau ob er sich Helmuth oder Helmut schreibt? (Mir ist es kurzzeitig ziemlich heiß geworden, zumal meine Frau exakt in diesem Moment am Handy nicht erreichbar war.) Jetzt, im Moment der Wahrheit vor dem Standesbeamten kann der falsch geschriebene Vorname einiges kosten, zumindest die Kosten für die Taufe.

Nach der Geburt gesetzlich vorgeschriebene Schritte und deren Reihenfolge:

- Geburtsurkunde
- Wohnsitzanmeldung
- Staatsbürgerschaftsnachweis für ein Kind
- Meldung bei der Sozialversicherung

Empfehlenswerte Schritte:

- Pass bzw. Eintragung in den Reisepass
- Personalausweis
- Kindergarten-Anmeldung

Finanzielle Tipps:

- Wochengeld
- Kinderbetreuungsgeld
- Beihilfen

Geburtsurkunde

Die Geburtsurkunde sollte so schnell wie möglich beantragt werden, spätestens innerhalb eines Monats nach der Geburt.

Die Anmeldung der Geburt kann erst dann vorgenommen werden, wenn das Spital bzw. die Hebamme die entsprechende Mitteilung („Anzeige zur Geburt") an das Standesamt geschickt hat. Das Gleiche gilt auch bei einer Hausgeburt.

In der Geburtsurkunde werden der Name des Kindes und die familiäre Situation zur Zeit der Geburt festgehalten. Wenn Sie sich nicht gleich nach der Geburt im Spital für den Vornamen des Kindes entscheiden können, müssen Sie längstens innerhalb eines Monats beim Standesamt vorsprechen und dort den Vornamen beurkunden lassen.

Wer in Wien seinen Hauptwohnsitz hat und hier eine Geburt anmeldet, kann gleichzeitig am Standesamt den Staatsbürgerschaftsnachweis für das Kind beantragen. In diesem Fall sind die entsprechenden Dokumente für den Staatsbürgerschaftsnachweis mitzubringen.

In der Geburtsurkunde kann der Vater nur dann angegeben werden, wenn er freiwillig die Vaterschaft anerkennt oder sie durch ein Gerichtsurteil festgestellt wurde.

Die Geburtsurkunde benötigen Sie für die Wohnsitzanmeldung Ihres Neugeborenen.

Zur Anmeldung der Geburt sind in der Regel bei ehelichen Kindern die Eltern, bei unehelichen Kindern die Mutter berechtigt.

Ob das Kind ehelich oder unehelich geboren ist, hängt vom Zeitpunkt der Geburt ab. Ist die Mutter verheiratet, wird grundsätzlich angenommen, dass der Ehemann auch der Vater ist. Wenn z.B. am Tag der Geburt noch vor der Geburt geheiratet wurde, ist das Kind ehelich geboren.

In den meisten Fällen wird die Vaterschaftsanerkenntnis ebenfalls im Standesamt durchgeführt. Andernfalls wird die Vaterschaftsanerkenntnis erst dadurch wirksam, dass die

Urkunde über diese Erklärung oder deren öffentlich beglaubigte Abschrift dem zuständigen Standesamt (Geburtsort des Kindes) zukommt.

Es ist empfehlenswert, dass der Vater eines unehelichen Kindes in die Geburtsurkunde eingetragen wird.

Zuständige Behörde:

Die Geburtsurkunde stellt das Standesamt jenes Ortes aus, in dem das Kind geboren wurde. Wenn nicht zu Hause entbunden wird, richtet sich die Zuständigkeit des Standesamtes nach dem Standort des Spitals, in dem das Kind geboren ist.

Standesamt:

- in Städten mit Bundespolizei: im Magistratischen Bezirksamt
- in Städten ohne Bundespolizei: Gemeindeamt

Gebühren:

- EUR 6,50 Bundesabgabe plus EUR 2,10 Verwaltungsabgabe

Mitzubringende Dokumente:

Wird die Geburt nicht von einem Elternteil oder Großelternteil des Kindes, beziehungsweise der Person, die die Vaterschaft anerkennt, angemeldet, bedarf es einer Vollmacht der Eltern (Mutter).

Zur Beilegung der Vornamen für ein Neugeborenes sind bei ehelicher Geburt die Eltern, bei unehelicher Geburt in der Regel die Mutter berechtigt. Wird die Geburt von einem Großelternteil, oder dem außerehelichen Vater, der die Vaterschaft anerkennen will, angemeldet, ist daher eine Erklärung der Mutter beizulegen.

Folgende Fälle können gegeben sein:

a) Eltern verheiratet

b) Mutter ledig

201

c) Mutter geschieden

d) Mutter verwitwet

ad a) Eltern verheiratet:

- Geburtsurkunden der Eltern

- Heiratsurkunde der Eltern

- Staatsbürgerschaftsnachweise (lautend auf den aktuellen Familiennamen) der Eltern

- Meldezettel über den Hauptwohnsitz der Eltern

- Nachweis akademischer Grade

- bei AusländerInnen zusätzlich:

  - Reisepässe oder Staatsangehörigkeitsausweise der Eltern statt österreichischem Staatsbürgerschaftsnachweis

  - alle fremdsprachigen Urkunden im Original und mit Übersetzung von einem/einer gerichtlich beeideten DolmetscherIn

ad b) Mutter ledig:

- Geburtsurkunde der Mutter

- Staatsbürgerschaftsnachweis der Mutter

- Meldezettel über den Hauptwohnsitz der Mutter

- Nachweis akademischer Grade

- bei AusländerInnen zusätzlich:

  - Reisepässe oder Staatsangehörigkeitsausweise der Eltern statt österreichischem Staatsbürgerschaftsnachweis

  - alle fremdsprachigen Urkunden im Original und mit Übersetzung von einem/einer gerichtlich beeideten DolmetscherIn

ad c) Mutter geschieden:

- Geburtsurkunde der Mutter

- Heiratsurkunde der letzten Ehe
- Scheidungsurteil bzw. -beschluss mit Bestätigung der Rechtskraft der geschiedenen Ehe (diese erhalten Sie beim Scheidungsgericht)
- Meldezettel über den Hauptwohnsitz der Mutter
- Staatsbürgerschaftsnachweis der Mutter
- Nachweis akademischer Grade
- bei AusländerInnen zusätzlich:
  - Reisepässe oder Staatsangehörigkeitsausweise der Eltern statt österreichischem Staatsbürgerschaftsnachweis
  - alle fremdsprachigen Urkunden im Original und mit Übersetzung von einem/einer gerichtlich beeideten DolmetscherIn

ad d) Mutter verwitwet:

- Geburtsurkunde der Mutter
- Staatsbürgerschaftsnachweis der Mutter
- Meldezettel über den Hauptwohnsitz der Mutter
- Heiratsurkunde der letzten Ehe
- Sterbeurkunde des Ehegatten
- Nachweis akademischer Grade
- bei AusländerInnen zusätzlich:
  - Reisepässe oder Staatsangehörigkeitsausweise der Eltern statt österreichischem Staatsbürgerschaftsnachweis
  - alle fremdsprachigen Urkunden im Original und mit Übersetzung von einem/einer gerichtlich beeideten DolmetscherIn

Wohnsitzanmeldung

Das Neugeborene muss spätestens drei Tage nach der Rückkehr aus der Geburtsstation angemeldet werden.

Bitte zuerst die Geburtsurkunde beim Standesamt abholen, weil diese für die Anmeldung erforderlich ist.

Mitzubringende Dokumente:

- amtlicher Lichtbildausweis der/des Anmeldenden
- Geburtsurkunde des Kindes

Meldezettel erhältlich:

- direkt in den Meldebehörden
- in Trafiken
- als Meldezettel-Formular Download im Internet: www.help.gv.at

Zuständige Behörde:

- in den Bundesländern: der Meldeservice der Gemeindeämter
- in Wien: der Meldeservice der Magistratischen Bezirksämter

Anmerkung: Für ausländische StaatsbürgerInnen ist es Pflicht, ein Visum für das Kind zu beantragen (siehe auch Aufenthaltsvisum) und die Eintragung des Kindes im Reisepass zu veranlassen.

Staatsbürgerschaftsnachweis für ein Kind

Der Staatsbürgerschaftsnachweis ist die Bestätigung, dass ein Kind die österreichische Staatsbürgerschaft besitzt.

Der Antrag für einen Staatsbürgerschaftsnachweis des Neugeborenen ist nur nach einer bereits erfolgten Geburtsanmeldung möglich.

Ein eheliches Kind erwirbt die österreichische Staatsbürgerschaft ab dem Zeitpunkt der Geburt, auch wenn nur ein Elternteil österreichischer Staatsbürger ist. Dies gilt nur für Kinder, die ab 1. September 1983 geboren sind. Ein uneheliches Kind erwirbt sie, wenn die Mutter österreichische Staatsbürgerin ist. Wird der Staatsbürgerschaftsnachweis von einer anderen Person als den Eltern oder den Großeltern des Kindes beantragt, wird eine von den gesetzlichen Vertretern erteilte Vollmacht benötigt.

Wer in Wien seinen Hauptwohnsitz hat und hier eine Geburt anmeldet, kann gleichzeitig den Staatsbürgerschaftsnachweis für das Kind bzw. eine Namensänderung im Staatsbürgerschaftsnachweis beantragen. In diesem Fall sind die entsprechenden Dokumente für den Staatsbürgerschaftsnachweis mitzubringen.

Mitzubringende Dokumente:

- Geburtsurkunde des Kindes
- Meldezettel des Kindes
- amtlicher Lichtbildausweis des/der AntragstellerIn

Wenn das Kind ehelich geboren und die Ehe aufrecht ist benötigt man zusätzlich:

- Heiratsurkunde der Eltern
- Staatsbürgerschaftsnachweis jenes Elternteiles, welcher die österreichische Staatsbürgerschaft besitzt

Wenn das Kind ehelich geboren und die Ehe nicht mehr aufrecht ist benötigt man zusätzlich:

- Staatsbürgerschaftsnachweis des/der AntragstellerIn (InhaberIn des Sorgerechtes)
- wenn vorhanden: Scheidungsurkunde (wegen Bestätigung des Sorgerechtes)
- wenn vorhanden: Sterbeurkunde

Wenn das Kind unehelich geboren wurde benötigt man zusätzlich:

- Geburtsurkunde der Mutter
- Staatsbürgerschaftsnachweis der Mutter

Zuständige Behörde:

- im Gemeindeamt bzw. Magistrat
- in Wien: in allen Magistratischen Bezirksämtern, in der Magistratsabteilung 61 im Rathaus und in den Standesämtern

Gebühren:
EUR 41,- Verwaltungsgebühr in bar, kann jedoch von Bundesland zu Bundesland variieren.

Hinweis: Noch nicht vergebührte Dokumente (z.B. ausländische Geburts- oder Heiratsurkunden), die bei der Ausstellung des Staatsbürgerschaftsnachweises vorzulegen sind, können in bar oder – falls die Möglichkeit besteht – mittels alternativer Zahlungsmöglichkeiten (z.B. Bankomat-/Kreditkarte) vergebührt werden.

Meldung bei der Sozialversicherung

Grundsätzlich muss die Meldung über die Geburt des Kindes verpflichtend von dem/der Versicherten, d.h. entweder dem Vater oder der Mutter, an die Sozialversicherung vorgenommen werden. Es kann auch sein, dass die Meldung bereits vom Arbeitgeber des Vaters oder der Mutter abgegeben worden ist.

Die Meldung über die Mitversicherung des neugeborenen Kindes sollte unverzüglich beim Arbeitgeber erstattet werden, damit das Kind gemeldet wird. Das Kind ist automatisch mitversichert. Krankenscheine sind beim Arbeitgeber erhältlich.

Das Kind bekommt automatisch nach einigen Monaten eine grüne Sozialversicherungskarte zugeschickt.

206

Mitzubringendes Dokument:

- Geburtsurkunde des Kindes

Zuständige Behörde:

- die Sozialversicherung der Mutter oder des Vaters

Das Kind kann bei Vater und/oder Mutter mitversichert werden. Falls der Vater nicht auf der Geburtsurkunde vermerkt ist, das Kind aber bei ihm mitversichert werden soll, muss ein Vaterschaftsnachweis erbracht werden.

Kind: eigener Reisepass

Ab dem vollendeten zwölften Lebensjahr braucht ein Kind für Auslandsreisen einen eigenen Reisepass.

Eine bestehende Miteintragung des Kindes in den Reisepass eines Elternteiles oder beider Elternteile wird ab dem vollendeten zwölften Lebensjahr des Kindes anlässlich einer Passamtshandlung amtlich gestrichen. Die Miteintragung bleibt generell bis zur Erreichung der Volljährigkeit des Kindes gültig, sofern nicht vorher eine amtliche Streichung erfolgt. Es wird jedoch nicht empfohlen, diese bestehen zu lassen, da mit Schwierigkeiten an ausländischen Grenzen gerechnet werden muss, wenn das Kind älter als zwölf Jahre ist.

Eine frühere Beantragung ist erforderlich, wenn das Kind alleine oder in Begleitung anderer Personen als den Eltern ins Ausland reisen will.

Begrenzte Gültigkeitsdauer des Reisepasses für Kinder:

- bis zum vollendeten ersten Lebensjahr: ein Jahr
- mit Vollendung des ersten Lebensjahres bis zur Vollendung des sechsten Lebensjahres: vier Jahre
- ab dem vollendeten sechsten Lebensjahr bis zur Vollendung des zwölften Lebensjahres: fünf Jahre

- ab der Vollendung des zwölften Lebensjahres: zehn Jahre

Antragstellung:

Ein eigener Reisepass für ein Kind – wie auch die Eintragung im elterlichen Reisepass – kann nur von dem Elternteil beantragt werden, der auch die gesetzliche Vertretung für das Kind hat. Für eheliche Kinder sind beide Elternteile vertretungsbefugt, solange die Ehe aufrecht ist. Für uneheliche Kinder ist grundsätzlich die Mutter vertretungsbefugt. Minderjährige Eltern vertritt in der Regel das Jugendamt.

Hinweis: Bei der zuständigen Behörde können Sie den Reisepass direkt beantragen, d.h. ohne zusätzlich ein Antragsformular ausfüllen zu müssen. Wenn Sie jedoch einen Antrag über eine Gemeinde stellen, die einen Reisepassantrag entgegennimmt, benötigen Sie das Formular „Reisepass - Antrag auf Ausstellung".

Zuständige Behörde:

- das Passamt im Magistrat bzw. die Stadtgemeinde Leoben und die Stadtgemeinde Schwechat bzw.

- die Passabteilung in der Bezirkshauptmannschaft bzw.
  - in Wien: das Magistratische Bezirksamt
  - in Krems und Waidhofen/Ybbs: der Magistrat

Mitzubringende Dokumente:

- das Antragsformular „Reisepass - Antrag auf Ausstellung" benötigen Sie nur, wenn Sie den Antrag über eine Gemeinde stellen, die einen Reisepassantrag entgegennimmt.

- amtlicher Lichtbildausweis des/der Beantragenden (Vater/Mutter)

- Geburtsurkunde des Kindes

- Staatsbürgerschaftsnachweis des Kindes bzw. des beantragenden Elternteils, wenn das Kind keinen eigenen besitzt

Ab dem zwölften Lebensjahr des Kindes ist ein eigener Staatsbürgerschaftsnachweis erforderlich.

● zwei gleiche Passbilder (Hochformat ca. 3,5 x 4,5 cm) vom Kind

Hinweis: Spezielle Fotoausarbeitung für EU-Reisepass machen lassen, da „normale" Fotos nicht verwendbar sind. Ob passtaugliche Fotos angefertigt werden, erkennen Sie durch einen Aufkleber am Fotogeschäft (Auslage oder Eingangstür) bzw. auf der Außenseite des Fotoautomaten.

Für die Streichung aus dem Reisepass:

● den Reisepass/die Reisepässe, in denen das Kind mit eingetragen wurde

Antragstellung bei nicht aufrechter Ehe

Die Vertretungsbefugnis ist bei nicht aufrechter Ehe unbedingt bereits bei der Antragstellung durch ein entsprechendes Dokument nachzuweisen.

Als Dokumente für die Vertretungsbefugnis kommen in Frage:

Für eheliche Kinder in geschiedener Ehe:

● Gerichtsbeschluss mit Rechtskraftvermerk

● Bescheinigung gemäß § 281 Außerstreitgesetz

● Sorgerechtsbeschluss (rechtskräftig abgestempelt)

Für uneheliche Kinder:

● die Geburtsurkunde genügt

Abholung des Reisepasses (in der Regel bei Antragstellung):

● ab Vollendung des sechsten Lebensjahres muss das Kind bei der Abholung des Reisepasses persönlich erscheinen

209

● ab Vollendung des zehnten Lebensjahres muss das Kind im Unterschriftsfeld des Antragsformulares (schwarzer Rahmen) selbst unterschreiben

Gebühren:

● EUR 69,- in bar oder – falls die Möglichkeit besteht – mittels alternativer Zahlungsmöglichkeiten (z.B. Bankomat-/Kreditkarte)

Diese Gebühr stellt eine Pauschalgebühr dar und beinhaltet auch sämtliche Gebühren für Beilagen, sodass außer den angeführten EUR 69,- keine weiteren Gebühren zu entrichten sind.

Kind: Eintragung in den Reisepass

Ein Kind kann entweder bei einem Elternteil oder bei beiden Elternteilen eingetragen werden.

Ab dem vollendeten zwölften Lebensjahr braucht ein Kind für Auslandsreisen einen eigenen Reisepass.

Auf jeden Fall darf ein Kind mit einem Elternteil nur dann ins Ausland reisen, wenn es in dessen Reisepass eingetragen ist oder einen eigenen Reisepass besitzt.

Gerade bei Säuglingen ist eine Eintragung eher zu empfehlen als ein eigener Reisepass, da dieser sehr oft erneuert werden müsste. Ausnahme: geplante Auslandsreisen mit anderen Begleitpersonen als den Eltern (z.B. Großeltern, Verwandte).

Eine Eintragung in den elterlichen Reisepass – wie auch ein eigener Reisepass für ein Kind – kann nur von dem Elternteil beantragt werden, der auch die gesetzliche Vertretung für das Kind hat. Für eheliche Kinder sind beide Elternteile vertretungsbefugt, solange die Ehe aufrecht ist. Für uneheliche Kinder ist grundsätzlich die Mutter vertretungsbefugt. Minderjährige Eltern vertritt in der Regel das Jugendamt.

Bei der zuständigen Behörde können Sie den Reisepass direkt beantragen, d.h. ohne zusätzlich ein Antragsformular ausfüllen zu müssen. Wenn Sie jedoch einen Antrag über eine Gemeinde stellen, die einen Reisepassantrag entgegennimmt, benötigen Sie das Formular "Reisepass - Antrag auf Änderung oder Ergänzung".

Zuständige Behörde:

- das Passamt im Magistrat bzw. die Stadtgemeinde Leoben und die Stadtgemeinde Schwechat bzw.
- die Passabteilung in der Bezirkshauptmannschaft bzw.
  - in Wien: das Magistratische Bezirksamt
  - in Krems und Waidhofen/Ybbs: der Magistrat

Mitzubringende Dokumente:

- das Formular „Reisepass - Antrag auf Änderung oder Ergänzung" benötigen Sie nur, wenn Sie den Antrag über eine Gemeinde stellen, die einen Reisepassantrag entgegennimmt.
- gültiger Reisepass
- Geburtsurkunde des Kindes
- eventuell Staatsbürgerschaftsnachweis des Kindes bzw. des beantragenden Elternteils, wenn das Kind keinen eigenen besitzt
  - Ab dem zwölften Lebensjahr des Kindes ist ein eigener Staatsbürgerschaftsnachweis erforderlich.

Antragstellung bei nicht aufrechter Ehe:

Die Vertretungsbefugnis ist bei nicht aufrechter Ehe unbedingt bereits bei der Antragstellung durch ein entsprechendes Dokument nachzuweisen.

Als Dokumente für die Vertretungsbefugnis kommen in Frage:

- Gerichtsbeschluss mit Rechtskraftvermerk
- Bescheinigung gemäß § 281 Außerstreitgesetz

211

● Sorgerechtsbeschluss (rechtskräftig abgestempelt)

Für eheliche Kinder in geschiedener Ehe:

● die Geburtsurkunde genügt

Hinweis: Die Unterschrift ist durch den/die Vertretungsbefugte/n zu leisten!

Gebühren:

● EUR 26,- in bar oder – falls die Möglichkeit besteht – mittels alternativer Zahlungsmöglichkeiten (z.B. Bankomat-/Kreditkarte)

Diese Gebühr stellt eine Pauschalgebühr dar und beinhaltet auch sämtliche Gebühren für Beilagen, sodass außer den angeführten EUR 26,- keine weiteren Gebühren zu entrichten sind.

Kind: eigener Personalausweis

Das Kind kann allein verreisen bzw. kann auch mit anderen Personen als nur mit dem Elternteil, bei dem es im Reisepass oder im alten Personalausweis eingetragen ist, ins Ausland reisen.

Achtung: Begrenzte Gültigkeitsdauer des Personalausweises für Kinder:

● bis zum vollendeten ersten Lebensjahr: ein Jahr

● ab der Vollendung des ersten Lebensjahres bis zur Vollendung des sechsten Lebensjahres: vier Jahre

● ab der Vollendung des sechsten Lebensjahres bis zur Vollendung des zwölften Lebensjahres: fünf Jahre

● ab der Vollendung des zwölften Lebensjahres: zehn Jahre

Ab dem vollendeten zwölften Lebensjahr braucht ein Kind einen eigenen Reisepass bzw. Personalausweis für eine Auslandsreise.

Ein eigener Personalausweis für das Kind kann nur von dem Elternteil beantragt werden, der auch die gesetzliche Vertretung für das Kind hat. Für eheliche Kinder sind beide Elternteile vertretungsbefugt, solange die Ehe aufrecht ist. Für uneheliche Kinder ist grundsätzlich die Mutter vertretungsbefugt. Minderjährige Eltern vertritt in der Regel das Jugendamt.

Die Ausstellung des Personalausweises kann bis zu zwei Wochen in Anspruch nehmen.

Zuständige Behörde:

- das Passamt im Magistrat bzw. die Stadtgemeinde Leoben und die Stadtgemeinde Schwechat bzw.
- die Passabteilung in der Bezirkshauptmannschaft bzw.
  - in Wien: das Magistratische Bezirksamt
  - in Krems und Waidhofen/Ybbs: der Magistrat

Es besteht die Möglichkeit der mündlichen Beantragung auf Ausstellung eines Personalausweises bei der zuständigen Behörde. Wenn Sie jedoch einen Antrag über eine Gemeinde stellen, die einen Personalausweisantrag entgegennimmt, benötigen Sie das Antragsformular Personalausweis.

Mitzubringende Dokumente:

- amtlicher Lichtbildausweis des/der Beantragenden (Vater/Mutter)
- Geburtsurkunde des Kindes
- Staatsbürgerschaftsnachweis des Kindes bzw. des beantragenden Elternteils, wenn das Kind keinen eigenen besitzt
- Ab dem zwölften Lebensjahr des Kindes ist ein eigener Staatsbürgerschaftsnachweis erforderlich.
- ein Passbild vom Kind

213

Antragstellung bei nicht aufrechter Ehe

Die Vertretungsbefugnis ist bei nicht aufrechter Ehe unbedingt bereits bei der Antragstellung durch ein entsprechendes Dokument nachzuweisen.

Als Dokumente für die Vertretungsbefugnis kommen in Frage:

Für eheliche Kinder in geschiedener Ehe:

- Gerichtsbeschluss mit Rechtskraftvermerk
- Bescheinigung gemäß § 281 Außerstreitgesetz
- Sorgerechtsbeschluss (rechtskräftig abgestempelt)

Für uneheliche Kinder:

- die Geburtsurkunde genügt

Abholung des Personalausweises:

- ab Vollendung des sechsten Lebensjahres muss das Kind bei der Abholung des Personalausweises persönlich erscheinen
- ab Vollendung des zehnten Lebensjahres muss das Kind am Antragsformular selbst unterschreiben

Gebühren:

- EUR 56,- in bar oder – falls die Möglichkeit besteht – mittels alternativer Zahlungsmöglichkeiten (z.B. Bankomat-/Kreditkarte)

Diese Gebühr stellt eine Pauschalgebühr dar und beinhaltet auch sämtliche Gebühren für Beilagen, sodass außer den angeführten EUR 56,- keine weiteren Gebühren zu entrichten sind.

Kindergarten-Anmeldung

Es wird empfohlen, das Kind möglichst früh in einer Kinderkrippe, in einem Kindergarten bzw. in einem Kindertagesheim anzumelden.

In Wien erfolgt die Anmeldung und Vergabe von Kindertagesheimplätzen in städtischen Kindertagesheimen in den jeweiligen Kindertagesheim-Servicestellen der Magistratsabteilung (MA) 11A – Tagesbetreuung von Kindern, Kindertagesheime der Stadt Wien. Darüber hinaus können dort auch Auskünfte über Standorte von privaten Kinderbetreuungseinrichtungen im Wohnbezirk der Kinder erteilt werden.

Zuständige Behörde:

- in den Bundesländern: das jeweilige Amt für Jugend und Familie oder die Kinderbetreuungseinrichtung
- in Wien: die Kindertagesheim-Servicestellen der MA 11A

Weitere Informationen über Kinderbetreuungseinrichtungen der Stadt Wien:

- Kinderbetreuungsmöglichkeiten tagsüber bzw.
- Anmeldung für Kinderkrippe, Kindergarten, Schule und Hort

Kinderbetreuungsgeld

- Allgemeines
- Übergangsbestimmungen
- Zuschuss zum Kinderbetreuungsgeld
- Zuverdienstmöglichkeiten
- Verzicht
- Krankenversicherung
- Arbeitslosengeld und Notstandshilfe
- Anrechnung für die Pension

215

Das Kinderbetreuungsgeld (KBG) gebührt für alle Kinder (auch Pflege- und Adoptivkinder), die ab dem 1. Jänner 2002 geboren werden.

Das bisherige Karenzgeld und die Teilzeitbeihilfe werden durch das KBG ersetzt.

Im Unterschied zum Karenzgeld und zur Teilzeitbeihilfe wird das Kinderbetreuungsgeld auch jenen Personengruppen gewährt, die früher nicht erwerbstätig oder pflichtversichert waren.

Dazu zählen:

- Hausfrauen/Hausmänner
- StudentInnen
- Selbständige
- BäuerInnen
- geringfügig Beschäftigte
- freie DienstnehmerInnen

Voraussetzungen:

- gemeinsamer Haushalt mit dem Kind
- Anspruch auf Familienbeihilfe:
  - im Allgemeinen kann ein Elternteil, der keinen Anspruch auf Familienbeihilfe hat, dann KBG beziehen, wenn der andere, im gemeinsamen Haushalt lebende, Elternteil Anspruch auf Familienbeihilfe hat.
  - falls beide Elternteile keinen Anspruch auf Familienbeihilfe haben, kann dann KBG trotzdem gewährt werden, wenn gewisse Versicherungszeiten auf Grund einer Erwerbstätigkeit vorliegen.
- Durchführung der Mutter-Kind-Pass-Untersuchungen:
  - fünf Untersuchungen während der Schwangerschaft, fünf nach der Geburt

- nachzuweisen bis zum 18. Lebensmonat des Kindes
  – andernfalls gebührt ab dem 21. Lebensmonat des
  Kindes nur das halbe KBG

- Zuverdienst darf die Grenze von EUR 14.600,- brutto
  pro Jahr nicht übersteigen

Als Nachweis für die Mutter-Kind-Pass-Untersuchungen senden Sie die zwei Formblätter aus dem Mutter-Kind-Pass im Original vor dem Ende des 18. Lebensmonat des Kindes eingeschrieben an den zuständigen Krankenversicherungsträger.

Zuständige Behörde:

- österreichweit: die Krankenkasse, bei der man versichert ist oder zuletzt war, ansonsten

- die Gebietskrankenkasse

- in Wien: die Bezirksstelle für Karenzgeld

Höhe des Kinderbetreuungsgeldes:

- EUR 14,53 pro Tag

- ca. EUR 436,- pro Monat

Hinweis: Der monatliche Betrag kann somit, je nachdem, ob der Monat 30, 31 oder 28 Tage hat, variieren!

Bezugsdauer:

- grundsätzlich bis zum 30. Lebensmonat

- bei Teilung der Betreuung: Verlängerung max. bis zum 36. Lebensmonat

- Mütter und Väter dürfen höchstens zweimal abwechselnd KBG beziehen, d.h. es dürfen sich maximal drei Teile ergeben, wobei ein Teil mind. drei Monate betragen muss.

- das KBG ruht während des Bezugs von Wochengeld

- falls das Wochengeld niedriger als das KBG ist, besteht Anspruch auf den Differenzbetrag zwischen Wochengeld und KBG.

Mehrlingsgeburten

Mit 1. Jänner 2004 erhöhte sich das Kinderbetreuungsgeld bei Mehrlingsgeburten. Für jedes zweite bzw. weitere Mehrlingskind gibt es eine Erhöhung um 50 Prozent, d.h. um EUR 7,27 pro Tag.

Dies gilt für Geburten ab dem 1. Jänner 2004. Auch Eltern, deren Kinder ab dem 1. Jänner 2002 bis einschließlich 31. Dezember 2003 geboren wurden, können ab Jänner 2004 von dieser neuen Regelung profitieren.

Übergangsbestimmungen:

Für Kinder, die zwischen dem 1. Juli 2000 und 31. Dezember 2001 geboren wurden und für die Karenzgeld oder Teilzeitbeihilfe bezogen wird, gilt ab 1. Jänner 2002:

Das Karenzgeld bzw. die Teilzeitbeihilfe:

- wird auf EUR 14,53 täglich erhöht,

- kann bis zum 30. Lebensmonat des Kindes bezogen werden,

- kann max. weitere sechs Monate bezogen werden, wenn der zweite Elternteil für mind. sechs Monate Karenzgeld/Teilzeitbeihilfe bezieht.

Hinweis: Zwischen Kinderbetreuungsgeld und Karenzgeld/Teilzeitbeihilfe gibt es keine Wahlmöglichkeit, da der Geburtstag des Kindes entscheidet, ob Anspruch auf KBG oder Karenzgeld/Teilzeitbeihilfe besteht!

Voraussetzung:

Während des Bezugs von Karenzgeld gilt die Zuverdienstgrenze von EUR 14.600,- brutto pro Kalenderjahr.

Es gelten die gleichen Richtlinien wie bei den Zuverdienstmöglichkeiten zum Kinderbetreuungsgeld.

Bei Teilzeitbeschäftigung aus Anlass der Geburt eines Kindes haben BezieherInnen von Teilzeitkarenzgeld ab 1. Jänner 2002 zwei Möglichkeiten:

- halbes Karenzgeld von ca. EUR 218,- pro Monat
  (Einkünfte aus dieser Teilzeitbeschäftigung fallen nicht
  in die Zuverdienstgrenze von EUR 14.600,- pro Jahr)

- volles Karenzgeld von ca. EUR 436,- pro Monat (mit
  Zuverdienstgrenze von 14.600,- pro Jahr)

Die gleiche Wahlmöglichkeit haben auch BezieherInnen von
Teilzeitbeihilfe für Unselbständige, Selbständige und BäuerInnen, die dem halben Karenzgeld entspricht und ebenfalls
verlängert wurde.

Der Zuschuss zum bisherigen Karenzgeld in der Höhe von
ca. EUR 181,68 monatlich für sozial schwache Eltern bzw.
AlleinerzieherInnen als auch der Familienzuschlag zum
Karenzgeld bleiben wie bisher erhalten.

Zuschuss zum Kinderbetreuungsgeld

Allein stehende Elternteile bzw. Familien ohne oder mit nur
geringem Einkommen können einen Zuschuss zum Kinderbetreuungsgeld beantragen.

Seit dem Jahr 2004 beträgt die Zuverdienstgrenze für
BezieherInnen des Zuschusses zum Kinderbetreuungsgeld
pro Jahr EUR 5.200,-.

Höhe des Zuschusses:

- EUR 6,06 pro Tag
- ca. EUR 181,80 pro Monat

Der Gesamtbetrag der Einkünfte darf folgende Grenzen
nicht übersteigen:

- für den beziehenden Elternteil EUR 5.200,- jährlich

● für den/die PartnerIn (bei Ehe oder Lebensgemeinschaft) EUR 7.200,- plus EUR 3.600,- für jede Person, zu deren Unterhalt der/die PartnerIn auf Grund einer rechtlichen Pflicht beiträgt.

Hinweis: Beim Zuschuss zum Kinderbetreuungsgeld handelt es sich um eine Art Kredit, der zurückgezahlt werden muss, sobald bestimmte Einkommensgrenzen überschritten werden.

Zuständige Behörde:

der für das KBG zuständige Krankenversicherungsträger

Zuverdienstmöglichkeiten

Jener Elternteil, der Kinderbetreuungsgeld bezieht, darf jährlich EUR 14.600,- brutto dazuverdienen. Dabei wird das Einkommen des anderen Elternteils nicht berücksichtigt.

Wird diese Grenze überschritten, muss das Kinderbetreuungsgeld für jenes Jahr zurückbezahlt werden!

Berechnung der Zuverdienstgrenze

Unter Zuverdienst versteht man grundsätzlich die Summe aller steuerpflichtigen Einkünfte (auch Einkünfte aus Vermietung und Verpachtung, Einkünfte aus Kapitalvermögen, etc.).

Unselbständig Erwerbstätige:

Alle Einkünfte während der Zeit des KBG-Bezugs (ohne Sozialversicherungsbeiträge, ohne 13. und 14. Gehalt und ohne Wochengeld) zusammengenommen werden dividiert durch die Anzahl der Monate, in denen KBG bezogen wird. Dieser Betrag wird um 30 Prozent erhöht und mit zwölf multipliziert.

Als Faustregel können (bei einem regelmäßigen monatlichen Zuverdienst, wenn von Jänner bis Dezember gearbeitet und KBG bezogen wird und keine sonstigen steuerpflichtigen Einkünfte erzielt werden) folgende maximale Bruttobeträge herangezogen werden:

- Angestellte max. EUR 1.136,48
- ArbeiterInnen max. EUR 1.144,12

Selbständige und Landwirte:

- Alle Einkünfte während der Zeit des KBG-Bezugs, erhöht um die im Kalenderjahr vorgeschriebenen Sozialversicherungsbeiträge werden grundsätzlich zur Berechnung herangezogen.

- pauschalierte Landwirte:

Deren Einkünfte berechnen sich nach dem Einheitswert gemäß den Prozentsätzen der Pauschalierungs-Verordnung. Alle Einkünfte während der Zeit des KBG-Bezugs werden durch die Anzahl der Monate, in denen KBG bezogen wurde, dividiert und mit zwölf multipliziert. Hinzu kommen die im Kalenderjahr vorgeschriebenen Sozialversicherungsbeiträge.

Damit Einkünfte vor oder nach dem Bezug des KBG nicht berücksichtigt werden, können Selbständige und buchführende Landwirte eine Zwischenbilanz vorlegen.

Liegen Sie mit der Summe Ihrer steuerpflichtigen Einkünfte unter EUR 14.600,- so überschreiten Sie nicht die Zuverdienstgrenze.

Verzicht:

Es besteht die Möglichkeit, auf Kinderbetreuungsgeld/ Karenzgeld im Vorhinein für bestimmte Kalendermonate zu verzichten.

Der mögliche Vorteil liegt darin, dass die im Verzichtszeitraum erzielten Einkünfte bei der Berechnung des jährlichen Zuverdienstes außer Ansatz bleiben.

Krankenversicherung

BezieherInnen von Kinderbetreuungsgeld sind grundsätzlich automatisch krankenversichert.

Arbeitslosengeld und Notstandshilfe:

Während des Bezugs oder im Anschluss an den Bezug von Kinderbetreuungsgeld kann bei Geburten ab 1. Jänner 2002 um Arbeitslosengeld und Notstandshilfe angesucht werden. Sie beeinträchtigen den Anspruch auf KBG nicht, da die Höhe von Arbeitslosengeld bzw. Notstandshilfe im Regelfall unter der Zuverdienstgrenze liegt.

Durch zusätzliche andere steuerpflichtige Einkünfte könnte es jedoch zu einem Überschreiten der Zuverdienstgrenze kommen.

Voraussetzungen:

- Arbeitslosigkeit
- Arbeitsfähigkeit
- Verfügbarkeit
- bei Bezug von KBG ist dies dann gegeben, wenn das Kind nachweislich durch jemand anderen im Familienkreis oder durch Kinderkrippen, Tagesmütter/Tagesväter, Kindergärten betreut wird
- Arbeitswilligkeit
- zusätzlich beim Arbeitslosengeld:
  - Erfüllung der Anwartschaft
  - Bezugsdauer ist noch nicht erschöpft
- zusätzlich bei der Notstandshilfe:
  - Vorliegen einer Notlage

Neben dem Karenzgeld können Arbeitslosengeld bzw. Notstandshilfe nicht bezogen werden (für Geburten bis zum 31.12.2001). Notstandshilfe kann jedoch im Anschluss an den Karenzgeldbezug bezogen werden (wenn die Voraussetzungen gegeben sind).

Anrechnung für die Pension

Für Geburten ab 1. Jänner 2002 werden 18 Monate des Kinderbetreuungsgeldbezugs als pensionsbegründende Beitragszeiten angerechnet. Die restlichen Monate bis max. zum vierten Geburtstag des Kindes gelten als Ersatzzeiten.

Bisher galten in der Pensionsversicherung Zeiten der Kindererziehung als Ersatzzeiten.

Beihilfen

- Beihilfen und Unterstützungen für Neugeborene
- Familienbeihilfe/ Kinderabsetzbetrag
- Erhöhte Familienbeihilfe
- Mehrkindzuschlag
- Alleinverdiener- oder Alleinerzieherabsetzbetrag
- Unterhaltsabsetzbetrag
- Familienpass

Beihilfen und Unterstützungen für Neugeborene

Einige Länder und Gemeinden gewähren unter bestimmten Bedingungen Beihilfen und andere Unterstützungen.

Die Stadt Wien und einige Landesregierungen unterstützen beispielsweise einkommensschwächere Familien in Form des Familienzuschusses.

Auch andere Organisationen, wie z.B. Caritas und Volkshilfe, bieten für die Zeit im Spital und die ersten Wochen daheim Unterstützung im Haushalt und bei der Kinderbetreuung an. Unter bestimmten Bedingungen ist es möglich, dass die Kosten dafür zur Gänze oder zum Teil von Ländern und Gemeinden übernommen werden.

Informationen zu Beihilfen erhalten Sie vom Bundesministerium für soziale Sicherheit und Generationen und von den Ämtern der Landesregierungen. Oder Sie wenden sich an die Familienhilfe-Einsatzleitung der Caritas.

Familienbeihilfe/ Kinderabsetzbetrag

Personen, die in Österreich ihren Wohnsitz oder gewöhnlichen Aufenthalt haben, haben grundsätzlich dann Anspruch auf Familienbeihilfe für ihr minderjähriges Kind, wenn dieses bei ihnen haushaltszugehörig ist (Kinder im Sinne des Gesetzes sind hiebei die Nachkommen, die Wahlkinder und deren Nachkommen, die Stiefkinder und Pflegekinder). Gehört ein Kind zum gemeinsamen Haushalt der Eltern, ist die Mutter vorrangig anspruchsberechtigt. Sie kann jedoch zu Gunsten des Vaters verzichten.

Ab Vollendung des 18. Lebensjahres dürfen die eigenen Einkünfte des Kindes eine bestimmte Höhe nicht übersteigen.

Seit 1. Jänner 2001 besteht ein Anspruch auf Familienbeihilfe pro Jahr, wenn das zu versteuernde Einkommen eines Kindes den Betrag von insgesamt EUR 8.725,- aus unselbständiger und selbständiger Beschäftigung nicht übersteigt. Dieser Betrag beinhaltet auch Bezüge aus Ferialarbeit. Dieser Betrag gilt auch für erheblich behinderte Kinder.

Hinweis: Bei Überschreiten dieser Einkommensgrenze ist die Familienbeihilfe (einschließlich des Kinderabsetzbetrages) für das ganze Jahr zurückzuzahlen.

Folgende Einkommen bleiben außer Betracht:

- Einkünfte, die vor oder nach Zeiträumen erzielt werden, für die Anspruch auf Familienbeihilfe besteht
- Entschädigungen aus einem anerkannten Lehrverhältnis
- Waisenpensionen und Waisenversorgungsgenüsse und
- einkommensteuerfreie Bezüge

Für volljährige Kinder in Berufsausbildung kann grundsätzlich bis zur Vollendung des 26. Lebensjahres Familienbeihilfe bezogen werden.

Höhe der Familienbeihilfe pro Monat:

- ab Geburt:
  EUR 105,40 (bis 31. Dezember 2002)
  EUR 105,40 (ab 1. Jänner 2003)

- ab 3 Jahren:
  EUR 112,70 (bis 31. Dezember 2002/ ab 1. Jänner 2003)

- ab 10 Jahren:
  EUR 123,60 (bis 31. Dezember 2002)
  EUR 130,90 (ab 1. Jänner 2003)

- ab 19 Jahren:
  EUR 145,40 (bis 31. Dezember 2002)
  EUR 152,70 (ab 1. Jänner 2003)

Zuschlag für erheblich behindertes Kind:

- EUR 131,00 (bis 31. Dezember 2002)
- EUR 138,30 (ab 1. Jänner 2003)

Wird ab 1. Jänner 2003 für zwei Kinder die Familienbeihilfe bezogen, erhöht sich der Gesamtbetrag der Familienbeihilfe um monatlich EUR 12,80 und darüber hinaus ab dem dritten Kind, für das Familienbeihilfe bezogen wird, um monatlich EUR 25,50. Die Familienbeihilfe wird alle zwei Monate auf Ihr Konto überwiesen.

Kinderabsetzbetrag

Der Kinderabsetzbetrag beträgt seit 1. Jänner 2002 EUR 50,90 pro Kind und Monat.

Dieser Absetzbetrag wird gemeinsam mit der Familienbeihilfe ausgezahlt und ist nicht gesondert zu beantragen.

Mitzubringende Dokumente:

- ausgefülltes Antragsformular „Familienbeihilfe"
- Geburtsurkunde des Kindes

- Meldezettel des Kindes und der Eltern bzw. der Mutter
- wenn das Kind volljährig ist, zusätzlich:
  - Bestätigung über Berufsausbildung

Zuständige Behörde:

das Wohnsitzfinanzamt

Mehrkindzuschlag

Höhe des Mehrkindzuschlages:

- seit 1. Jänner 2002: EUR 36,40 pro Kind und Monat

Voraussetzungen:

- Der Anspruch ist abhängig vom Anspruch auf Familienbeihilfe und vom zu versteuernden Familieneinkommen in dem Kalenderjahr, das vor dem Jahr liegt, für das der Antrag gestellt wird (wobei das Einkommen des/der EhegattIn oder des/der LebensgefährtIn nur zu berücksichtigen ist, wenn diese/r mehr als sechs Monate im gemeinsamen Haushalt gelebt hat).

- Der Mehrkindzuschlag ist für jedes Kalenderjahr gesondert beim zuständigen Wohnsitzfinanzamt im Rahmen der (ArbeitnehmerIn)-Veranlagung zu beantragen.

Zuständige Behörde:

das Wohnsitzfinanzamt

Alleinverdiener- oder Alleinerzieherabsetzbetrag

AlleinverdienerInnen (unter bestimmten Bedingungen) und AlleinerzieherInnen können einen jährlichen Absetzbetrag von EUR 364,- geltend machen. Er ist dann zu beantragen, wenn einer der beiden Ehepartner keiner beruflichen Tätigkeit nachgeht oder durch seine/ihre Arbeit nicht mehr als EUR 2.200,- bzw. mit Kindern nicht mehr als EUR 4.400,- jährlich verdient.

Für unverheiratete Paare steht der Absetzbetrag unter denselben Voraussetzungen nur bei Vorhandensein eines Kindes zu.

Dieser Absetzbetrag muss bei der Arbeitnehmerveranlagung geltend gemacht werden.

Zuständige Behörde:

das Wohnsitzfinanzamt

Unterhaltsabsetzbetrag

Wer für ein Kind, welches nicht im selben Haushalt wohnt, nachweislich gesetzlichen Unterhalt zahlt, hat Anspruch auf einen Unterhaltsabsetzbetrag in der Höhe von EUR 25,50 für das erste, EUR 38,20 für das zweite und EUR 50,90 für dritte und weitere Kinder.

Dieser Absetzbetrag muss bei der Arbeitnehmerveranlagung geltend gemacht werden.

Zuständige Behörde:

das Wohnsitzfinanzamt

Familienpass

Familien haben mit dem Familienpass die Möglichkeit, neben den vielfältigen Familienförderungen auch Vergünstigungen für Freizeitaktivitäten zu erlangen. Diese Vergünstigungskarte wird von den Bundesländern mit unterschiedlichsten Bezeichnungen (z.B. Homecard, Kärnten Card, Familienkarte) und unter bestimmten Bedingungen gewährt.

Informationen hinsichtlich des Familienpasses erhalten Sie in Ihrem jeweiligen Bundesland.

(Quelle: www.help.gv.at)

Adressen und Weblinks

Adressen diverser österreichischer Entbindungskliniken

Wien

Krankenanstalt Rudolfstiftung
Juchgasse 2
1030 Wien
Tel.: 01/711 65

Universitätsklinik für Frauenheilkunde, AKH Wien
Währingerstraße 18-20
1090 Wien
Tel.: 01/40 400-28 21

Goldenes Kreuz Privatspital
Lazarettgasse 16-18
1090 Wien
Tel.: 01/401 11

Kaiser-Franz-Josef-Spital
Kunratstraße 13
1100 Wien
Tel.: 01/601 91-219

Krankenhaus Lainz
Wolkersbergstraße 1
1130 Wien
Tel.: 01/80 110

St. Josef-Krankenhaus
Auhofstraße 189
1130 Wien
Tel.: 01/87 844-0

Hanusch-Krankenhaus
Heinrich Collin Straße 30
1140 Wien
Tel.: 01/910 21-0

Wilhelminenspital
Montleartstraße 37
1160 Wien
Tel.: 01/49 150

Krankenanstalt Göttlicher Heiland
Dornbacherstraße 20-22
1170 Wien
Tel.: 01/486 563 10 oder
01/486 16 71

Semmelweis Frauenklinik
Projekt „In Geborgenheit geboren"
Bastiengasse 36-38
1180 Wien
Tel.: 01/47 615

Privatklinik Döbling
Heiligenstädterstraße 57-63
1190 Wien
Tel.: 01/36 066

Privatkrankenhaus Rudolfinerhaus
Billrothstraße 78
1190 Wien
Tel.: 01/360 36-0

Donauspital SMZ Ost
Langobardenstraße 122
1220 Wien
Tel.: 01/288 02-0

Niederösterreich

A.ö. Krankenhaus
Landstraße 18
2000 Stockerau
Tel.: 02266/609

A.ö. Krankenhaus
Robert Löffler Straße 20
2020 Hollabrunn
Tel.: 02952/22 750

A.ö. Krankenhaus Korneuburg
Wiener Ring 3-5
2100 Korneuburg
Tel.: 02262/780

A.ö. Krankenhaus
Lichtensteinstraße 67
2130 Mistelbach
Tel.: 02572/33 41

**Niederösterr.
Landeskrankenhaus**
Schwester Maria Restituta
Gasse 12
2340 Mödling
Tel.: 02236/204 231

A.ö. Krankenhaus
Hofmeisterstraße 70
2410 Hainburg
Tel.: 02165/905 01

Thermenklinikum Baden
Wimmergasse 19
2500 Baden
Tel.: 02252/205-0

A.ö. Krankenhaus
Peischingerstraße 19
2620 Neunkirchen
Tel.: 02635/602-0

A.ö. Krankenhaus
Corvinusring 3-5
2700 Wr. Neustadt
Tel.: 02622/321-0

A.ö. Krankenhaus
Probst Führer Straße 4
3100 St. Pölten
Tel.: 02742/300

A.ö. Krankenhaus
Kremser Landstraße 36
3100 St. Pölten
Tel.: 02742/267 21

A.ö. Krankenhaus
Im Tal 2
3180 Lilienfeld
Tel.: 02762/501-0

A.ö. Krankenhaus
Eisenwurzenstraße 26
3270 Scheibbs
Tel.: 07482/404-0

A.ö. Krankenhaus
Krankenhausstraße 21
3300 Amstetten
Tel.: 07472/604-331

A.ö. Krankenhaus
Krankenhausstraße 11
3390 Melk
Tel.: 02752/521 21-0

A.ö. Krankenhaus
Alter Ziegelweg 50
3430 Tulln
Tel.: 02272/601

A.ö. Krankenhaus
Mitterweg 10
3500 Krems
Tel.: 02732/804-301

A.ö. Krankenhaus
Spitalgasse 10
3580 Horn
Tel.: 02982/26 61

A.ö. Krankenhaus
Pulkauerstraße 3-7
3730 Eggenburg
Tel.: 02984/35 37

A.ö. Krankenhaus
Ybbsitzerstraße 112
3340 Waidhofen/Ybbs
Tel.: 07442/504-0 oder
07442/90 04

A.ö. Krankenhaus
Moritz Schadek Gasse 31
3830 Waidhofen/Thaya
Tel.: 02842/504-0

A.ö. Krankenhaus
Probstei 5
3910 Zwettl
Tel.: 02822/504-0 oder
02822/570-85

Oberösterreich

**A.ö. Krankenhaus der Stadt
Linz**
Krankenhausstraße 9
4020 Linz
Tel.: 0732/78 06

**Konventhospital der Barm-
herzigen Brüder**
Seilerstätte 2
4020 Linz
Tel.: 0732/78 97

Landes-Frauenklinik Linz
Lederergasse 47
4020 Linz
Tel.: 0732/76 74

Diakonissen-Krankenhaus
Weißenwolffstraße 15
4020 Linz
Tel.: 0732/76 750

A.ö. Krankenhaus
Krankenhausstraße 1
4150 Rohrbach
Tel.: 07289/80 32-0

A.ö. Krankenhaus
Krankenhausstraße 1
4240 Freistadt
Tel.: 07942/700 304

A.ö. Krankenhaus
Sierningerstraße 170
4400 Steyr
Tel.: 07252/880-22 51

A.ö. Krankenhaus
Hausmaningerstraße 8
4560 Kirchdorf
Tel.: 07582/696

Krankenhaus der Barmherzigen Schwestern
Grieskirchstraße 42
4600 Wels
Tel.: 07242/415-0

Privatklinik Sanatorium Wels
Salzburgerstraße 80a
4600 Wels
Tel.: 07242/697-0

Geburtshaus Haag
Ditting 8
4680 Haag/H.
Tel.: 07732/23 61

A.ö. Krankenhaus St.Franziskus
Wegleithnerstraße 27
4710 Grieskirchen
Tel.: 07248/601-0 oder
07248/903 02

A.ö. Krankenhaus
Alfred Kubin Straße 2
4780 Schärding
Tel.: 07712/31 41-45

A.ö. Landeskrankenhaus
Miller von Aichholz Straße 49
4810 Gmunden
Tel.: 07612/796-0

A.ö. Landeskrankenhaus
Dr. Mayerstraße 8-10
4820 Bad Ischl
Tel.: 06132/202

A.ö. Landeskrankenhaus
Hans Hatschek Straße 24
4840 Vöcklabruck
Tel.: 07672/700-4110

Krankenhaus der Barmherzigen Schwestern
Schloßberg 1
4910 Ried i. Innkreis
Tel.: 07752/701

Krankenhaus St.Josef der Schulschwestern
Ringstraße 60
5280 Braunau
Tel.: 07722/804

Salzburg

A.ö. Landeskrankenhaus
Müllner Hauptstraße 48
5020 Salzburg
Tel.: 0662/44 820

Diakonissen-Krankenhaus
Guggenbichlerstraße 20
5026 Salzburg
Tel.: 0662/63 85-0

A.ö. Krankenhaus
5110 Oberndorf
Tel.: 06272/43 34-0

A.ö. Krankenhaus der Stadtgemeinde
Bürgermeisterstraße 34
5400 Hallein
Tel.: 06245/799-0

Entbindungsheim
Markt 24
5431 Kuchl
Tel.: 06244/43 49

A.ö. Krankenhaus
Regierungsrathausplatz 154
5580 Tamsweg
Tel.: 06474/73 81

231

Kardinal Schwarzenberg´sches Krankenhaus

Kardinal Schwarzenberg Straße 2-6
5620 Schwarzach/St. Veit
Tel.: 06415/71 01

A.ö. Krankenhaus

Paracelsusstraße 8
5700 Zell am See
Tel.: 06542/777

Tirol

Universitätsfrauenklinik

Familienberatungsstelle
Anichstraße 35
6020 Innsbruck
Tel.: 0512/504 3051

A.ö. Krankenhaus

Milserstraße 10
6060 Hall in Tirol
Tel.: 05223/502-0

A.ö. Bezirkskrankenhaus

Swarovskistraße 1-3
6130 Schwaz
Tel.: 05242/800-0

A.ö. Bezirkskrankenhaus

Endach 27
6330 Kufstein
Tel.: 05372/69 66-0

Krankenhaus der Stadt

Hornweg 28
6370 Kitzbühel
Tel.: 05356/601-0

A.ö. Bezirkskrankenhaus

Bahnhofstraße 10
6380 St.Johann/Tirol
Tel.: 05352/606-0

Krankenhaus „St.Vinzenz"

Sanatoriumstraße 43
6511 Zams
Tel.: 05442/600-0

A.ö. Bezirkskrankenhaus

Krankenhausstraße 39
6600 Reutte
Tel.: 05672/601-0

Vorarlberg

Krankenhaus der Stadt Bludenz

Spitalgasse 13
6700 Bludenz
Tel.: 05552/603

Landeskrankenhaus Feldkirch

Carinagasse 47
6800 Feldkirch
Tel.: 05522/303

Landesrankenhaus Hohenems

Bahnhofstraße 31
6845 Hohenems
Tel.: 05576/703-0

Krankenhaus der Stadt Dornbirn

Lustenauerstraße 4
6850 Dornbirn
Tel.: 05572/303-0

Krankenhaus der Landeshauptstadt

Carl-Pendez-Straße 2
6900 Bregenz
Tel.: 05574/401-0

Kärnten

A.ö. Landeskrankenhaus

St. Veiterstraße 47
9020 Klagenfurt
Tel.: 0463/538

Wöchnerinnenheim

9135 Eisenkappel 296
Tel.: 04238/318

Krankenhaus der Barmherzigen Brüder

Spitalgasse 26
9300 St.Veit a.d. Glan
Tel.: 04212/499-0

A.ö. Landeskrankenhaus

St. Veiterstraße 12
9360 Friesach
Tel.: 04268/26 91

A.ö. Landeskrankenhaus
Paul-Hackhofer Straße 9
9400 Wolfsberg
Tel.: 04352/533-0

Landeskrankenhaus Villach
Nikolaigasse 43
9500 Villach
Tel.: 04242/208-0

Steiermark

Geburtshilfl. Universitätsklinik für Gynäkologie
Auenbruggerplatz 14
8036 Graz
Tel.: 0316/28 88

Landeskrankenhaus
O. Kernstockstraße 18
8330 Feldbach
Tel.: 03152/899-0

A.ö. Landeskrankenhaus
Pelzmannstraße 18
8435 Wagna
Tel.: 03452/701

A.ö. Landeskrankenhaus
Radelpaßstraße 29
8530 Deutschlandsberg
Tel.: 03462/44 11

A.ö. Landeskrankenhaus
Conrad von Hötzendorf Straße 31
8570 Voitsberg
Tel.: 03142/201

A.ö. Landeskrankenhaus
Trägosserstraße 11
8600 Bruck a.d. Mur
Tel.: 03862/895

A.ö. Landeskrankenhaus
Vordernbergstraße 42
8700 Leoben
Tel.: 03842/40 10

A.ö. Landeskrankenhaus
Oberwerggasse 18
8750 Judenburg
Tel.: 03572/825 60

Landeskrankenhaus Hartberg
Krankenhausplatz 1
8230 Hartberg
Tel.: 03332/605-0

A.ö. Landeskrankenhaus
St. Georgen 2-4
8786 Rottenmann
Tel.: 03614/24 31 401

Diakonissenkrankenhaus
Hochstraße 450
8970 Schladming
Tel.: 03687/22 569

Burgenland

Krankenhaus der Barmherzigen Brüder
Esterházystraße 26
7000 Eisenstadt
Tel.: 02682/601-51

A.ö. Landeskrankenhaus
Spitalstraße 31
7350 Oberpullendorf
Tel.: 057979/34000

A.ö. Landeskrankenhaus
Dornburggasse 80
7400 Oberwart
Tel.: 057979/32000

A.ö. Krankenhaus Güssing
Grazer Straße 15
7540 Güssing
Tel.: 057979/31000

Diverse Adressen für Eltern und Kind

Wien

Eltern-Kind-Zentrum, MA 11
Engerthstraße 249-253
1020 Wien
Tel.: 01/21106 DW 02894

Eltern-Kind-Zentrum, MA 11
Katharinengasse 16,
1100 Wien
Tel.: 01/60534 DW 10894

Eltern-Kind-Zentrum, MA 11
Rosa-Jochmann-Ring 5/Stiege 13,
1110 Wien
Tel.: 01/74034 DW 11894

Eltern-Kind-Zentrum, MA 11
Längenfeldgasse 28,
1120 Wien
Tel.: 01/815 37 00

Eltern-Kind-Zentrum, MA 11
Ottakringer Straße 194-196,
1160 Wien
Tel.: 01/485 79 81

Eltern-Kind-Zentrum, MA 11
Freytaggasse 32,
1210 Wien
Tel.: 01/27734 DW 21894

Eltern-Kind-Zentrum, MA 11
Ocwirkgasse 3,
1210 Wien
Tel.: 01/290 60 62

Eltern-Kind-Zentrum, MA 11
Langobardenstraße 128/Stiege 10,
1220 Wien
Tel.: 01/21123 DW 22894

Eltern-Kind-Zentrum, MA 11
Pfarrgasse 34-44
1230 Wien
Tel.: 01/615 11 02

Kind und Kegel, Verein
Praterstraße 14/8
1020 Wien
Tel.: 01/503 71 88

NANAYA – Zentrum für Schwangerschaft, Geburt und Leben mit Kindern
Zollergasse 37
1070 Wien
Tel.: 01/523 17 11

Eltern-Kind-Zentrum, Verein
Gilgegasse 15
1090 Wien
Tel.: 01/406 97 75

Niederösterreich

Eltern-Kind-Zentrum
Hauptstraße 20
2340 Mödling
Tel.: 02236/25 235

Eltern-Kind-Zentrum Ebreichsdorf
Wiener Straße 25a
2483 Ebreichsdorf
Tel.: 0664/49 65 355

Oberösterreich

Eltern-Kind-Zentrum
Figulystraße 30
4020 Linz
Tel.: 0732/66 96 11

Eltern-Kind-Zentrum
Promenade 8
4400 Steyr
Tel.: 07252/48 426

Eltern-Kind-Zentrum
Pesenbach 37
4101 Feldkirchen
Tel.: 07233/62 56

Eltern-Kind-Zentrum
Riedholzstraße 17
4910 Ried im Innkreis
Tel.: 07752/912 211

Eltern-Kind-Zentrum Traunsee

Marktstraße 23
4813 Altmünster
Tel.: 07612/886 30

Eltern-Kind-Zentrum Kunterbunt

Madlschenterweg 3
4050 Traun
Tel.: 07229/69 590

Eltern-Kind-Zentrum Bunter Kreis Enns

Bräuergasse 4a
4470 Enns
Tel.: 07223/81700

Salzburg

Eltern-Kind-Zentrum

Herrengasse 30/1
5020 Salzburg
Tel.: 0662/80 47 566

KinderSchutz Zentrum. Hilfe für Kinder, Jugendliche und Eltern

Rudolf-Biebl-Straße 50
5020 Salzburg
Tel.: 0662/449 11

Eltern-Kind-Initiative Nonntal

Fürstenallee 2
5020 Salzburg
Tel.: 0662/84 93 86

Eltern-Kind-Initiative

Buchenstraße 7
5161 Elixhausen
Tel.: 0662/480 054

Eltern-Kind-Zentrum Neualm

Sikorastraße 20a
5400 Hallein
Tel.: 06245/87 446

Eltern-Kind-Initiative

Schorabergstraße 35
5302 Henndorf
Tel.: 06214/85 35

Eltern-Kind-Initiative

Habach 173
5321 Koppl
Tel.: 06221/80 43

Eltern-Kind-Zentrum Mattsee

Schloßbergweg
5163 Mattsee
Tel.: 06217/66 04

Eltern-Kind-Zentrum Oberndorf

Oichtenstraße 6
5110 Oberndorf
Tel.: 06272/76 67

Tirol

Eltern-Kind-Treff

Adamg. 4
6020 Innsbruck
Tel.: 0512/58 06 50

Eltern-Kind-Zentrum Innsbruck

Maximilianstraße 35
6020 Innsbruck
Tel.: 0512/58 72 70

Eltern-Kind-Zentrum Innsbruck

Amraserstraße 5
6020 Innsbruck
Tel.: 0512/58 19 97

Eltern-Kind-Zentrum Hall

Erlerstraße 2
6060 Hall in Tirol
Tel.: 0522/45 605

Eltern-Kind-Zentrum Telfs

Bahnhofstraße 13
6410 Telfs
Tel.: 05262/65 719

Eltern-Kind-Zentrum Kinderstube Kundl

Dr.-F.-Stumpfstraße 16
6250 Kundl
Tel.: 05338/63 83

Eltern-Kind-Zentrum Bi-Ba-Bu Kundl

Dr.-F.-Stumpfstraße 12
6250 Kundl
Tel.: 05338/201 70

Eltern-Kind-Zentrum

Vogelsbergweg 2
6112 Wattens
Tel.: 05224/555 97

Eltern-Kind-Zentrum
Schulstraße 5/1
6600 Reutte
Tel.: 05672/712 94

Eltern-Kind-Zentrum Osttirol
Rechter   Iselweg   5,
Stiftungshaus
9900 Lienz, Osttirol
Tel.: 04852/613 22

Vorarlberg

Eltern-Kind-Zentrum Bregenz
Laimbrugengasse 6
6900 Bregenz
Tel.: 05574/629 82

Eltern-Kind-Zentrum Bregenz
Spielgruppe Rumpelstilzchen
Quellenstraße 40
6900 Bregenz
Tel.: 05574/432 49

Eltern-Kind-Zentrum Feldkirch
Fidelisstraße 2/1
6800 Feldkirch
Tel.: 05522/778 42

Eltern-Kind-Zentrum Regenbogen
Sonnenstraße 20
6890 Lustenau
Tel.: 05577/848 80

Eltern-Kind-Treff Rankweil
Rote-Mühle-Straße 4
6830 Rankweil
Tel.: 05522/480 30

Eltern-Kind-Zentrum Reagobogo
Hof 334
6866 Andelsbuch
Tel.: 05512/44 53

Kärnten

Mutter-Kind-Treff St. Nikolai
Brauhausgasse 10
9500 Villach
Tel.: 04242/26 968

Steiermark

Eltern-Kind-Zentrum
Josef Radkohl-Straße 16
8570 Voitsberg
Tel.: 03142/28 379

Eltern-Kind-Zentrum
Franz Josef Straße 5
8200 Gleisdorf
Tel.: 03312/71 74

Eltern-Kind-Zentrum
Landscha 173
8160 Weiz
Tel.: 03172/30 709

Eltern-Kind-Zentrum
Bergmanngasse 10
8010 Graz
Tel.: 0316/67 81 40

Burgenland

Eltern-Kind-Gruppe Mattersburg
Wulkalend 2
7210 Mattersburg
Tel.: 02626/67 740

Weblinks

... gibt es zum Thema jede Menge! Anbei finden Sie eine begrenzte Auswahl an empfehlenswerten WEB–Adressen. Stand der Adressen ist der März 2004, sollte irgendwann mal eine Seite nicht mehr funktionieren. Suchen Sie zu speziellen Fragen eine Antwort, dann sollten Sie es mit einer der Suchmaschinen probieren. Sie liefern die aktuellsten Ergebnisse.

Familienplanung

www.medwell24.at Tipps zur Familienplanung, Schwangerschaftskalender.
www.netdoktor.at/kinder/index.shtml Anzeichen einer Schwangerschaft.
www.frauenarzt.at Alle österreichischen Gynäkologen, nach Bundesland sortiert.
www.kinderwunsch.at 3-D-Besuch bei Innsbrucker Sterilitätsbetreuern.
www.profa.de Pro Familia. E-mail Beratung der deutschen Ges. für Familienplanung.
www.fem.at Zyklusplaner. Ihr Zyklusplaner im Web (per Mail oder SMS).
www.oegf.at Ausgezeichnete Datenbank der österr. Gesellschaft für Familienplanung.
www.gynschall.co.at Ambulatorium, spezialisiert auf pränatale Diagnostik.
www.wunschbaby.at Wiener Institut informiert über künstliche Befruchtung.
www.oeggg.at Österr. Gesellschaft für Geburtshilfe. Jede Menge Links zum Thema.
www.familienplanung.de/kinderwunsch Gute Infos wie es funktionieren kann.
www.die-pille.at Tolle Site rund um die Verhütung. Dazu Chat, E-Cards, Poesie.
www.firstlove.at Jugendberatungsstelle, bietet anonyme Infos.

Schwangerschaft

www.zappybaby.de Online ein Schwangerschafts-Tagebuch anlegen.
www.babyzimmer.de Kalender. Kindersprüche, Literatur-Tipps und virtuelle Kalender.
www.9monate.de Wissensquiz und Sprechstunden Chat mit Experten.
www.schwanger-online.de Links, Infos und vor allem viele Witze.
www.schwangerschaftstagebuch.de Witzig - über neun Monate Babybauch.
www.urbia.de Coole Seite mit allen Infos rund um Schwangerschaft, Geburt, Gesundheit, Kind und Erziehung.

Zeitschriften

www.eltern.de Fantastische Site für werdende Mütter.
www.familienwelt.at Online-Archiv und Gewinnspiele des österr. Magazins.
www.Baby-on-Board.de E-Zone. Themen: Ernährung, Impfungen, Geburt.
www.familie.de Schwerpunkte, Erziehung und Gesundheit. Oft Promi-Chats.
www.babyguide.at/babyguide/index.html Gewinnspiele, Interviews, Foren.

Gymnastik

www.schwangerschaft-point.de Medizinische Vorsorge plus Checklist.
www.9monate.de/Beschwerden.html Was wirkt gegen Krampfadern & Co.
www.fritz-jelden.de/stress.htm Beckenboden. Bebilderte Übungsanleitungen.
www.rund-ums-baby.de/gymnastik.htm Brust. Zur Stärkung der Brustmuskulatur.

Finanzen

www.bmsg.gv.at Sozialministerium. Gesetzesentwurf Kindergeld als PDF-Download.

www.familienbund.at Beantwortet alle offenen Fragen zum Kindergeld.

www.help.gv.at/8/Seite.080000-10236.html Wochengeld. Die besten rechtlichen Infos.

www.help.gv.at/8/080600_f.html Kindergeld. Behördengänge & Bestimmungen.

www.famlienpass.at Das Antragsformular gibt es als Download.

Kliniken

www.babynet.at/hurra/docus/e-klinik.htm Entbindungskliniken. Nach Bundesländern geordnet.

www.wien.gv.at/kav/spital.htm Spitäler. Übersicht, Erreichbarkeit, Adressen & Service

www.frauenklinik-linz.at Akupressur-Tipps & Babymassage

www.privatklinik-doebling.at Sehr informative Site.

www.rudolfinerhaus.at Geburftshilfe als einer der Schwerpunkte.

www.goldenes-kreuz.at Toller Auftritt der Wiener Privatklinik

Geburt

www.hebammen.at Mit Eltern-Hebammen Forum & Infos zur Geburt.

www.1klik.dk/netbaby.20000/live Geburt live. Videos der ersten Live-Geburt im Netz.

www.menschenskinder-online.de/geburt Termin. Was tun, wenn dieser überschritten wurde.

www.vorwehenzimmer.de Vorwehen Forum für Mütter mit persönlichen Geburtsberichten.

Namensgebung

www.kirchenweb.at Lexikon. Vornamen-Hitparade und alle Namenstage online.

www.vornamen.com Hitliste. Wöchentliche User-Umfrage über den beliebtesten Namen.

www.firstname.de 70.000 Vornamen. Gigantische Datenbank mit Suchmaschine.

www.kindername.de Herkunft und Bedeutung von 2.100 Namen.

www.help.gv.at/cgi-bin/system.pl?label=Standesamt Geburtsort Namensrecht.

Stillen & Pflege

www.nivea.at Alles über Babypflege. Mit Babymassage-Video.

www.pampers.de/de_DE/products/tips.html Die Kunst des Wickelns.

www.bellybutton.de E-Shop. Bio Pflegeprodukte für Mutter und Kind.

www.stillen.at Österreichs Stillberaterinnen im Netz. Mit Buch-Tipps.

www.ichstille.de Forum. Virtuelle Stillgruppen mit regem Erfahrungsaustausch via Mail.

Ernährung

www.inode.at/macho Informationskreis. Fundierte Infos zu Babynahrung & Rezepte

www.kinderrezepte.de Leckeres. Schonende Baby-Kost und Party-Hits für Mini-Kids.

www.janatuerlich.at Informiert über Bio-Nahrung und Babyprodukte.

www.fke-do.de Ernährungsplan. Vom 1. bis zum 6. Lebensjahr, erstellt von Experten.

www.hipp.at Österreichische Traditionsfirma mit super Qualität.

www.nestlevillage.at/community/center/ Alles rund ums Baby, Pflege, Ernährung.

Shopping

www.billa.at Online gibt es Babynahrung.

www.schlecker.at Baby-Shop vom Feinsten.

www.merkurmarkt.at Vorbestellservice erleichtert den Alltag.

www.spielzeugland.at Order von Marken-Spielzeug, nach Alter geordnet.

www.mytoys.de Baby Björn, Maxi Cosi, Spielzeug und Kleider.

www.playfactory.at E-Shop: Kinderbücher, Babybedarf und Kinderwägen.
www.spielzeugland.at Order von Marken-Spielzeug, nach Alter geordnet.
www.kinderbuch.at Kinderbücher per Mail zu bestellen: Individualisierte Kinderbücher.
www.hasbro.at Informiert über Produkte. Für Ältere gibt es Online-Games.
www.hess-natur.de Kleidung. Eigener Baby-Webshop mit hochwertigen Stramplern.
www.anita.de Schwangerschaftsunterwäsche, Still-BHs, etc.
www.jako-o.at Hübscher E-Shop für Kinderkleidung, Bastelmaterial und Möbel.
www.obelisk-verlag.at Ausgewählte Kinderbücher sind zu ordern.
www.ledacolor.at Kreativ. Im Online-Shop gibt es Bastelmaterial für Kindergartenalter.
www.swabidu.com Märchen. Gewaltfreie Märchen und Hörspielkassetten ab 2 Jahren.
www.muki.at Österreichs größte Familienorganisation.
www.baby-walz.de Großes Versandhaus für Mutter und Kind.

Erziehung

www.hausfrauenseite.de/kinder Spiele, Rezepte & Erfahrungsberichte.
www.urbia.com Portal. Tolle Site für Eltern von Trotzalter bis Pubertät.
www.bnu-test.de/ane Ane. Ausgezeichnete Entwicklung nach Monaten gegliedert.
www.babywunder.de Wann geht das Baby ins Bett? Was tun bei Trotz?
www.elternforum.at Fachartikel, Foren, Links und Tipps zur Erziehung.

Beziehung

www.womenweb.de/5/start.htm Sex und Erotik trotz Baby.

www.liebeliebeliebe.de/index6.htm Wenn aus Eva Mama wird – was sich ändert.
www.partnerschaftsberatung.de Wie man die Liebe am Köcheln hält.
www.beratung-therapie.de Infos, Tipps - nicht nur für Konfliktsituationen.

Allein Erziehen

www.alleinerziehend.at Rechts-Tipps. Sozial- & Rechtsberatung für Alleinerzieher.
www.spao.de Portal. Tolle Finanz- & Erziehungsratschläge.
www.help.gv.at/49/Seite.490000-15463.html Help. Finanzielle Unterstützung.
www.frauenservice.at Juristische Informationen bei Scheidung via E-Mail.
www.pappa.com Befasst sich mit der Situation von Papas, die Kids allein betreuen.

Arztbesuch

www.kinderarzt.at Lexikon Kinderkrankheiten. Mutter-Kind-Pass. Games.
www.muki.com Krankenhaus. Für Mutter und Kind im Krankenhaus. Mit E-Shop.
www.kidsdoc.at Vorbeugen. Krankheitsbilder, Unfallvermeidung, E-Mail-Rat.
www.zahn.cc Die Homepage informiert über Kinder beim Zahnarzt.
www.impf.at Empfohlene Impfungen für Kinder nach Bundesländern.

Reisen mit Baby

www.tiscover.com/kinderhotels Einfach online buchen: Ferien im Kinderhotel.
www.farmholidays.com Die schönsten & kinderfreundlichsten Bauernhöfe.
www.kinderhotels.or.at Liste kinderfreundlicher Hotels in Österreich.
www.eurocamp.at Bietet europaweit familienfreundliche Campingplätze.
www.kinderhotel.com Baby- und Kinderhotel St. Zeno, Serfaus, Tirol.

Babysitter

www.babysitternet.at Nette Babysitter-Börse. Sogar per WAP-Handy abrufbar.

www.familienservice.at Hotline. Die Betreuer helfen privat oder bei Firmen aus.

www.hilfswerk.at Tagesmütter. Das Hilfswerk vermittelt professionelle Tagesmütter.

www.kinderbetreuung.at Babysitterbörse. Plus Infos zu Kinderbetreuungsplätzen.

www.kibis.at Erhebungsblatt online ausfüllen und dann die Nanny anfordern.

Beruf und Baby

www.ams.or.at/frauen Wiedereinsteiger. Tolles Angebot des AMS.

www.weiterbildung.at Kurse und Links für den Wiedereinstieg.

www.abzwien.at Karenz Plus. Frauen-Network mit Schwerpunkt Job nach Karenz.

www.networking4ladies.com Plattform. Mit eigenem Channel „Working Mom".

www.womenbasics.com Jobs & Förderung. Frauenportal – mit eigener Jobbörse.

Kindergarten

www.kindergarten.at Dachverband. Private Kindergärten, zeigt freie Plätze an.

www.montessori-netz.at Informiert über Pädagogik und Montessori-Kindergärten.

www.waldorf.at Die Waldorf-Kindergärten und Schulen in Österreich.

www.kinderfreunde.at Adressen aller Kindergärten & Horte.

www.kindergruppen.at Freie Plätze & Philosophie der Gruppen.

Online-Alben

www.myfirstalbum.com zwölf Seiten Baby-HP. Mit Demo Version.

www.megrowingup.dom Kostet. Dafür: Passwort-Schutz und in drei Schritten erledigt.

www.eltern.de/mein_baby/baby_album Eltern-HPs nach Monat und Alphabet.

www.urbia.de/services/homepage Baby-Alben. Auch ohne HTML-Kenntnisse: Baby-Album online erstellen.

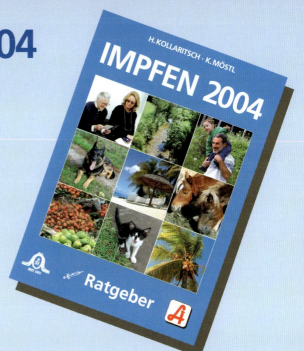